JN075015

SCRIPTURE OF POSITIONAL FOOTBALL

ポジショナルフットボール教典

ペップ・グアルディオラが実践する支配的ゲームモデル

[著]リー・スコット
[監修]龍岡 歩 [訳]高野鉄平

KANZEN

CONTENTS

ポジショナルフットボール教典
ペップ・グアルディオラが実践する支配的ゲームモデル

【本文・図の中のポジション表記】

GK……ゴールキーパー
CB……センターバック
SB……サイドバック
AC……アンカー(4番)
CM……セントラルMF(8番)
WG……ウイング
CF……センターフォワード
←(実線)……ボールの動き
←(破線)……選手の動き

プロローグ

今にして思えば、本書の発端はしばらく前にまで遡る。私はいくつかの有名ウェブサイトにコラムを寄稿しており、主にサッカーの戦術面に主眼を置いた私の文章は好評を得ていた。ある時、ソーシャルメディア上での知り合いでしかなかったある人物から連絡を受けた。クリス・ダルウェンという名のその男は、サッカーの戦術面を専門とする新たなウェブサイトの立ち上げを計画しており、私に興味がないかと尋ねてきた。返事は考えるまでもない。自分にとって魅力的なテーマを書きたいように書けるというチャンスは断り切れるものではなかった。資金援助を行ってくれる投資者たちにアイデアを販売するそのサイトのために、クリスは私にマニフェストを書いてほしいとも頼んできた。

その時になって初めて私は、実際のところなぜ自分がそういうものを書きたいのか改めて考えてみる必要に迫られた。『Spielverlagerung』というその素晴らしい戦術ウェブサイトに誘われたのは非常に嬉しいことではあったが、結局私がそこで何かを書き始めることにはならなかった。彼らが文章を書く上での根底の哲学が私には適さないことが理解できたためだ。驚異的な才能の集まりであった『SV』のグループは、自分たちを啓発するために書いていた。読者もある程度は重要ではあるが、サイトの根本的な趣旨は、自分たち自身のさらなる向上を図ることだった。ただ、私はその考え方を批判するつもりなど決してなく、同サイトの執筆者たちの才能が本当に驚くべきものであったとは言っておきたい。新たな記事が寄稿されるたびに、私は今でも熱心に読み続けている。

では、私の理由とは一体何なのだろうか。私が認識したのは、戦術的コンセプトやトレンドの考え方は決してそれほど複雑なものではないことを人々に伝えたいという思いだった。サッカーのこういった部分を取り巻く言葉を単純化し、興味を持ちながらもどこからどうやって理解を始めればいいのかがわからないすべての人々に入り口を提供したいと考えていた。それこそが私の生み出したマニフェストの核となる部分だった。この一連の過程が『Total Football Analysis』という素晴らしいウェブサイトの誕生に繋がり、クリスのことを友人と呼ぶことができるようにもなった。

ペップ・グアルディオラのサッカーに初めて魅せられたのは、彼がバルセロナを指揮していた時のことだった。それは私に限ったことではないだろう。グアルディオラはサッカーの世界を変えてしまった。対戦相手も観戦者も等しく魅了してしまうショートパスの連続で相手ゴールへと向かっていく彼のチームを通して、スペースを支配し自在に操るという概念を初めて知らされた者は多かった。

グアルディオラはサッカーの内側からの見方を変えただけではない。我々のようにサッカーを遠くから観る者たちも同じように変えられた。サッカー観戦の視点が完全に変えられてしまった。

グアルディオラがバルセロナを去り、その後バイエルン・ミュンヘンを率い始めると、我々はこのスペイン人指揮官の新たな一面を目にすることになった。彼はドイツのサッカーを吸収し、いくつかの要素を取り入れつつ、それを自らのゲームモデルにも反映させていった。

バルセロナで彼がサッカー界にもたらしたものがリオネル・メッシと偽9番だったとすれば、バイエルンでのそれはフィリップ・ラームと偽SBだった。グアルディオラには、重要なスペースを常に抑えて利用できるようにするため、新たな手法を生み出すことが可能だった。そして、それを斬新かつ創造的な形で実現させていた。

続いて、グアルディオラが彼の魅力的なゲームモデルを英国に持ち込む時がやってきた。すでに強力なチームであったマンチェスター・シティの監督に就任すると、1年目は困難に直面しながらも、英国サッカーのある種の特徴について多くを学ぶことができた。その後のシティは対戦相手をことごとく蹴散らしていく。2017－18シーズンにはプレミアリーグの最多勝ち点記録を樹立。2018－19シーズンには驚異的な躍進を遂げたリヴァプールと接戦を演じ、シーズン最終節での決着とはなったが、非常に高いレベルのパフォーマンスでタイトルを防衛してみせた。

この数年間で私がグアルディオラについて理解してきたすべてのことを整理し、一体なぜシティがピッチ上でこれほど効果的に戦えるのかを説明するには、今こそがいいタイミングだと思う。

もちろん、クラブによる多額の投資を指摘し、あれほどの巨大な資金的バックアップがなければグアルディオラの成功もなかったと論じることも可能だろう。だが、シティの資金力がサッカー界において比類のないレベルにあることは事実だとしても、それはグアルディオラが選手を向上させる能力を無視した考え方だ。彼の指導の下で、優れた選手が素晴らしい選手に、素晴らしい選手がワールドクラスの選手に変貌する例を我々は目にしてきた。クラブが成功を収めるために各選手のパフォーマンスを10％向上させることが必要なのだとすれば、それを可能とするようなピッチ内外の細部に至るレベルの考え方、それこそがグアルディオラのもたらすものだ。

グアルディオラが試合に向けて選手にどのような準備をさせるのか、彼の指導を受けた元選手が詳しく語ってくれたことはこれまでにも何度もあった。相手がどのような布陣を用い、シティのプレーに対してどのようなリアクションを起こしてくるのか、彼が試合前に選手に語る予想はほぼ毎回のように的中していたという。

シティが最も頻繁に採用してきた戦術コンセプトは、噛み砕いて考えれば比較的シンプルなものである。それでも彼らがあれほど効果的に戦えるのは、そのコンセプトを寸分の狂いもなく実行に移しているからこそだ。本書を通して、シティがどのように動いてどのようにパスを出しているのか、そしてその理由について明確に説明することを試みたいと思う。最後まで読み終えたあと、グアルディオラの用いるゲームモデルを今までより少しでも楽しんでもらえるようになったとすれば、私の試みは成功だったと見なすことができるだろう。

主題となる戦術コンセプトに立ち入る前に、まずは一つの用語を紹介したい。おそらくはすでにどこかで見聞きしてお馴染みの言葉だとは思うが、しばしば誤解されがちな「ハーフスペース」という言葉だ。私はしばらく前からこの用語を使い続けてきた。この言葉は大して意味のないスラングだという見方も、特にソーシャルメディア上にはある。だが、実際にはこれはグアルディオラとシティの戦術コンセプトを理解する上で欠かせない要素であり、そしてまったく難しいものではない。

図1に示しているのは、本書のすべての説明図を作成する上で用いたピッチ画像だ。このピッチは縦方向に5つのレーンに分割されており、左から右に向けてそれぞれ1から5までの番号がふられている。この2番と4番のレーンこそがハーフスペースである。これはグアルディオラのチームが攻撃フェーズに入る時に確保しておきたいと考えているピッチ上のエリアを指している。これが正しく実行されたとすれば、相手チームはこのエリアをカバーするためにDFの位置を動かすことを強いられ、別の場所にスペースが生まれることになる。何ら難しいことはない。

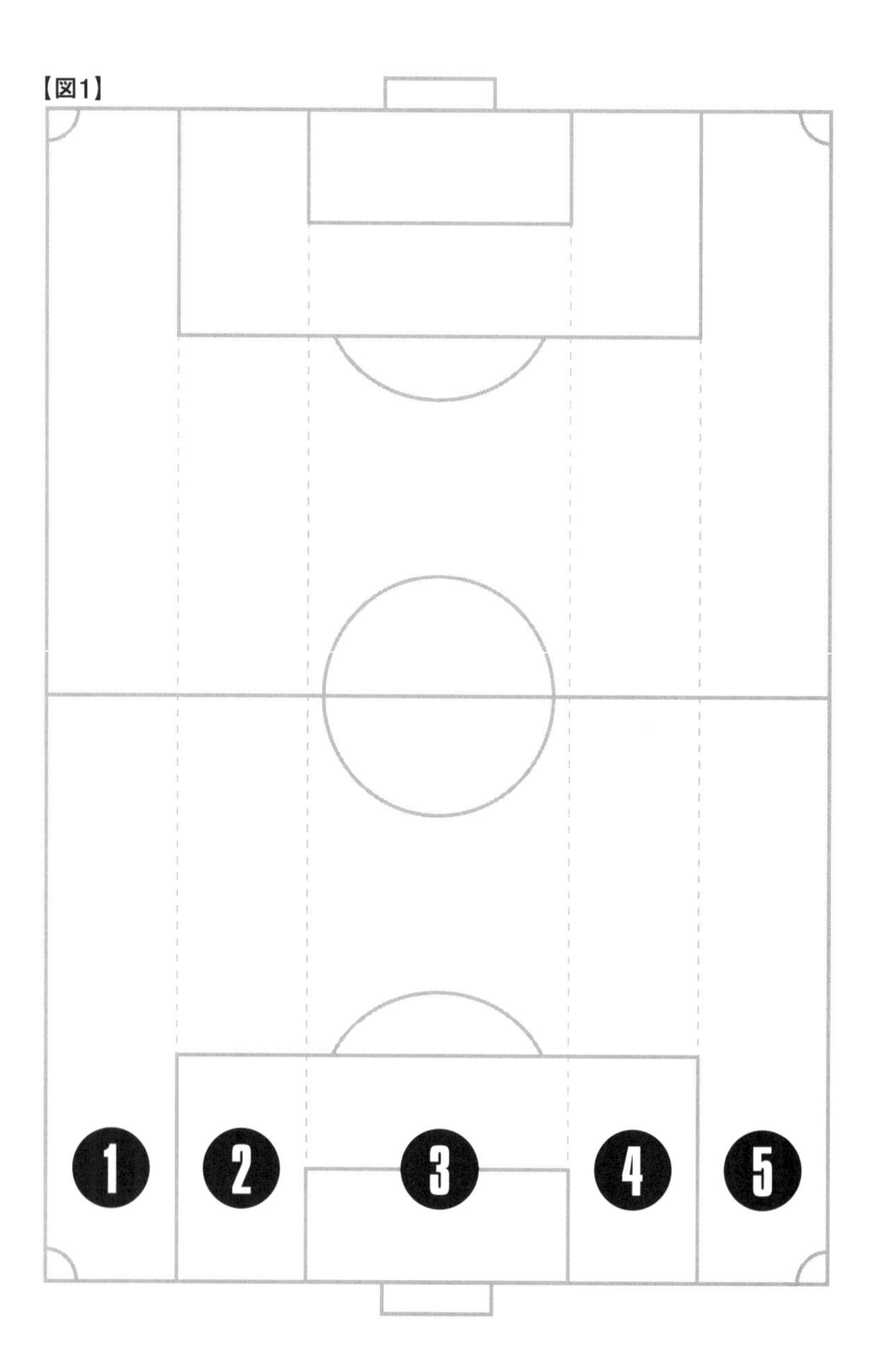
【図1】
1
2
3
4
5

SCRIPTURE OF POSITIONAL FOOTBALL

01

バックラインを起点としたプレー

ビルドアップスタイルの根底にある「+1ルール」というシンプルな法則

ペップ・グアルディオラが率いるマンチェスター・シティの戦いを見ていると、相手ペナルティーエリア周辺からさほど離れていない場所でコンビネーションプレーを展開する時に、CBやGKが関与するのは見慣れた光景となった。シティの選手は非常に高いボール扱いのスキルを備えているため、狭いエリアでの厳しいプレッシャーの中でもボールを受けることが可能となっている。

グアルディオラがこのコンセプトに重点を置いていることは、ゴールキーパー（以下、GK）のポジションに対する就任直後のアプローチからも見て取ることができた。シティの指揮を引き継いだ時点で、ファーストチョイスのGKはイングランド代表のジョー・ハートだったが、そのハートは彼の構想には適さないとすぐに判断された。プレッシャーを受ける状況下においてボールを足元で扱う能力に関しては、ハートは大いに疑問視されていたからだ。

シティはまずバルセロナへと目を向け、チリ代表のクラウディオ・ブラーヴォを獲得した。だが、残念ながらこの補強は結果的に大失敗となってしまい、2017－18シーズンの開幕前には再び移籍市場に目を向けなければならなかった。次に選ばれたのは、ポルトガルの強豪ベンフィカでプレーしていたブラジル代表のエデルソンだった。

イングランドで過ごしてきたここまでのキャリアの中で、エデルソンはそのシュートセーブ能力だけではなく、配球能力やビルドアップに貢献する能力に関しても称賛を集めてきた。

攻撃フェーズにおいて、ディフェンシブサードから〝ボールポゼッションを支配する〟能力というものは、グアルディオラがシティに導入したゲームモデルの重要な部分である。

ピッチ上を攻め上がり、ファイナルサードでチャンスを生み出すことを可能とするためには、バックラインから出す最初のボールがクリーンでなければならない。このクリーンなボール運びを実現するため、DFの選手が対面する相手との人数差に応じて、シティがある種のオートマティックな動きを行う場面は何度も目にすることができる。最初の場面で相手選手が一人しかプレスをかけにこなかったとすれば、ビルドアップは非常にシンプルな形となる。2人のセンターバック（以下、CB）がペナルティーエリアの両側に分かれ、GKと大きなトライアングルを形成することで、プレスをかける相手選手を回避すればいい。

だが、相手が複数の選手を用いてプレスをスタートさせた場合には、その人数に応じて対応は複雑化していく。プレスをかけてくる選手が2人であれば、最も低い位置のMF（アンカー、以下、AC）がポジションを下げ、パスの出しどころの選択肢を提供して数的優位を作り出す。3人目の選手がプレスをかけてくるようなら、シティはさらなる選択肢を加えるため、一方のサイドバック(以下、SB)、または2枚のセントラルMF（以下、CM）のうち一人が下がってきて、ボールを綺麗に繋いで前進させることを可能とする。結局のところ、このビルドアップスタイルの根底にある考えは一つのシンプルな法則で成り立っている。「＋1ルール」というものだ。

ボールを安全に保持し、ディフェンシブサードから前のエリアへとプレーを展開することを可能とするため、シティは相手チームに対して局面的な数的優位を作り出す必要がある。従って基本的な考え方となるのは、ビルドアップの最初の局面から、相手チームがボールにプレスをかけるために動かしてくる人数より少なくとも一人は多く選手を用いて、パス出しの選択肢を生み出すことだ。この時必ず、少なくとも一人の選手がフリーとなり、パスを受けられる状態にしなければならない。

必ずしもすべての場面でGKからショートパスを繋ごうとするわけではない

もちろんこのルールには例外も存在する。例えば相手がリヴァプールのようなチームである場合、プレスをかける選手一人がシティの選手2人をカバーできるように、角度をつけた走り方を巧みに用いてくるようなケース（一人で2人を見る守備）もある。より賢いプレッシングスタイルを採用するチームと対戦した場合には、シティはそれでもプレスをかいくぐることを可能とするため、より複雑なローテーションを用いる場合が多い。

ここで注意しなければならないのは、シティは必ずしもすべての場面でGKからショートパスを繋ごうとするわけではないということだ。GKのエデルソンには、ダイレクトにゴールに近づくための、相手のプレスを飛び越えて裏のスペースにいる選手に中距離のパスを通すという選択肢もある。この選択肢は、グアルディオラがシティでの1年目を終えた時点で大多数が抱いていた印象には反するものだ。彼は一つのゲームモデルに固執しすぎており、そのモデルから外れるようなプレーは一切許さないかのように考えられていた。だが、実際にはシティはそのゲームモデルやポゼッションに柔軟なアプローチを用いており、相手チームの戦術的アプローチに応じた対応を可能としている。

だからこそ、対戦相手の監督がシティとの試合に備えるにあたって、守備面の効果的なゲームプランを組み立てるのは、はるかに困難となる。人数をかけて高い位置からプレスし、SBやCMへの中距離パスで頭上を抜かれるのは仕方ないと考えるべきなのか？　それとももう少し低いポジション取りで、シティがGKからクリーンかつ容易にボールを進めるのを許してしまうべきなのか？　プレミアリーグで3シーズンを戦い終えた現在では、大半の監督も、評論家や一般のファンでさえも、シティが攻撃フェーズの最初にどのようなプレーをしたいと考えているかを理解している。問題は、シティのビルドアップの形の一つをストップすると、もう一つに対して無防備になってしまうことだ。結局のところ、どちらを選んでもやられてしまう。

この選びようのない二択があるからこそ、今のシティと対峙して、彼らが安全にボールをキープするのを阻むのは非常に困難となっている。ディフェンシブサードからボールを前に運ぼうとするシティに対し、相手が高い位置からプレスをかけてくる場合もある。こういう戦い方をする中で、守備の選手がミスを犯すことをグアルディオラが許そうとするのも、このコンセプトに重点を置いている証拠に他ならない。

監督就任から日が浅い段階では、特にCBのジョン・ストーンズが犯したミスに対し、メディアが批判を繰り出したこともあった。グアルディオラは、この若いDFのミスについてメディアから質問を受けると、決まって選手を擁護する言葉を口にしていた。すべてのミスは、ゲームモデルをチームに浸透させるべく練習の中で取り組んでいるコーチングスタッフに責任があると主張していた。グアルディオラやその他のコーチ陣のサポートがあったからこそ、守備陣の選手は安全な環境に守られつつ、提示されるすべての情報を学んで習熟することが可能となった。批判を受け入れ、プレッシャーを受けるたびに単純にゴールへ向かうパスを出すようにする方が、選手によっては簡単なことだっただろう。だが、彼らは冷静にプレーを続け、プレッシャーをかいくぐることにトライし続けた結果、そのスタイルを自然に実行できるまでになった。

自陣のペナルティーエリアすぐ外からのビルドアップ

この戦術コンセプトの最も重要な特徴は、シティがバックラインからビルドアップを行っていこうとする上で、相手に対して数的優位を作り出すことが可能となる点にある。これはつまり、ごく単純に言えば、相手がプレスをかけるために用いてくる人数よりも、一人多い選手がボールを受けられるポジションにいる必要があるということだ。

図2は、シティが自陣のペナルティーエリアすぐ外でボールを保持している場合のシンプルな例を示している。CBの2人はいずれも相手に密着されマークを受けているが、ボールを持っている左側のCBは、ゴール前のエデルソンがサポートに入ってくれているためボールを戻すことができる。コンセプトの最初の部分が本格的に意味を持つのはここからだ。2人のCBにはマークがついているが、中央の「4番」（4－3－3のACポジション）は空いている。CBがワイドに開くことで、意識的に相手アタッカーを引きつけるとエデルソンは、中央に下がってくる「4番」にシンプルな縦パスを入れることが可能となる。

このコンセプトは、シティが3対2の状況にあり、CBの一人と「4番」にプレッシャーがかかっ

【図2】

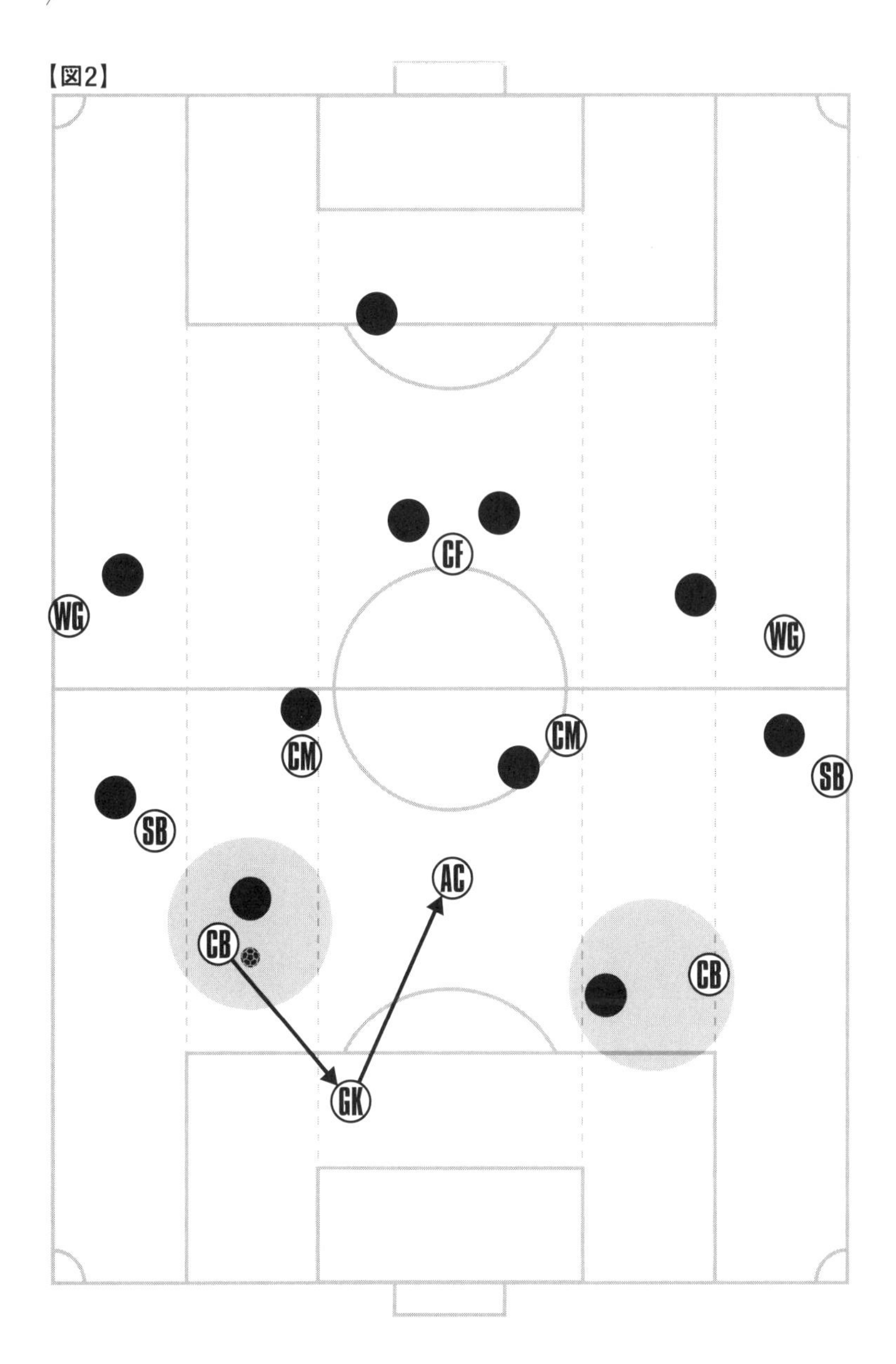

ていたとしても同じように機能する。フリーな選手が空いたスペースに単純にポジションを下げることで、パスを受けてプレスをかわすことが可能となる。相手が3人以上でプレスをかけてくるのであれば、SBの一人、または2人のCMのうち一人がプレーに絡み、シティが数的優位を保ち続けることができるようにする。

図3もある程度同様の例であり、ここでもシティがバックラインからのビルドアップを試みる中で「4番」がフリーマンとして働いている。適用される考え方は同じだ。ボールはまずエデルソンに戻され、ブラジル人の守護神は「4番」への縦パスを出してプレッシャーを逃れる。だが、今回はよりリスクが大きい。2人のCBの間、つまりプレスをかけてくる相手選手の間のスペースがはるかに狭いためである。

シティは2017-18シーズンの開幕前にエデルソンを獲得した。その補強プランは、彼が足元のプレーでもチームに貢献できる能力を有していることに最大の重点を置いていた、と考えていいだろう。獲得の決断に繋がったのはまさにこのような状況下でのプレーだ。エデルソンがボールを持つと、それに応じて前の構造が決定される。両SBはポジションを上げるが、「4番」と同じラインまでしか上がらない。この「ライン」とはピッチを横切る水平のラインのことだ。攻撃時の構造には、様々な角度へのパスを用いることでボールを前へ進められるようなラインにポジションを取った選手が関与する場合が多い。ここではボールを安全に前に進められるようにするため、2人のSBが中央寄り、またはタッチライン際に下がってきて、プレスを回避するためのパスの出しどころの選択肢を提供しようとする。

【図3】

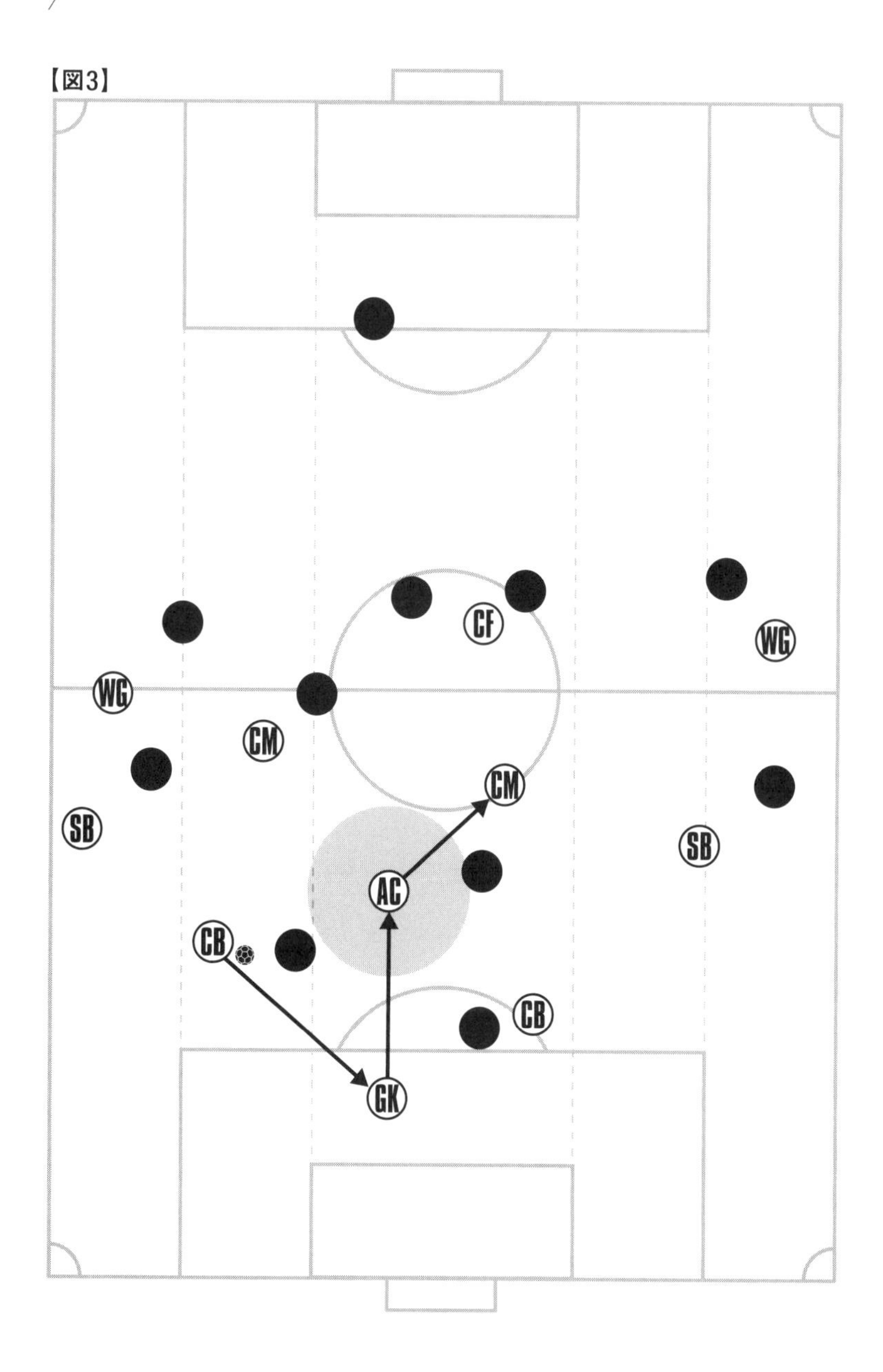

ボールがエデルソンから「4番」に進められると、彼はそこから簡単にプレッシャーを逃れて、より前の位置にいるチームメートへとボールを供給することができる。こういったことはすべて、シティの選手が自分の占めるべき角度やラインを理解しているからこそ可能となるものだ。

ボールがピッチ上のより高いエリアへと展開されると、ボールを前へ進めるためにエデルソンが務める役割は小さくなっていく。一方で、「4番」や2人のSBがより大きな役割を担う。これはカイル・ウォーカーが右SBとして、アイメリク・ラポルテが左SBとしてプレーする時には特に顕著である。両選手ともに、ボールを前へ進められるようにするため、中央寄りへ移動してCBと同じライン上でボールを受けるような動きを見せることもある。

バックラインでボールを回しながらのビルドアップ

シティがバックラインでボールを回していると、特に目的もなくパスを繋いでいるかのように思える状況もある。だが、実際にはパスを受けたどの選手も、ボールをもう一度横方向へと動かす前に、まず優先すべきプレーとして中盤への縦パスを考えている。相手がプレスをかけてくるラインを破って中盤に綺麗なパスを通すことが不可能であれば、ボールは隣の選手へと動かされる。

図4では、左のハーフスペースを埋めるために少し中央寄りへ移動してきた左SBに横パスが出された形を示している。この小さな動きによって、左SBはボールを受けたあと、同じハーフスペース上のより高いラインにいるCMへボールを前進させることができる。相手の守備ブロックはピッチ上

【図4】

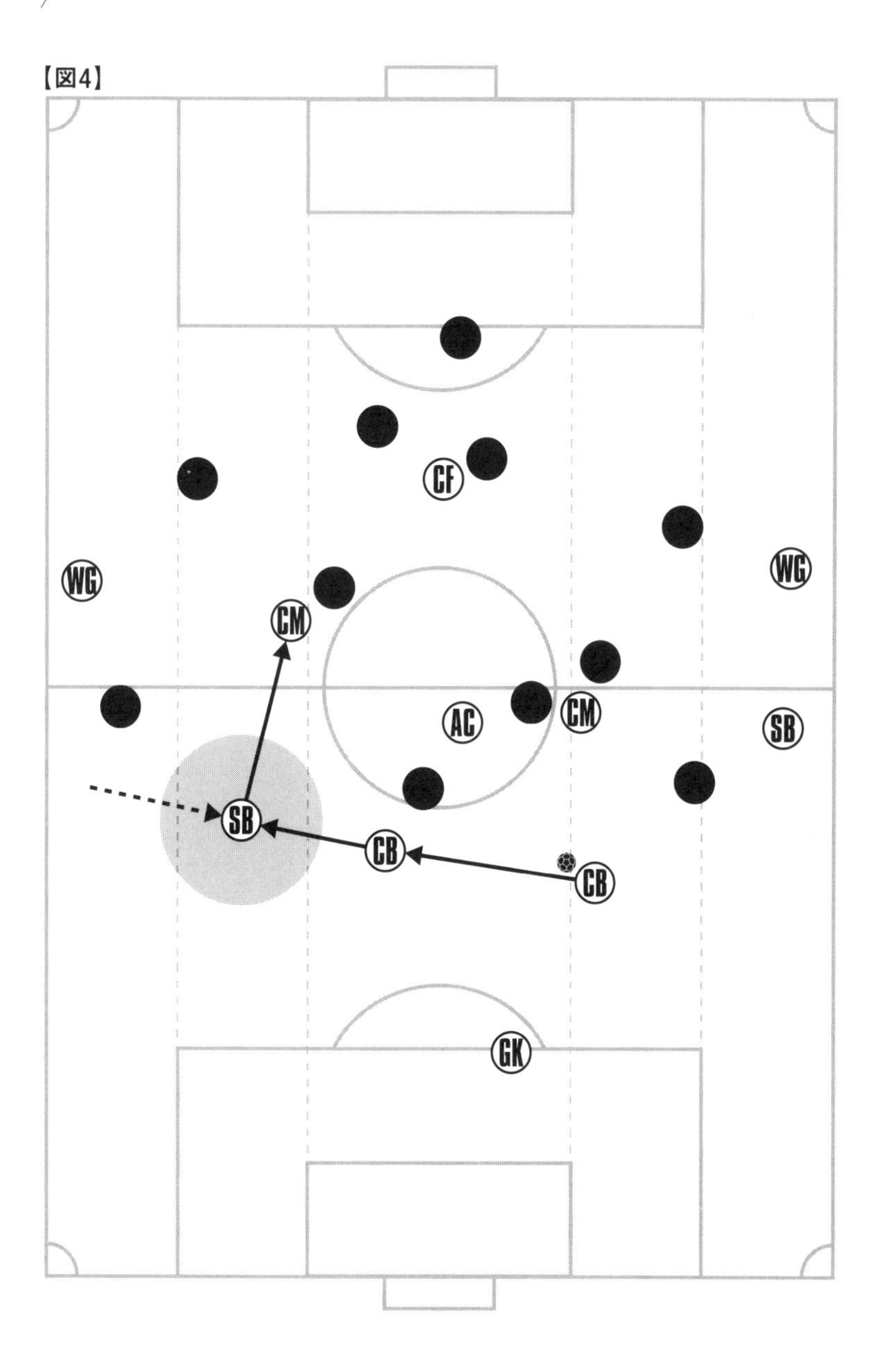

の逆サイドに集中しているため、ボールをまず横へ、次に縦へと素早く動かすことでシティはその守備を回避することが可能となる。

左SBのラポルテはより慎重な選手であり、ボールを早めに繋ごうとする傾向があるが、ウォーカーはボールを前に進められるような別の選択肢を用いる可能性がより高い。**図5**は、ボールがバックラインで回される別の形の例を示している。だが、今回はボールがウォーカーに渡ると、相手のプレスラインの向こう側へパスを出すのではなく、ウォーカーはボールを持って前進し、相手の守備ブロックをドリブルで突破しようとする。こういった形でバックラインからボールを運べる選手がいることは大きなアドバンテージとなる。ボールを持って走る選手は一人だけで、相手の守備選手がボールに対応するため、ポジションを移動するように仕向けることができるためだ。そしてこの動きは相手の後ろにスペースを生み出し、より前のポジションにいるシティの選手はそのスペースを利用することができる。

相手の守備ブロックに対して対応を強いるようなシティのこの手法は、特に相手チームが深く引いて受け身になりブロックを作っているような時にしばしば見られる。つまり相手が、プレスをかけることでポジションが崩れるのを避けたがっているような場合だ。そこでシティは大胆にもSBを、場合によってはCBを使ってボールをドリブルで前へ進めようとする。相手の守備選手がこれに対応しようとスペースを埋めるために動けば、あっという間にシティの創造的な選手に容赦なくその隙を突かれてしまう。

ウォーカーのような選手がDF陣と同じラインでボールを持つことは、相手チームにとって二重の

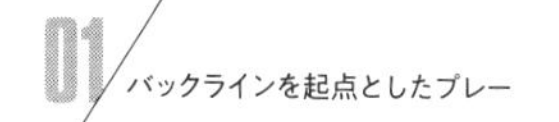

【図5】

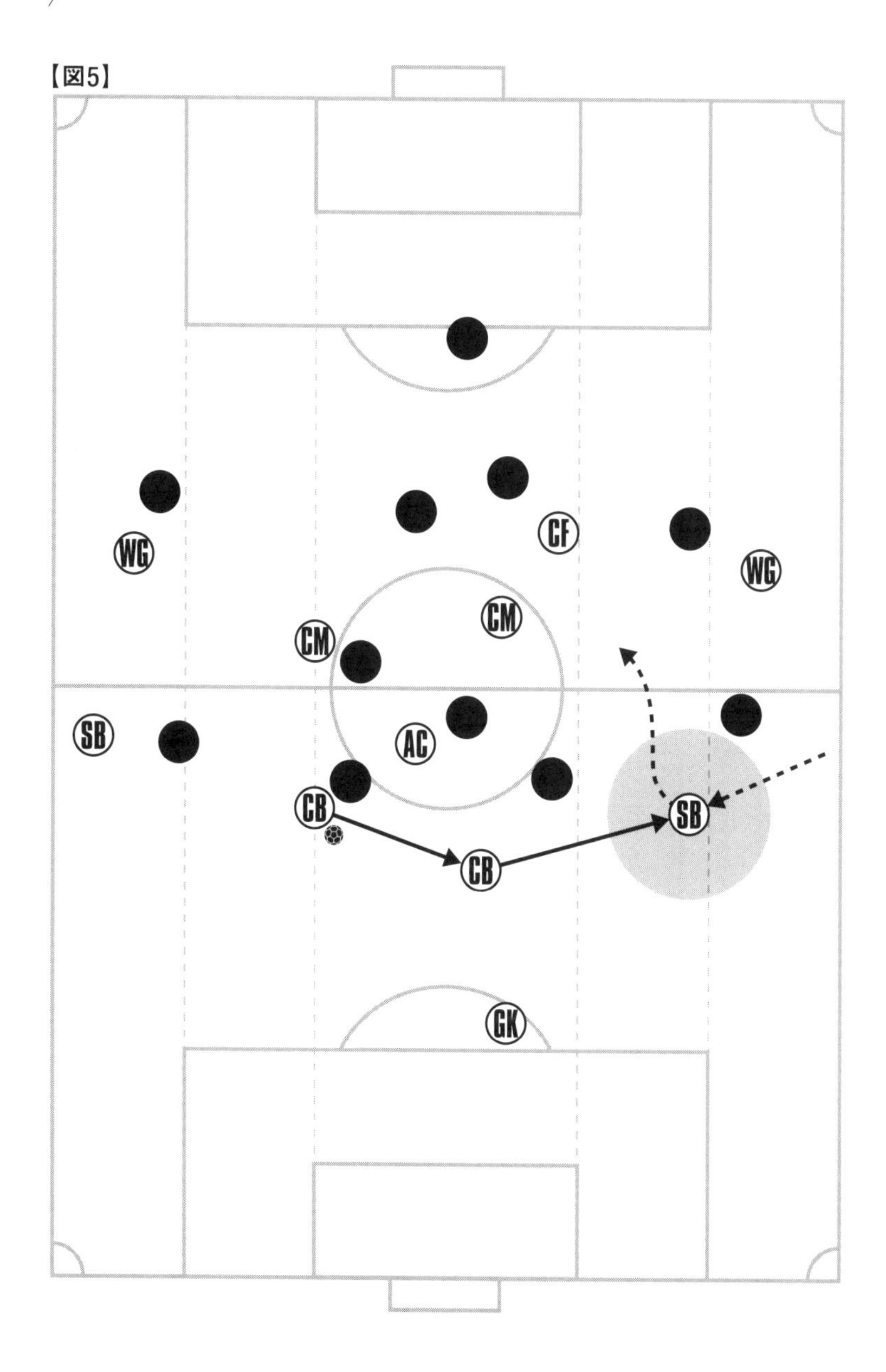

意味で脅威となる。前述の通りウォーカーはボールを前へ運ぶことも、より前のエリアに向けてラインの間を通すパスを出すこともできる。グアルディオラにより導入されたゲームモデルに対するこの高い戦術理解度こそが、ウォーカーが彼のチームで主力としてプレーしてきた理由である。

相手がプレスをかけてきた時のビルドアップ

先程も述べたように、シティがボールを前へ進めようとする時には、相手のブロックの向こう側へと綺麗にボールを運ぶためにSBを使う場合がある。**図6**においては、最初の時点でボールは最も深い位置のCBが持っている。そのCBは相手のプレッシャーを受けているため、ゴール前のエデルソンが提供してくれたサポートを利用してボールを預ける。この状況で相手のアタッカー2人がプレスをかけてくると、通常、シティは「4番」を使って数的優位を作り出そうとするだろう。だが、エデルソンへとプレッシャーをかけてくる相手FWは、GKへのパスに対してプレスをかけつつ、2人目のCBと「4番」の両方をカバーできる角度から走り寄ってくる。

もっと時間がある場合なら2人目のCBがすぐにペナルティーエリア内のワイドな位置へとポジションを下げればいいだろう。そうすればGKはプレスを逃れ、シティはボール保持を続けることができる。だが、相手FWのプレスが速いようだと、GKはより素早く対応しなければならない。そこで右SBが右のハーフスペースへと下がり、GKがボールを進めるために使えるようなクリアなパスコースを作り出す。

【図6】

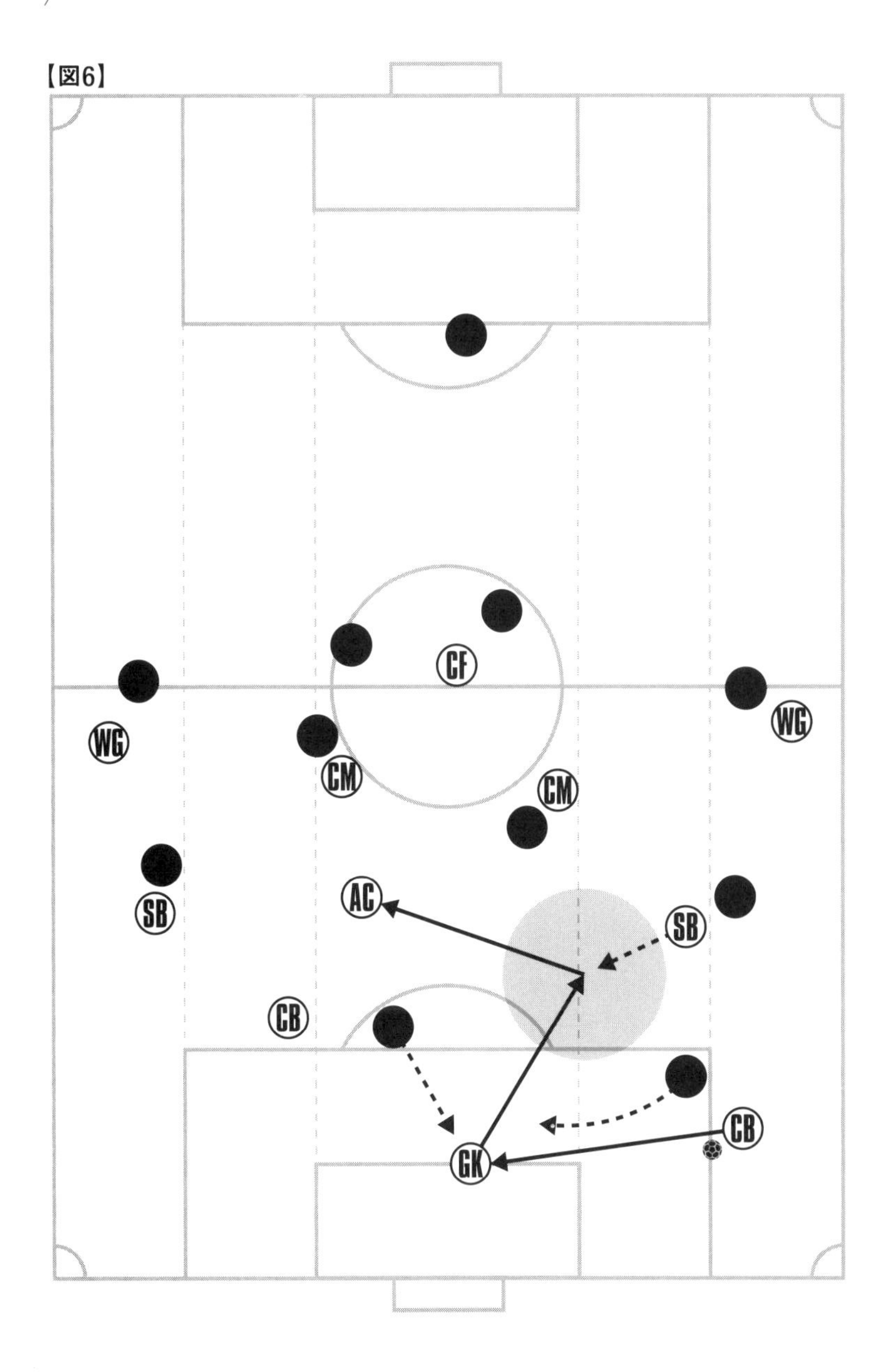

シティのこのような動きはよく目にすることができる。ボールはまずハーフスペースに位置する選手へと出され、それから中央のエリアへと動かされる。そこでは「4番」、または2人のCMのどちらかがボールを受ける。

GKのエデルソンが持つパス出しの能力により、シティがバックラインからボールを進めるやり方は大きく変わった。彼の高いボール扱い技術のおかげで、様々なポジションから相手を打破する形を生み出すことが可能となった。**図7**でもこれまでと同様に、相手がプレスをかけてきて、シティが容易にボールを展開するのを阻もうとしている。プレスをかけてくる2人の相手FWとの距離の近さと角度により、この場合もエデルソンは素早くプレーしなければならない。さもなくば、さらに距離を詰められ、ボールを失ってしまう可能性も出てくる。

パスコースを作り出しボールを出せるようにする動きをするのは、今回はCMだ。前寄りのポジションにいたCMがハーフスペースに下がってきて、そこに通されたパスを受ける。プレスをかけてくる2人の相手FWは、本来のポジションから引き出されることを覚悟してプレスをかけており、その2人の間を割るパスを通すことで、ここでもシティはより前のエリアへと難なくプレーを進めることが可能になる。

すべては縦パスで相手のラインを突破しつつ中央エリアへ運ぶため

最後にもう一つ、このコンセプトに関して論じておく必要があるのは、シティが縦へのパスで相手

【図7】

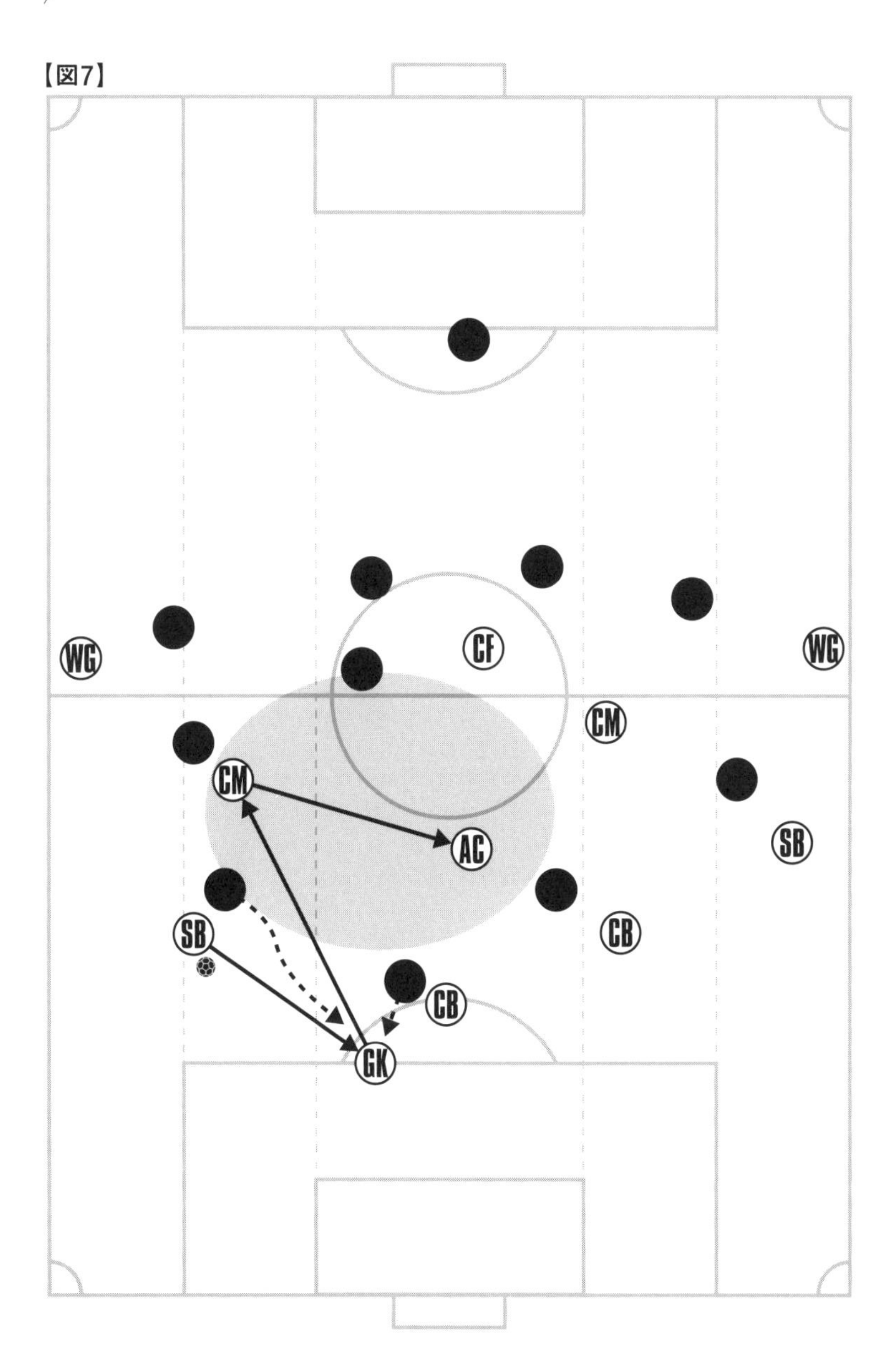

のラインを突破しつつ、ボールを前へ進めて中央のエリアへ運びたいと考えている点だ。**図8**においてはその動きが明確に示されている。ここでも最初のパスはCBからエデルソンへと返される。ボールを持ったエデルソンは体を開き、プレスをかけてくる相手選手を回避して2人目のCBへとボールを繋ぐことができる。

シティがピッチ上のより前のエリアへとプレーを進めようとするのはこのタイミングだ。相手の守備構造はコンパクトにはなっておらず、間延びさせられるのを承知でシティにプレスをかけてきている。ボールを持ったCBは、すぐにプレッシャーを受けることなく前を向くことができる。

ボールを持ったCBの前方には、2人の相手選手が同じライン上に並んでいる。CBは2人のプレスラインを割る形で縦パスを出し、その後ろのスペースにいる前寄りのCMにボールを通すことができる。このパスが通った時点で、シティは高い位置に起点を作ることができており、ここから攻撃の動きをスタートさせることが可能となる。相手のラインの向こう側に作り出す高い位置の起点は、シティにとってきわめて効果的な意味を持つことになる。

図9も同様の状況を示しており、今回は2人のCBが横パスを通してボールを進めている。左側のCBがボールを持つと、すぐ近くに2人の相手選手が迫ってきている。だが、相手の陣形はコンパクトではないため、左SBがクレバーな動きを取ることにより、容易に相手のライン裏のスペースへとボールを通すことができる。

CBがボールを持った時、左SBはタッチライン際から左のハーフスペースへと小さく水平移動する。この動きによって、ボールを持っているCBには、接近している2人の相手選手の間を通すパス

【図8】

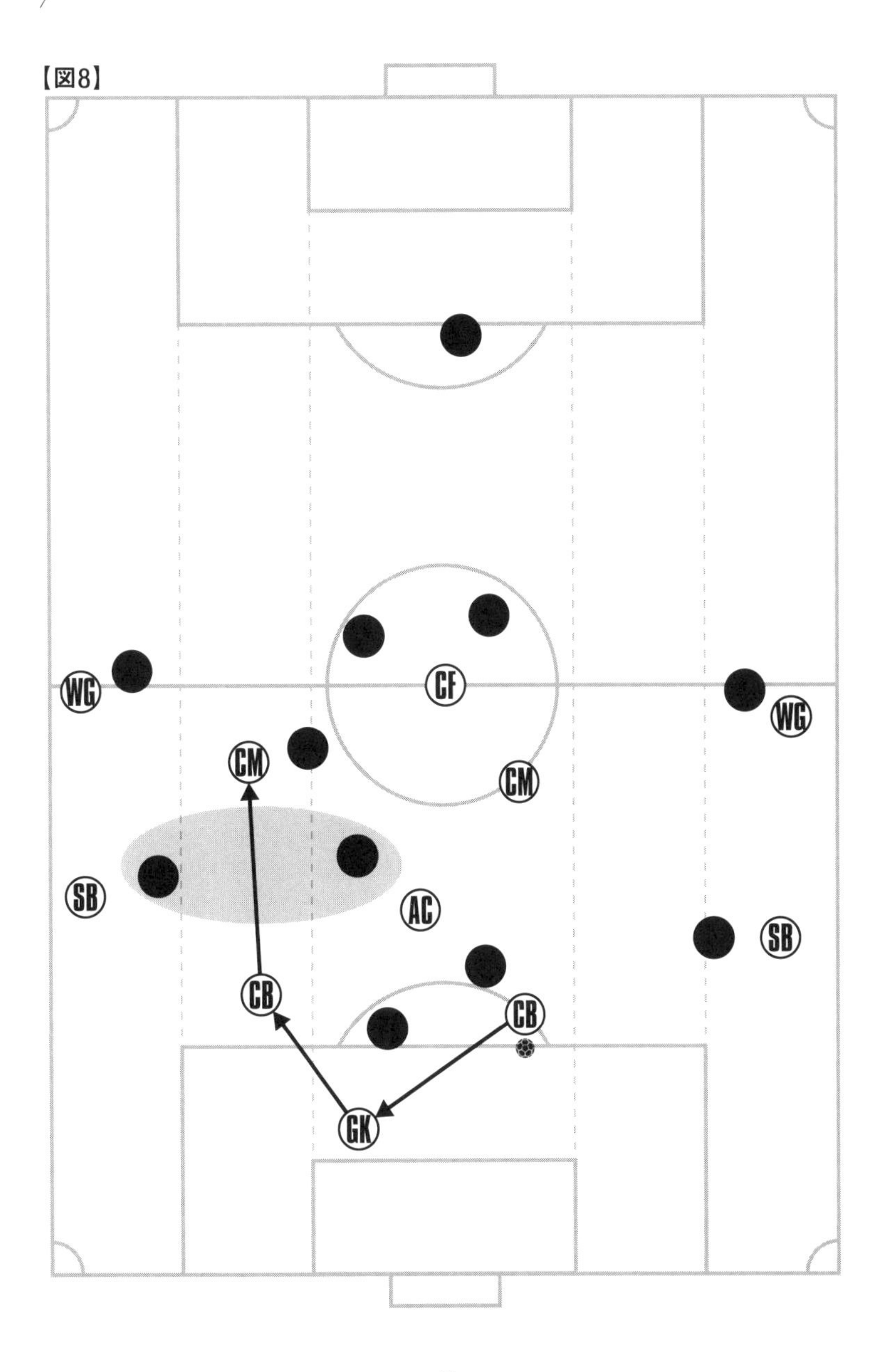

コースが生まれる。パスが繋がれば、SBは受けたボールをハーフウェーラインに向けて運ぶこともでき、前線に向かうパスワークを続行することもできる。

“小さな動き”だけで効果的かつ安全にボールを前に進めることが可能に

こういった戦術的な小さな動きによって、シティは効果的かつ安全に相手チームの間を縫ってボールを前に進めることが可能となっている。そしてこれらのプレーが最もクレバーである部分は、非常に高い柔軟性にある。相手チームがプレスをかけるためにどのような選択肢を取ってきたとしても、シティにはそれに対応する答えがある。数的優位を作り出し、中央のエリアへとボールを前進させることができるよう、GKやCBが使えるパスコースを作り出すためのクレバーなポジショニングを用いている。

これらのエリアでシティが用いるコンセプトは複雑なものではなく、複雑であるべきでもない。だが、それは相手にとって容易に止められるものであるという意味ではない。シティがバックラインからボールを繋ごうとするのを阻むため、高い位置から厳しくプレスをかけてくるチームもあるだろう。だが、その時にはエデルソンがキックの多彩さを発揮し、プレスの上を飛び越えて中央のエリアへボールを送り込むことになる。

【図9】

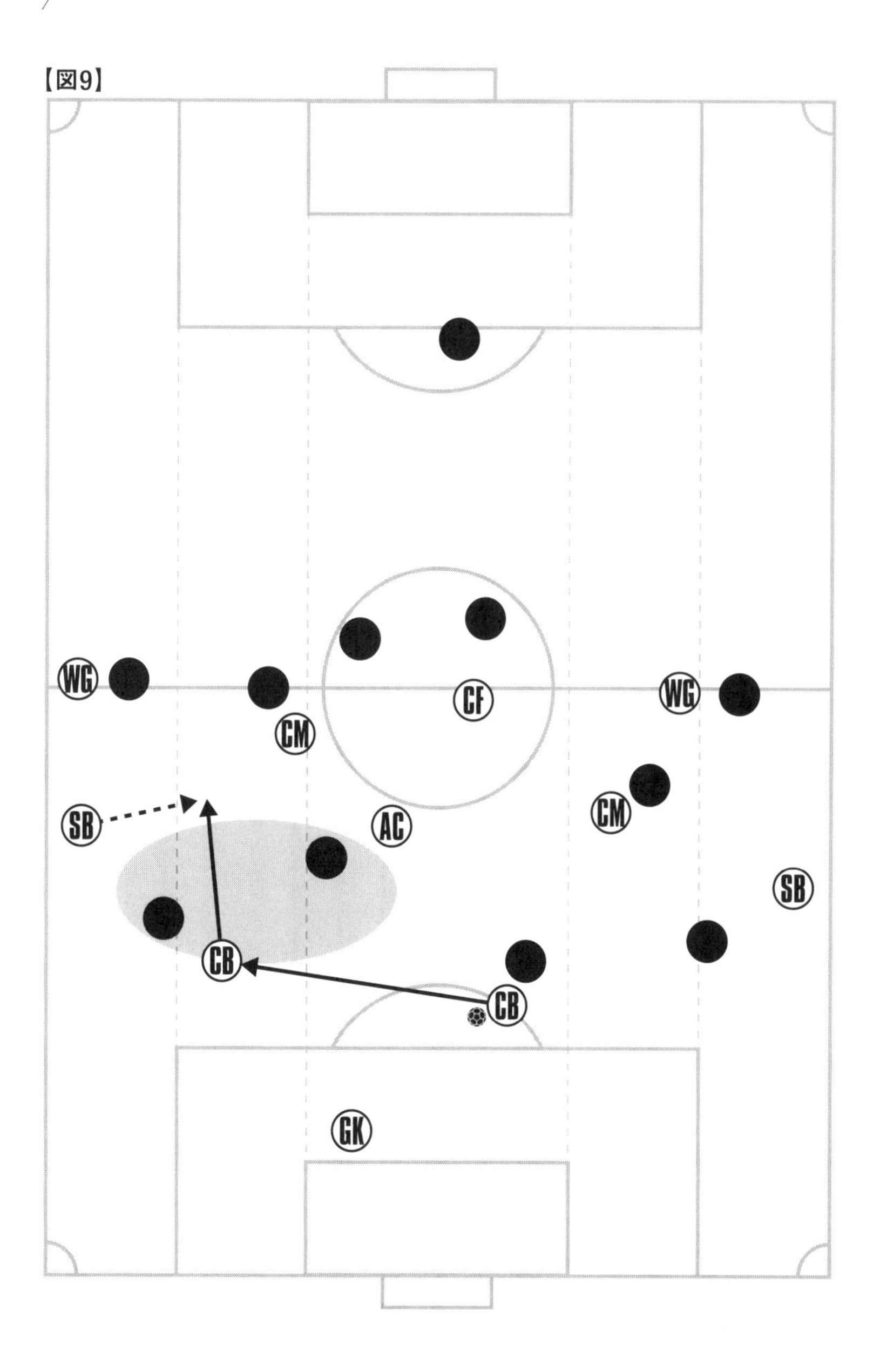

SCRIPTURE OF POSITIONAL FOOTBALL

02

サイドバックの役割

グアルディオラのチームにおいてSBは常に重要な存在

サッカーにおいて、SBほど過去10年間に劇的な変化を経てきたポジションは他にないと言っていいだろう。伝統的には、SBとは主に守備面の機能を担いつつ、時折相手陣内にまで侵入する選手だと見なされていた。だが、現代のSBには攻撃の局面において、もともとはウイング（以下、WG）の役割だとされていたようなプレーを実行することが求められている。

SBはアタッキングサードにおいて横幅を広く使ったプレーを提供するとともに、ボールを前へ運ぶために攻撃陣のチームメートにコンビネーションの選択肢を与えるポジションとなった。

この変化は、トレーニング方法やスポーツ科学の発展により選手のコンディションや肉体的強度が向上し、中央エリアのスペースが狭まった結果として生じたものだ。中央のスペースがタイトになったことで、ピッチ上で唯一SBだけが、前方に進めるスペースがある状況でボールを受けることが可能なポジションとなっていった。このようにポジションの性質が変化し、攻撃面で脅威を生み出す必要性が高まったことを反映して、SBを務めるために必要とされる技術要件も明らかに変化してきた。

SBは依然としてディフェンシブサードやミドルサードのスペースでもボールを受けるが、同時にファイナルサードの狭いスペースの中でもボールを受けられる能力を持つ必要がある。チームの攻撃フェーズにおいて自然と高いポジションでプレーする傾向を持ったWGの選手が、ポジションを下げてSBを務めるというトレンドも実際に生まれている。攻撃の選手に守り方を教えることはできるが、守備の選手に攻撃的なプレーを適切に教えることはより難しいと考えられていたためだ。

グアルディオラのチームにおいては、SBのポジションは常に重要な存在だった。彼が率いたバルセロナでは、ブラジル代表のダニ・アウヴェスがおそらく世界最高のSBになった。ただし、極度のポゼッション志向のバルセロナで彼は事実上、右WGとしてプレーしていたが、バイエルン・ミュンヘンでは、フィリップ・ラームとダヴィド・アラバを〝彼のやり方〟でSBに起用していた。

それ以前のSBは、ライン際のエリアで主にプレーしていたという意味で、かなり直線的なポジションだった。だが、この時になって初めて、我々は〝偽SB〟を目にすることになった。チームがボールを持っている時――この場合、試合時間のほとんどがそうだったが――には、WGの選手が高いエリアのアウトサイドに張ることで横幅を作り出す。その時、SBは中央のエリアへと移動し、ボールポゼッションの安全性を高めようとする。ボールに近い側（ボールと同サイド）のSBは、通常よりは絞りながらも伝統的な外側のポジションをキープし、一方でボールと遠い側のSBは中盤の中央へと移動してくる。

これによりバイエルンは常にピッチの中央エリアを支配下に置くことが可能となり、ボールを持つ選手に対してはサポートに入る選手がパスの出しどころの選択肢を提供していた。このポジション移動は、チアゴ・アルカンタラなどの選手を中盤のポジションから前方へと押し出し、相手の中盤とDFのライン間でプレーするチャンスを作り出すことも意図している（と同時にボールを失った際はカウンターの防波堤としても機能する）。

グアルディオラが2016年にシティの指揮を引き継ぐことになると、イングランドのサッカー界においても偽ＳＢを見ることができるという期待が大きく高まった。だが、実際に目にしたものは、グアルディオラは我々が思い込んでいた以上に繊細で柔軟な指導者だという事実だった。

求められるのは柔軟性と膨大な戦術情報量

就任1年目には、ＳＢの選手、具体的にはパブロ・サバレタ、ガエル・クリシ、バカリ・サニャ、アレクサンダル・コラロフ、ヘスス・ナヴァスなどが、伝統的な外側のポジションでプレーする試合もあった。一方で試合によっては、相手に応じてこれらの選手が偽ＳＢの役割を任されることもあった。だが、このＳＢ起用法の結果として無視できない一つの大問題が生じた。根本的なクオリティ不足という問題だ。このシーズンのシティでＳＢに主に起用された5人の選手はいずれもキャリア後半の時期を迎えていた。新たな血が必要とされた結果として、２０１７－18シーズン開幕前には補強に巨額の資金が投じられ、バンジャマン・メンディ、ウォーカー、ダニーロを迎え入れ、ＳＢのメンバーが刷新された。

その結果はすぐに表れた。グアルディオラ就任2年目の開幕直後から、シティはよりグアルディオラらしいチームに見えるようになった。1年目は慣れないサッカー文化への適応を図る時期となったが、2年目と3年目にはグアルディオラはその文化を自身のイメージに合わせて作り変えていった。その上で大きな役割を果たしたのが、新加入のＳＢのパフォーマンスである。最後のピースである彼らを加えたことで戦術のパズルは完成し、シティの攻撃ポテンシャルは存分に解き放たれた。

バルセロナにおいては、グアルディオラのSBは伝統的な役割を課されていた。バイエルンにおいては偽SBとして起用された。現在のシティにおいては、さらなる進化の結果として、SBはハイブリッドな役割を演じるまでになった。ワイドなポジションから、ハーフスペースや中央のエリアのポジションへの切り替えは、一つの試合中に行われている。SBの一人がワイドなエリアで攻撃をサポートする役割に起用され、もう一方が深いラインを保ってほとんど3バックに近い形を構成するような試合もある。

この柔軟性を実現するため、SBのポジションでプレーする選手には、戦術に関する膨大な情報量を保持することが求められる。グアルディオラとコーチングスタッフは常に改善に取り組み続けており、当該の選手はゲームモデルの要請に応じて特定のエリアへの出入りを、いつどのような形で行うべきであるかを理解しなければならない。

それゆえに、グアルディオラのシステム内で力を発揮できるSBは非常に具体的なタイプの選手に限られてくる。ウォーカーやメンディといった選手はかなり典型的なタイプのSBだと言えるが、左SBのポジションにはファビアン・デルフやオレクサンドル・ジンチェンコも起用されている。本来MFであるこの2人の能力は、SBの役割に新たな解釈を与えることを可能としている。実際のところ、グアルディオラのゲームモデル全体の中でも、SBは習得と実践が最も困難なポジションの一つだと考えて間違いはないだろう。グアルディオラがシティ監督就任当初に苦戦を強いられたことも、SB陣が高齢化しており、監督の要求する役割を演じることができなかったという理由で、ある程度説明することができる。

SBを中央へ斜めに走らせオーバーロード（局地的な数的優位）を作り出す

バルセロナでもバイエルンでも、現在のシティでも、グアルディオラが監督としてのキャリアを通して用いてきたゲームモデルにおいては、ピッチの中央エリアをコントロールし支配する能力が非常に重要な部分だった。バルセロナを離れた時にグアルディオラが抱えた問題は、〝新たなシャヴィ〟がいないという事実だった。つまり、パス出しと移動を続けることで中央エリアのスペースをコントロールできる力を持った選手だ。新たに就任したチームにいたのは、ダヴィド・シルヴァやケヴィン・デ・ブルイネのように、ファイナルサードのスペースでプレーすることにやりやすさを感じるようなMFだった。そのため、グアルディオラには彼らが中央のスペースを支配できるような別のやり方を創造することが必要となった。

そこで採られたのが、SBを中央のエリアへ斜めに走らせ、そのエリアでのオーバーロード（局地的な数的優位）を作り出すというやり方だった。**図10**ではシティのSBがそういった斜めのランを用いる例を示している。その意図はスペースを利用することだけでなく、ファイナルサードに向けた前方へのボール運びをさらに助けることにもある。

左側のCBがボールを持つと、右SB――この場合はウォーカー――が斜め方向へ走り、パスコースを作り出すことで、シティはボールを中央のエリアへと進めることが可能となる。こういったポジションから、SBは次にワイドな位置での起点となり、シティはそこから攻撃の形を作り出すことができる。SBの一方、もしくは両方が「4番」と同じライン上の中央寄りに移動することで、ファイ

【図10】

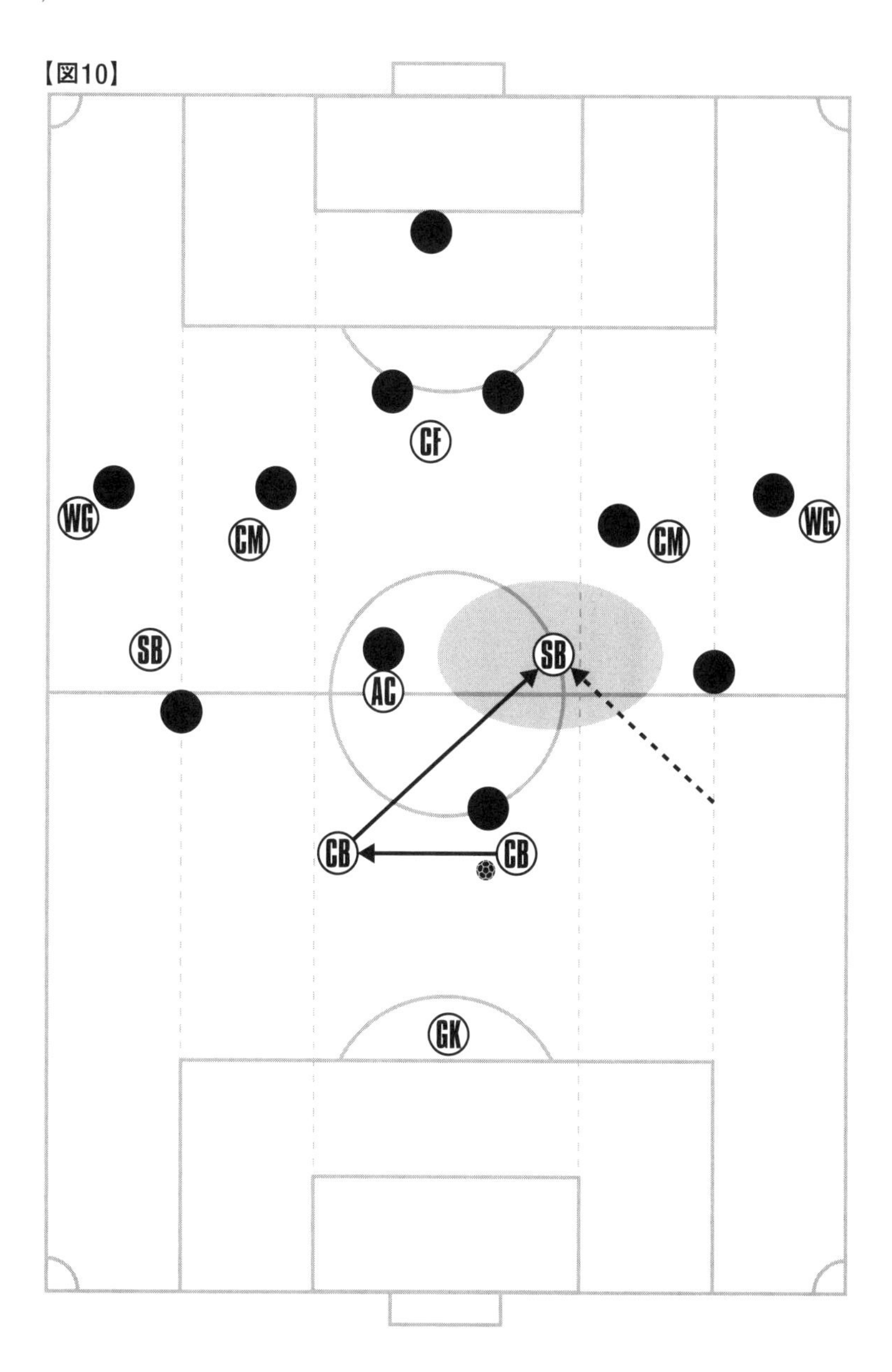

ナルサードのスペースが狭すぎる場合には、常にボールを戻すことができるサポートラインがシティには存在することになる。SBがこういったポジション取りをすることで、相手が効果的にカウンターアタックを繰り出すことはより難しくなる。

図11における動きは、両方のSBが中央寄りに移動し、「4番」の隣にまでくる場合にシティが用いるパターンを示している。こういった動きの最も重要な点は、ボールを前へ運べるようにすることだ。ピッチ上のディフェンシブサードやミドルサードでボールを持っているシティの選手にとっては、それこそが常に最優先事項となる。ボールを綺麗に前へ運ぶため、相手のプレスラインをくぐり抜けるチャンスを作り出せるかどうかを考えている。ファイナルサードになると優先事項は切り替えられ、シュートを打つスペースを見つけられるかどうか、他の誰かがシュートを打つチャンスを作り出せるかどうかを考える。実際のところ、シティを戦術的観点で見る場合、以上のことを念頭に置いた上ですべてを考えなければならない。この例においては、2人のSBが中央寄りに動いて「4番」と同じラインに位置すると、ライン際から左のハーフスペースへと動いてきた左SBのデルフに斜めのパスが出される。

これでシティは空いた左のハーフスペースでボールを受けたことになり、相手の守備ブロックはスペースをカバーするためにローテーションしなければならなくなる。ここで興味深いのは、これらの動きが作り出す陣形だ。シティはこのライン上に3人の選手が並んでいるが、その前のエリアには攻撃陣の5人の選手がいる。この5人の選手は縦のラインにも、ワイドなエリアにも、ハーフスペースにも、中央のエリアにも散らばることができる。ポジション移動を強いられることになった相手の守

【図11】

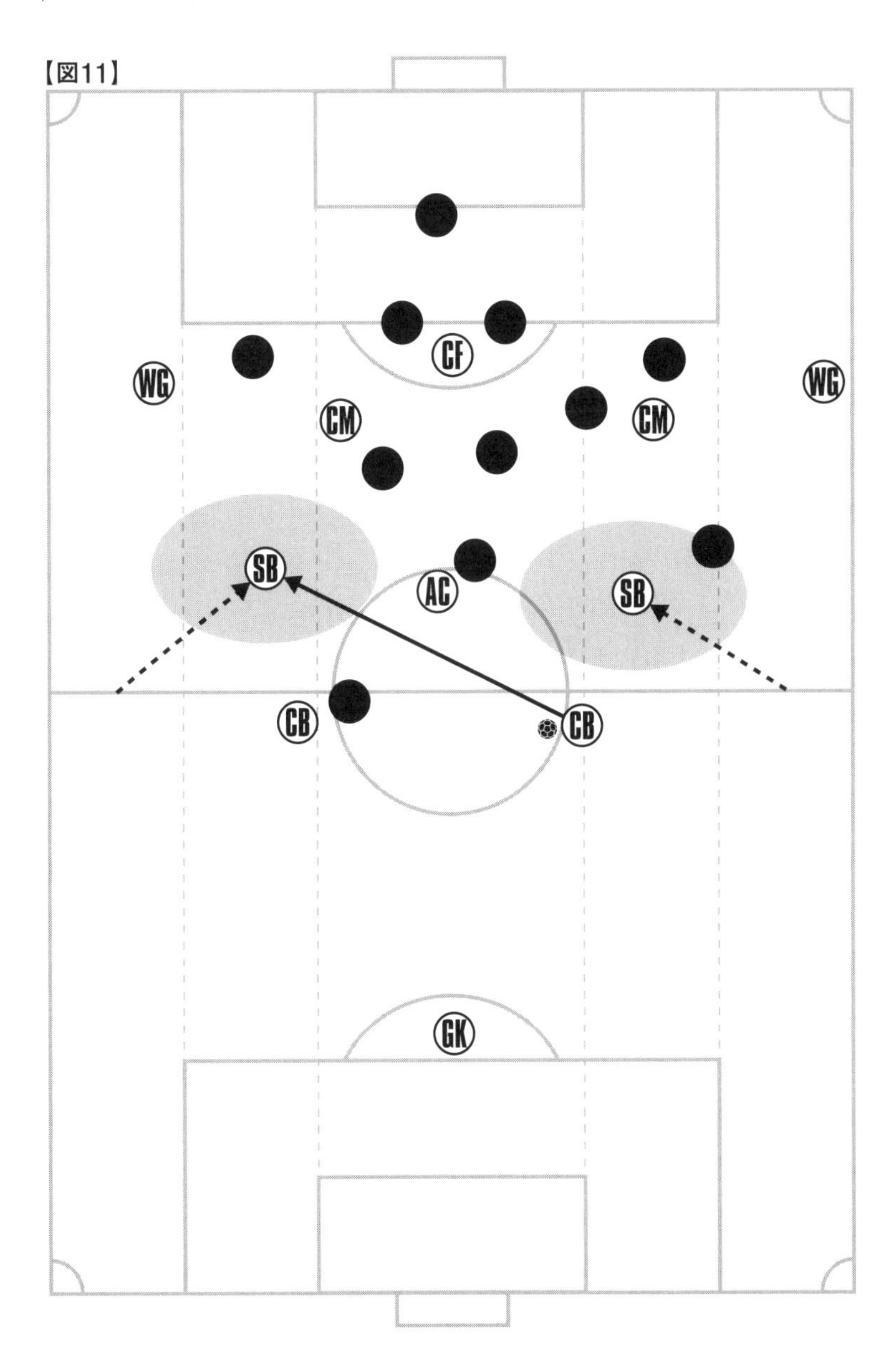

備ブロックは、必然的にスペースを空けてしまい、シティの前線の選手はそこを利用してファイナルサードでの数的優位を作り出すことが可能となる。

DFエリアから動き出し攻撃フェーズでスペースを埋める役割

シティのシステム内におけるSBの役割のもう一つの重要な一面は、DFエリアから動き出して、攻撃の形の中でスペースを埋められる能力にある。グアルディオラがWGのポジションで起用する選手に応じて、SBが利用できるオープンスペースは異なってくる。ラヒーム・スターリングやレロイ・サネのような選手がプレーする場合には、彼らは攻撃フェーズ開始時の動きとしては、タッチライン際のワイドなポジション取りをする傾向がある。これは、空きスペースが内側のハーフスペースに生じることを意味する。ベルナルド・シウヴァなどがプレーする場合は、逆にそのハーフスペースに位置取りすることを好むため、ワイドなエリアがSBにとってのオープンスペースとなる。

メンバー次第でこういった細かい変化が生まれてくることも、SBの選手が処理しなければならない情報の一つに他ならない。**図12**においては、まずはCBから、CMへとボールが進められる形が示されている。WGはタッチライン際にポジション取りをしており、これにより相手の守備ブロックは横に引き伸ばされている。WGの脅威に備えるため相手DFもサイドに開かざるをえず、シティはハーフスペースに効果的にポケットを生み出した上でそこを利用することが可能となる。ここでは右SBのウォーカーが、今回はより前のポジションへと斜めに走り込むことで、相手のライン間に生まれた

【図12】

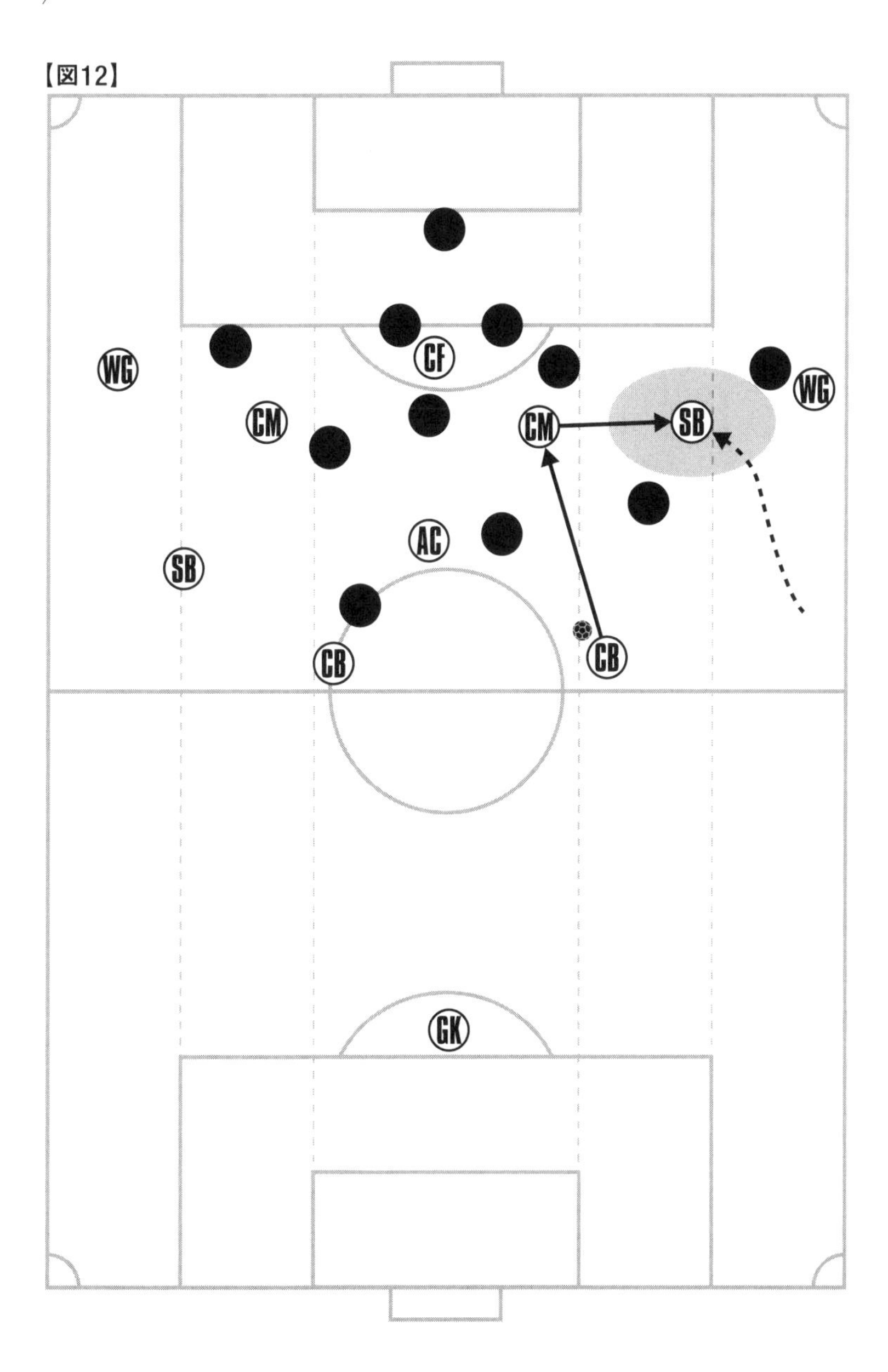

危険な空きスペースでボールを持つことができる。

低い位置のポジションから、前線の選手のポジショニングにより生み出された空きスペースへと入り込むこういった動きは、深くコンパクトなブロックを作ってくる相手チームの守備を打開しようとする時にこそ特に重要なものとなる場合がある。

ハーフスペースのエリアへ移動したSBは、攻撃陣の他の選手とのコンビネーションによりオーバーロードを生み出し、シティが相手の守備ラインを突破できるようなパスコースを作り出すことができる。

図13では、今回も右SBのウォーカーが右側ハーフスペースの前のエリアへと移動している。CMへの縦パスが入り、ハーフスペースにいるウォーカーへ横パスが通る。このポジション取りが相手に対して脅威を生み出すことになる。CMへの最初の縦パスは、ウォーカーの斜めの動きに合わせたタイミングで出される。このパスとランが同時に行われることで、最も近くにいる守備側の選手がその両方の脅威をカバーすることは不可能となる。さらにウォーカーへの横パスが送られると、守備側の選手はほぼ身動きを取ることができない。

こういったエリアにおいて、SBは厳密な動きの約束事から解放されており、自由にプレーを創造することが許されている。この例ではDFラインの間を通すボールがペナルティーエリアへ出され、スターリングがそこへ斜めに走り込んでボールを受けることができる。

このような形で前のポジションへ斜めに走り込む動きを見せる場面が多いのは右SBのウォーカーだ。左サイドでは、SBの基本的なポジショニングは通常もう少し深い位置となる。これは2人のC

【図13】

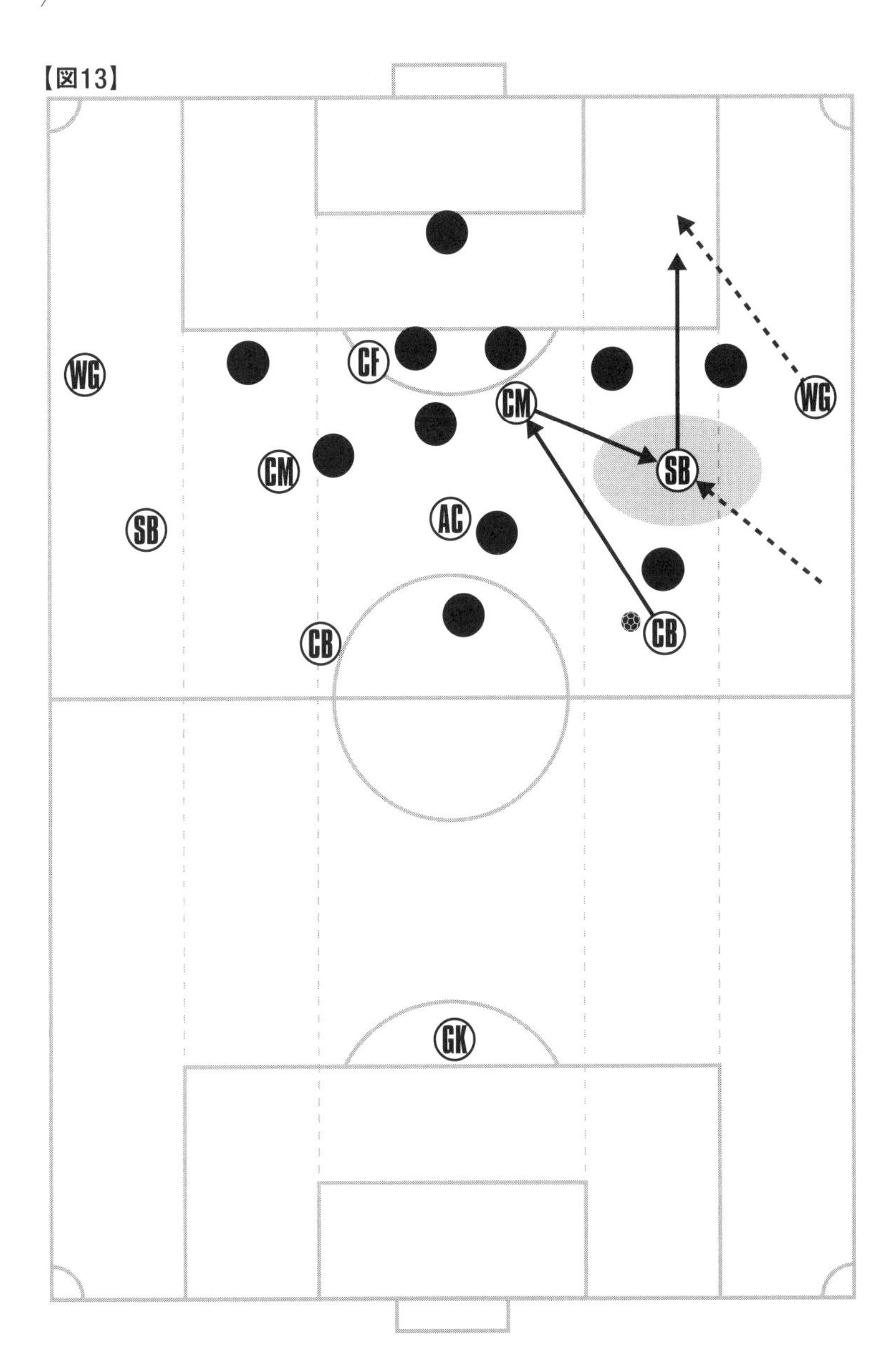

Mのそれぞれの特徴に応じてのものだ。通常、左に位置するD・シルヴァは、左のハーフスペースに位置することを好んでおり、そこから左WGと連携を取ることができる。その場合の左SBの役割は、〝偽SB〟でない場合には、少々異なるものとなる。

左SBが深い位置にいる場合は右SBよりサポート的な意味合いが強い

例えば**図14**では、左SBが「4番」と同じラインでワイドなポジション取りをしている。ボールはDFラインに沿って横パスで繋がれ、左SBへと渡る。今回、左SBを務めているのはデルフであり、彼はスペースでボールを受けられる位置にいる。デルフの次の選択肢は外側のWGを使うか、CMと連携を取るかのどちらかとなる。WGをペナルティーエリアの角へと抜け出させることを狙うため、ボールはD・シルヴァに渡される。D・シルヴァはそこからスルーパスを出してWGを走らせることができる。

こういったポジションにいる時の左SBは、右SBの場合よりもサポート的な役割で使われている。デルフやラポルテなどの選手が左SBに入る時、効果的にプレーできる理由の一部もここにある。2018-19シーズンのほとんどの期間を通してメンディが負傷の問題を抱えていたことは、左SBが攻撃の脅威となる選択肢をグアルディオラから奪っていた。そのためチームの他の部分の構造を調整する必要があった。幸いなことに、左SBのこのような深い位置取りは、サイドのエリアに向けて動こうとするD・シルヴァのような選手に完璧にマッチしていた。

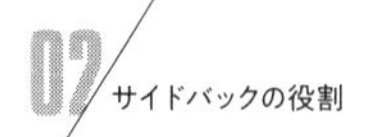

【図14】

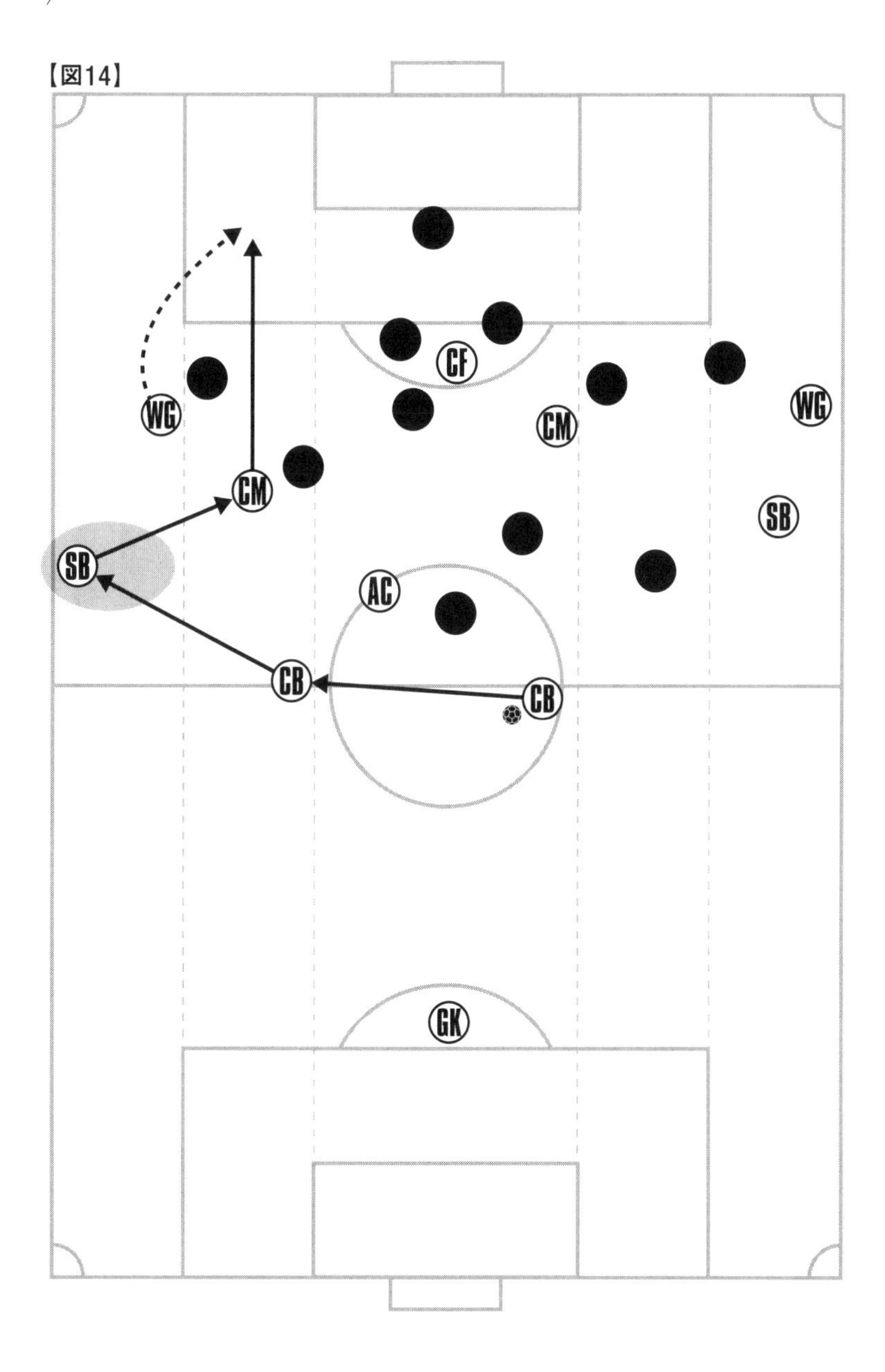

もちろんＳＢのポジションは、サッカー全般において重要なものだ。一般的にこのポジションの選手は、時間とスペースのある状況でボールを受けることができる。すぐにプレッシャーを受けることはないため、前に向かうプレーが可能となる。だが、グアルディオラはこのポジションの選手が深いエリアやハーフスペースの前方に向けた斜め方向へ走り込む能力を用いて、ＳＢの役割を新たなレベルへと引き上げた。

このような現代的ＳＢは、かつてこのポジションでプレーしていた純粋に守備的な選手とは一線を画している。今や彼らは攻撃面でも守備面でも欠かせないサポートを提供し、シティのチーム全体が一つのユニットとして機能することを可能としている。シティのＳＢが試合ごとにそれぞれ異なる要求に適応するためには、多彩で幅広いスキルを有していることが不可欠だが、同時にグアルディオラの用いるゲームモデル全体を完全に理解していることも必要となる。様々な意味で、ＳＢのポジションはシティにとって最も重要だと考えることができる。

SCRIPTURE OF POSITIONAL FOOTBALL

03

フェルナンジーニョの役割

一人のMFが中盤の底からコントロールする価値への信念

グアルディオラのチームにおいて、中盤3人の底に位置する「4番」としてプレーする選手は、ある種のプレッシャーを感じずにはいられない。何よりこのポジションは、グアルディオラ自身が選手としてのキャリアを通してプレーし、その位置の選手に求められる役割を再定義してみせたポジションである。伝統的にはこのポジションでプレーする選手は、純粋に守備的な選手だと見なされていた。相手チームの攻撃を食い止めるとともに、より前の選手にボールを回す役割が課されていた。だが、サッカー界に存在する他の多くの事象と同じく、これを変えてしまったのはヨハン・クライフだった。「4番」が守備だけでなく攻撃時にもカギを握る存在となることに、クライフはとにかくこだわっていた。

グアルディオラは選手時代、ある時、「シングルボランチとダブルボランチのどちらでプレーしたいか？」と尋ねられた。中盤の底を一人で担当するか、もう一人別のMFと並んでプレーするかのどちらかだ。彼の答えは、迷わず「シングルボランチ」だった。自分のいる位置と同じラインに2人目の選手がいれば、ボールを持った時のスペースが狭められてしまい、大事なパスコースが消されてしまうとグアルディオラは強く確信していた。一人のMFが中盤の底からコントロールすることに価値があるというこの信念を、グアルディオラは現役時代から監督時代に至るまで持ち続けてきた。

バルセロナのBチームで指導者としての修行を積んでいた頃、セルヒオ・ブスケツという若く才能ある「4番」がチームにいたことはグアルディオラにとって幸運だったという見方もある。だが、こ

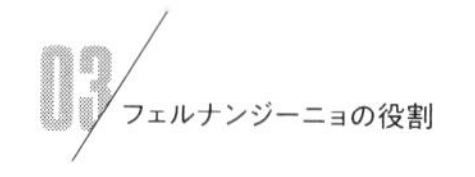

れを幸運だと考えるのは結果論でしかないかもしれない。ブスケツがそのキャリアを通してワールドクラスのMFに成長していったことに疑問の余地はないとしても、一方で彼の選手としての成長にグアルディオラが監督として及ぼした影響も無視するわけにはいかないからだ。

バルセロナBでも、その後のバルセロナでも、グアルディオラの手元には天性の「4番」がいた。だが、バイエルンの監督就任当初は、この不可欠な役割に最適な選手を見極めるのに苦労することになった。最初は同じスペイン出身のハヴィ・マルティネスが試されたが、グアルディオラはCBこそが彼にとって最適なポジションであることをすぐさま見抜いた。最終的にグアルディオラはある種のコンビネーション方式に落ち着き、シャヴィ・アロンソやラームといった選手がローテーションの形で「4番」を務めることになった。

ブスケツもアロンソもラームも、同世代の中でトップレベル中のトップレベルの選手だ。グアルディオラほどの戦術的見識を持った指揮官が、これほど能力の高い重要な選手を選んでこの役割を託したということ自体が、彼の戦術システムの中で「4番」が持つ重要度の高さを示している。事実上、このポジションの選手は、ピッチ上でグアルディオラのゲームモデルを体現する存在となる。彼のチームにおいて「4番」はプレーのリズムを規定し、マイボール時の攻撃パターンを決定する選手となる場合が多い。より前のエリアに位置する創造的な選手の方が、決定的な仕事をして注目を浴びることが多いとしても、グアルディオラのチームで「4番」が果たす役割は軽視するわけにはいかない。

シティにおいては、4－3－3のシステムの中でこのポジションを任せる選手に迷う必要はほとんどなかった。ブラジル代表のフェルナンジーニョが不動の存在として君臨している。シャフタール・

ドネツクからやってきたこの選手がもたらしたインパクトは絶大であり、おそらくシティにとっては最も失ってはならない選手になったといえる。2018－19シーズンには、負傷や出場停止でフェルナンジーニョを起用できない時期があったことで、その重要性がとりわけ明確に示された。シティに彼の不在をカバーするだけの選手層がないというわけではない。例えばイルカイ・ギュンドアンもクラブレベルと代表レベルの両方で非常に経験豊富な選手だ。だが、このドイツ代表MFが中盤の底のポジションに入ると、やはりフェルナンジーニョと比較すれば、プレーの効率が低下する部分が明らかに見て取れる。

シティの「4番」に要求される攻撃と守備フェーズでの2アクション

その背後にある理由を理解するためには、まずグアルディオラの戦術システム内において「4番」に要求されるものとは何であるかを正確に把握しなければならない。この点を十分に分析するにあたって、彼のサッカーにおけるアクションを2つに分割する必要が生じてくる。守備フェーズと攻撃フェーズの2つである。守備フェーズとは試合の中で相手チームがボールを保持している時間帯のことだ。すでに述べたように、グアルディオラのチームにおいて「4番」は純粋に守備的な機能を持つ選手ではないとしても、やはり守備面が重要な役割の一つであることに変わりはない。中盤の底に位置する選手は、DFラインと、両WGが下がってきて2人のCMとともに形成する4人のライン間のスペースを埋める役割を担う場合が多い。一人でコントロール役を務める「4番」は、ペナルティーエリアの横幅内でポジションを移動し、相手の攻撃プレーヤーが入り込めるような空きスペースを作られてしまうのを阻もうとする。

「4番」は、シティが攻撃から守備へと転じる場面で、相手が素早いカウンターを繰り出すことを防ぐ際にも重要となる。この点で、特に2018-19シーズンには、フェルナンジーニョはサッカーの〝黒い技巧〟のエキスパートとして悪名高い存在となった。相手が守備から攻撃に移る場面でボールを素早く前へ動かそうとしたところで、小さなファウルを犯してストップする場面が何度も見られた。「プロフェッショナルファウル」とも呼ばれるこのような小さなファウルがシティの戦術体系の一部に組み込まれていることは間違いない。だが、フェルナンジーニョが先発メンバーにいなければ、それを効果的に実践することができていなかった。

攻撃フェーズにおいては、「4番」は攻撃構造の起点となる役割を果たす。SBが伝統的でワイドなポジション取りをする場合でも、前線へ移動して攻撃に加わる場合でも、この起点の位置でプレーするのは最も深いポジションの「4番」一人だけとなる。「4番」は前のポジションにいる選手を常にサポートできる位置へと移動する。このポジショニングにより、ファイナルサードの攻撃構造に自ら加わっていく適切なタイミングを選択することも可能となる。これは低いラインで受け身の守備ブロックを作ろうとするチームと戦う場合に特によく見られる動きだ。「4番」が深い位置から動き出し、後方から攻撃に加わることで、中央のエリアにオーバーロードを作り出し、シティは堅固な守備ブロックを打開することができる。

「4番」はきわめて高い「プレス抵抗力」が求められる

ボールを守備エリアから進めていく際に「4番」が持つ重要性は前述の通りだ。「4番」が下がってくることで数的優位を作り出し、ボールを綺麗に進めることが可能となる。だが、チームの中でこの役割を果たすためには、「4番」の位置でプレーする選手にはきわめて高い「プレス抵抗力」が必要となる。「プレス抵抗力」という言葉は単純に、相手選手がプレッシャーをかけてこようとする狭いエリアの中でもボールを失わず扱うことができる能力を指している。

現在のシティにおいてプレス抵抗力は大きなカギを握る能力となっている。ボールを前へ進めていこうとする時、狭いエリア内でボールを受けてプレーしようとする意志と能力は非常に重要となる。**図15**では、フェルナンジーニョがボールを受けた時、3人の相手選手がすぐ近くにいてボールにプレスをかけてこようとする場面を示している。だが、フェルナンジーニョにはこのプレッシャーを受けながらも、サイドのスペースに出すパスコースを見つけてボールを通すことができるだけの能力と冷静さがある。

グアルディオラのチームにおける「4番」の役割は、当然ながらプレーの中心となる軸として機能することだ。そのため、このポジションを任される選手には、ボールを受けたあと自分の前にあるパスコースの選択肢を見つけられる視野の広さと技術力がなければならず、もちろんそのパスを実際に通す技術も必要となる。**図15**をもう一度見てみると、フェルナンジーニョはボールを自分で無理に運ぼうとしたり、右サイドへより安全なパスを出そうとしたりはせず、左のワイドなポジションにいる

【図15】

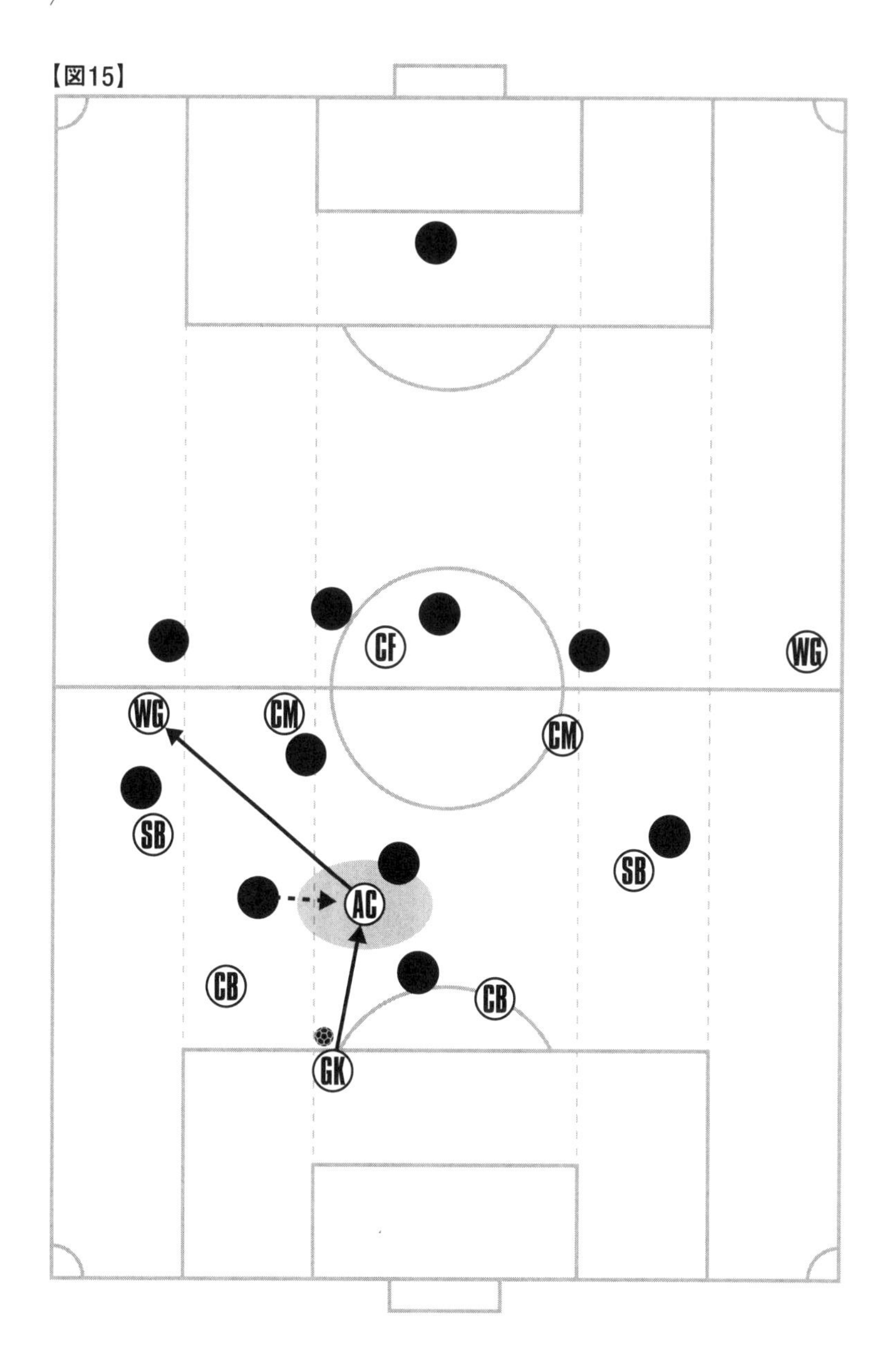

サネにボールを出すことができるということだ。このように、よりリスクの高い前方へのパスが用いられることからも、グアルディオラとコーチングスタッフが選手の選択の正しさを信頼していることがよくわかる。

先に述べたように、選手が相手のラインを突破する方法は複数ある。最も一般的なのは、相手選手の間を通すパスを、その裏のスペースにいる味方選手へと送ること、もう一つは、ボールを保持した選手がドリブルし、ボールを持ったままプレッシャーラインを突破することだ。

この形は、左右両側から相手のプレッシャーがある状況でフェルナンジーニョがボールを受けた際に見られる。フェルナンジーニョはターンの意図を巧みに隠し、ファーストタッチで自陣ゴール方向へボールを返すと相手に思い込ませる。相手が考えるような後方へのタッチが行われたとすれば、多くのチームにとってそれはプレスをかけるトリガー（引き金）となる。前線からのプレスをスタートさせる暗黙のサインとなるそのタッチを相手側は当然のように予期している。

だが、**図16**に示すように、フェルナンジーニョはCBからボールを受けると、ファーストタッチを行うような姿勢を取りつつ、実際にはボールを股の下へ通過させる。この動き一つで彼はプレスをかけてくる相手選手の逆を取り、背後のスペースへと入り込むことができる。

戦術構造全体を繋ぐパイプ役としての「4番」

図17では、4－3－3システムの戦術構造全体の中で選手を繋ぐパイプ役としての「4番」の重要

【図16】

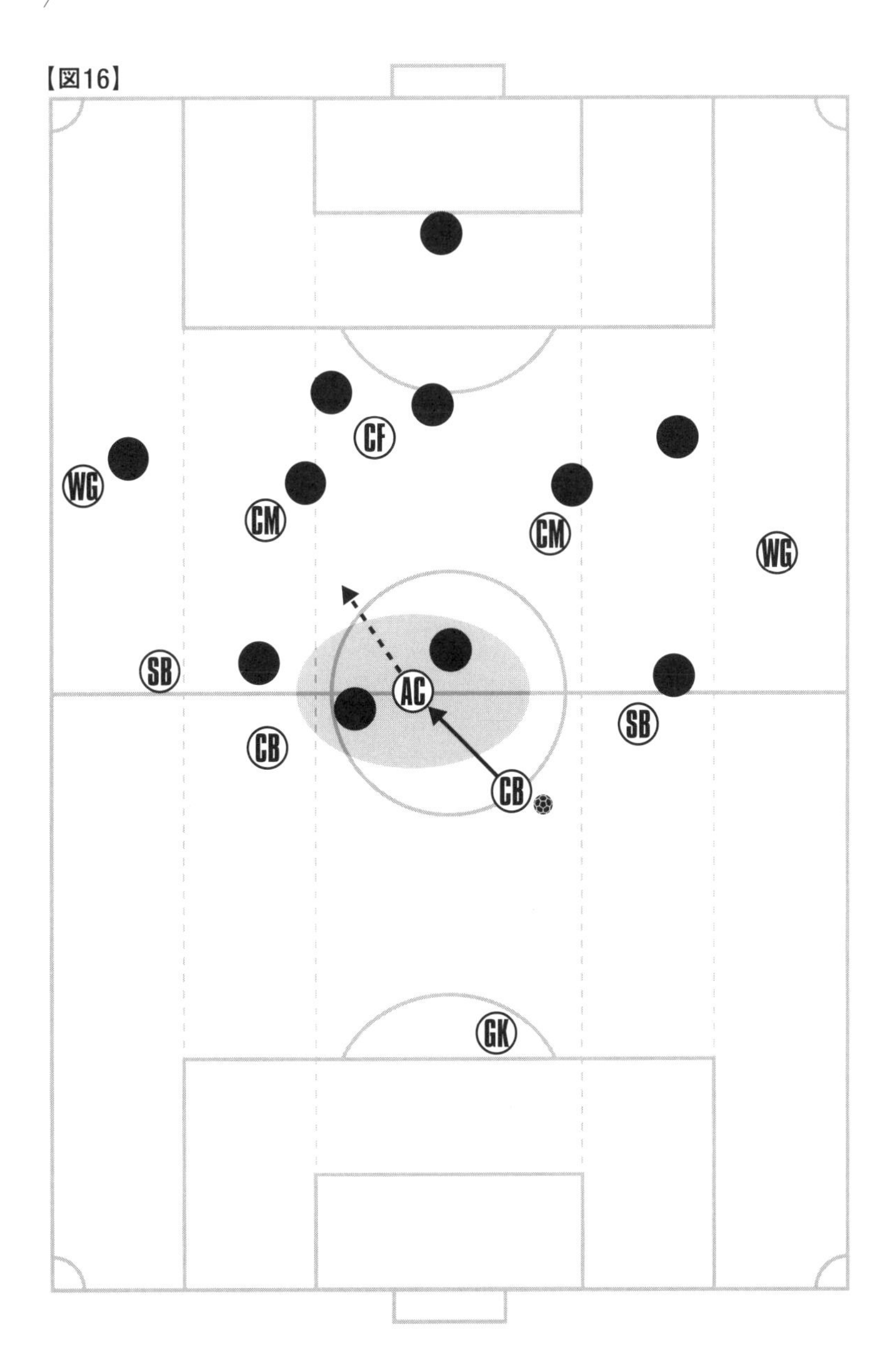

性を示している。

攻撃フェーズにおいては、「4番」は自陣の深いエリアからのパスも、あるいは前のエリアからのバックパスも受け、そこから空きスペースにいるチームメートへボールを送ることができるような中央のレーンにポジション取りをしている場合が多い。すでに見たように、バックラインからのボール運びを論じる場合、そのエリアにおいてシティが優先するのは、攻撃の次の段階へとボールを前進させるための綺麗なパスコースを見つけ出すことである。同じコンセプトと優先順位は、より前のエリアでボールを前へ運ぶ場合にも適用できる。実際に、シティがこれらのエリアで何本ものパスを繋ぎ続けて、長時間にわたってボールを保持する場面はよく見られる。「4番」がチーム全体の中央のパイプ役として機能するのはまさにこの時だ。

フェルナンジーニョがこのポジションでプレーする時、彼のボール扱い能力は過小評価されがちである。だが、実際には彼は高いインテリジェンスと技術を持ったパサーであり、ボールをファイナルサードへ前進させるべきなのか、より安全なパスを選択してポゼッションを続けるべきなのか、そのタイミングの図り方を理解している。シティがパスを繋ぎ続けている時、彼らは明確な狙いを持たず、単にボールを繋ぐことを目的としてサイドからサイドへとパスを出しているように見えるかもしれない。だが、実際には相手の守備構造を探っているのであり、ボールを前に進めることができるようなチャンスを待ち構えている。この時、攻撃陣と相手の守備ブロック両方の全体を見渡せる位置にいる「4番」がカギを握る存在となる。このポジションの選手は相手の守備選手の配置を明確に確認した上で、ボールを持った時にどのようにプレーを操るのがベストであるかの決断を下すことができる。

【図17】

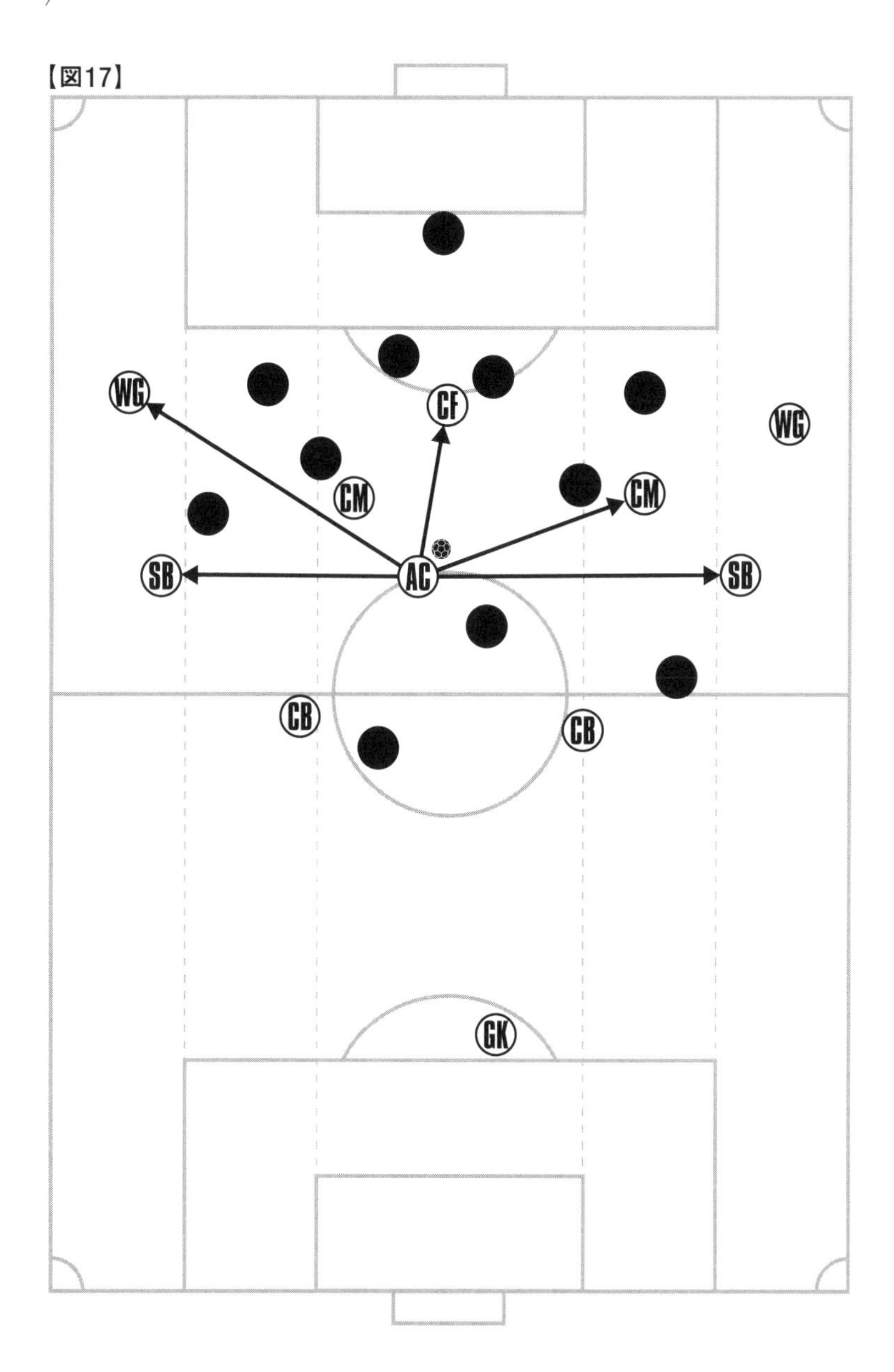

相手のスペースを潰す「4番」の重要性

グアルディオラが率いるチームの「4番」が試合の攻撃フェーズにおいて重要な役割を果たすことはすでに見てきたが、この位置の選手が持つ守備面の責任についても論じないわけにはいかない。相手チームが攻撃を仕掛けてくる時、ディフェンシブサードで相手のスペースを潰す「4番」の重要性については本章の冒頭でも詳細に述べた通りだ。

図18にそれを示している。相手チームが攻撃に転じると、シティのシステムは4－1－4－1のような構造となる。ただし、グアルディオラの用いるゲームモデルにとって、フォーメーションは事実上、ほとんど意味を持たないということには十分注意しなければならない。試合開始時点での基本陣形は常に4－3－3だが、実際には選手のポジションはピッチ上のボールの位置や相手チームに応じて変化していく。

この例では攻撃を仕掛けようとする相手チームがシティ陣内の右サイド側でボールを持っている。ボールを前へ進めようとするため、相手選手の一人がシティのDFラインと中盤の間の空きスペースに侵入してくる。この動きを察知し、横へ移動してスペースを消すことが「4番」の仕事となる。つまり、CMの一人が下がってきて、あるいはDFの一人がラインから出て直接スペースを守る必要はない。これによりシティは守備陣形を維持することが可能となり、相手チームが利用できるようなライン間の明らかなスペースは減少することになる。

シティがほぼダブルボランチのような形で戦った場面も、特に2018－19シーズン中にはあった

【図18】

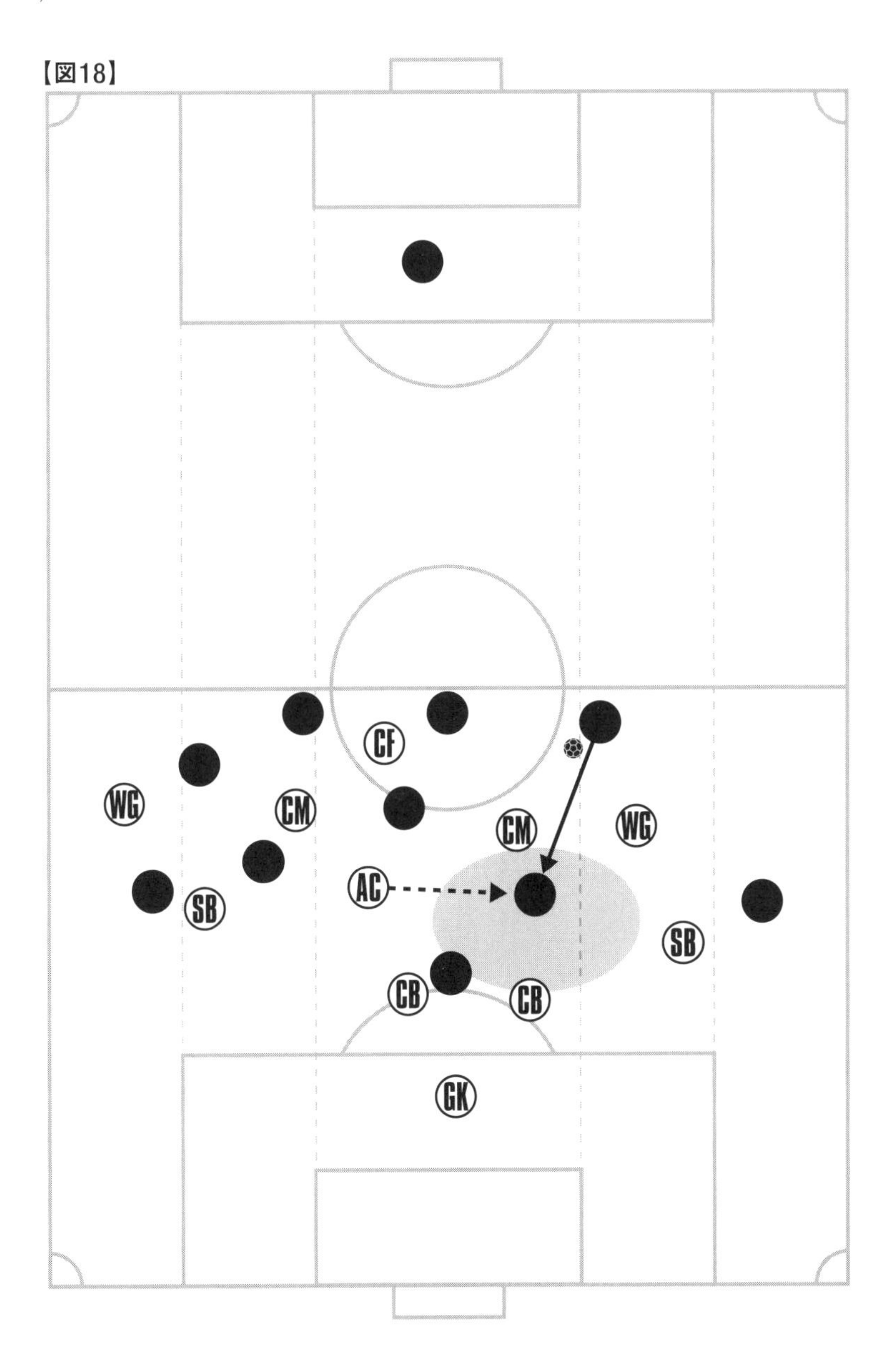

ことも無視してはならない。だが、それは伝統的な意味でのダブルボランチではなく、細かなポジション移動によるものだった。シティがボールを保持しており、フェルナンジーニョが事実上、右CBとしてプレーしている時、ギュンドアンが「4番」としてプレーする形だ。

シティがボールを持つと、ギュンドアンが中盤センターの左側へと横移動する。これによりフェルナンジーニョには、DFラインから前進して、中盤センターの右側にポジション取りをするスペースが生まれる。この動きを**図19**に示している。

これらの動きは、DFラインから綺麗にボールを運び出すことができるようにするため、フェルナンジーニョがパスコースを増やすことを意図している。だが、この動きが用いられるのは、積極的にプレスをかけてこない相手に対してのみだった。フェルナンジーニョを中盤に押し上げてギュンドアンをサポートさせ、最終ラインにCB一人だけを残しても構わないという場合だ。守備面での直接的なサポートは不足するが、それはペナルティーエリア外の高いポジションを取って相手の素早いカウンターアタックに対応できるエデルソンの能力により、ある程度は補うことができる。

図20にも示すように、フェルナンジーニョが前進して中盤の底でギュンドアンをサポートするこの動きは、シティが中央のエリアでボールを支配する時間帯を生み出すためにも用いられていた。

右SBのウォーカーがボールを持つと、フェルナンジーニョは相手のファーストライン(2トップ)を抜けて前方へ移動し、ウォーカーから斜めのパスを受けられるパスコースを作り出す。このパスは、ギュンドアンがボールから離れる動きと組み合わせることで、シティが中央でのオーバーロードを生み出す形に繋がる。こういった形でオーバーロードを作り出せば、シティは中央から相手の守備ブロッ

【図19】

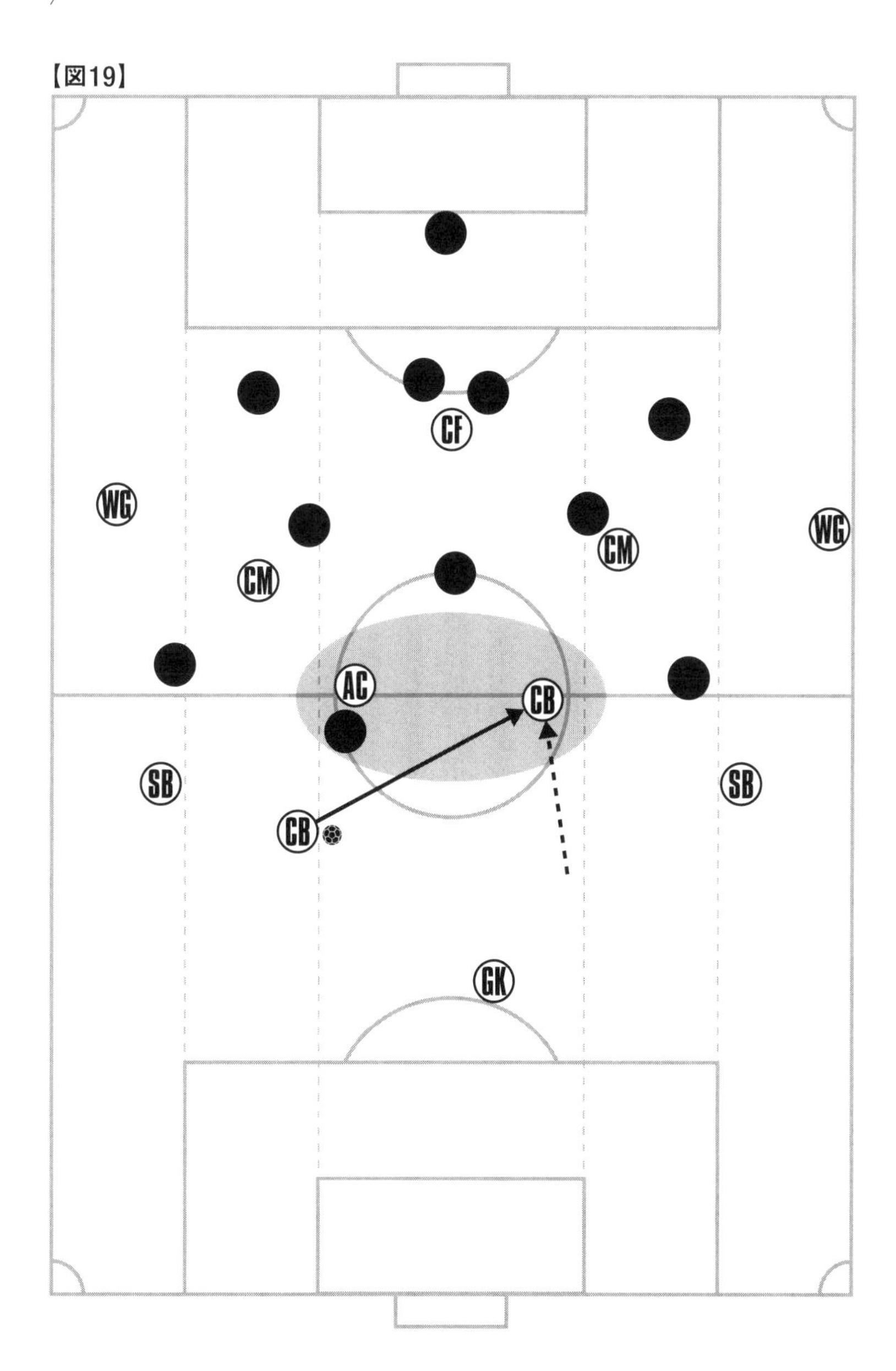

クを破ることもでき、相手守備陣のポジションを動かしてボールを追いかけさせることもできる。すでに述べてきたように、相手選手が守備ブロック内の自分のポジションを離れて移動しボールを追いかければ、守備ブロックの他の場所にスペースが生まれ、シティはそこを利用することが可能となる。

グアルディオラがこのようなダブルボランチの動きも意欲的に展開していることは、彼の戦術的アプローチがあまりにも厳密に固定化されているという見方を真っ向から否定するものだ。戦術的柔軟性とイマジネーションを発揮することで、彼は自分のチームが世界のサッカー界のほとんどのクラブも実現できないような形で〝ボールポゼッションを支配する〟ことを可能としている。そして、全体構造の中で「4番」は非常に大きな重要性を持っている。フェルナンジーニョの負傷離脱の不安を軽減するため、クラブは早期のうちにこのブラジル人MFのバックアップとなる選手の補強に動くことが見込まれる。

【図20】

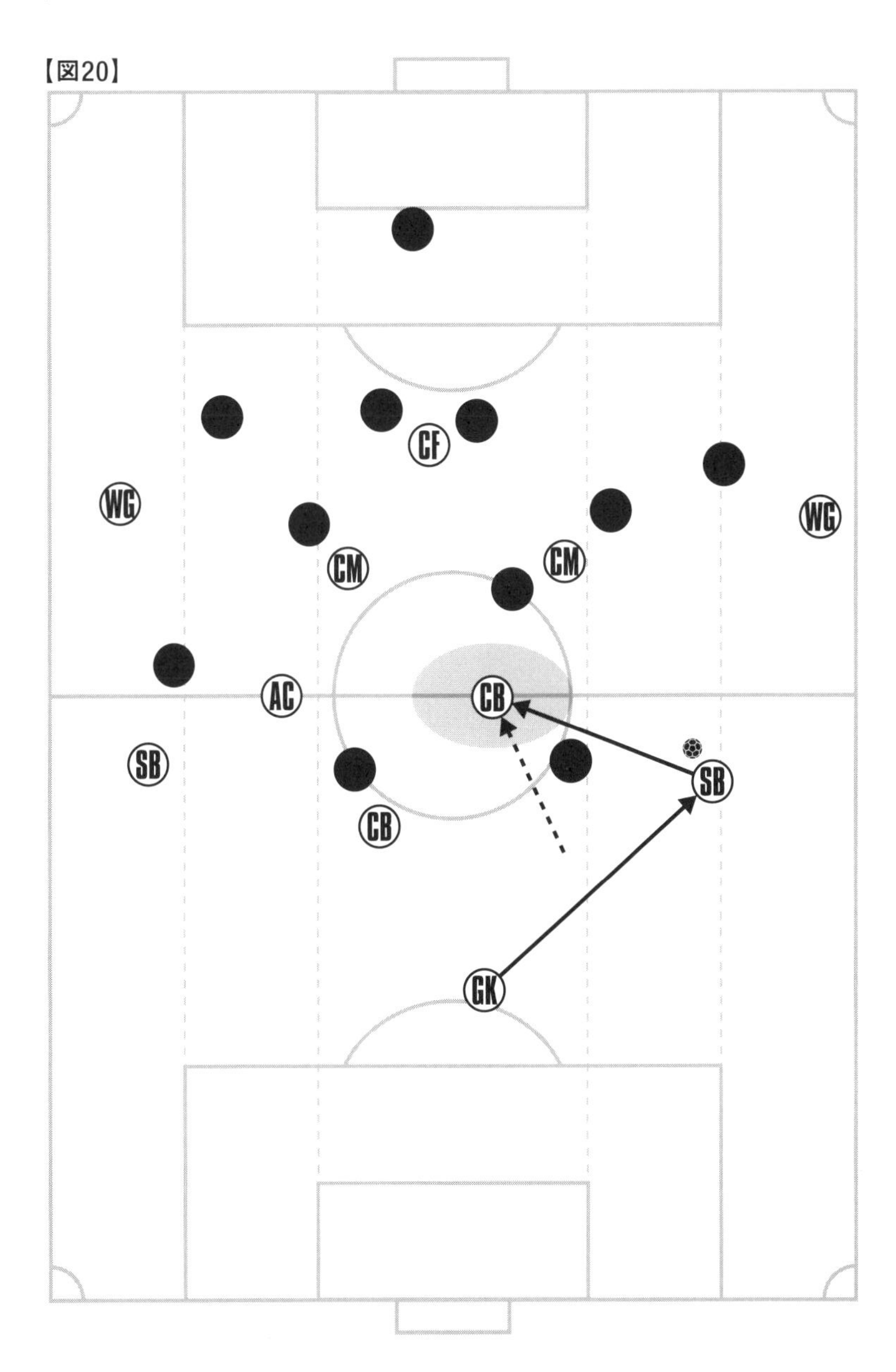

SCRIPTURE OF POSITIONAL FOOTBALL

04

オーバーロードとアイソレート

「一人はボールと反対側のワイド」が攻撃フェーズの原則

グアルディオラの率いるシティは、近年において最も強力な攻撃力を持ったチームの一つだと評されており、実際にその評価に見合う結果を残してきた。２０１７－18シーズンにはプレミアリーグ新記録となる勝ち点１００を達成しただけでなく、１０６得点も記録している。２０１８－19シーズンにも勝ち点98、95得点という数字を残した。

過去2シーズンのシティは、勢いに乗っている時には止めようがないと思えることもあった。攻撃陣にはボールを持っていれば、ほとんどいつでもゴールを決められる力があるかのようだ。

グアルディオラは、守備フェーズにおいて自らのチームに非常に具体化されたアクションを要求する監督として知られている。シティのプレスと守備のやり方はコーチングスタッフによって明確に規定され教え込まれる。一方でアタッキングサードにおいては、シティの選手には自分たちのプレーを表現する自由が十分に与えられている。ただし、一つだけ重要なルールが存在する。ボールがどこに位置していようとも、少なくとも一人の選手がピッチ上のボールと反対側にワイドなポジション取りをしなければならない。これは、現在のシティが用いている攻撃コンセプトの中でも最も重要な「オーバーロードとアイソレーション」に欠かせない部分だ。

オーバーロードというコンセプトは比較的シンプルなものだ。シティはボールを保持している際、ピッチ上の一定のエリア内で相手より数的優位となる状況を作り出そうとしている。ポジショナルフットボールの視点から考えれば、これは本書の導入部分において示した基準の一つに一致している。

シティは常に相手に対して数的優位を生み出そうとしているということだ。

そのためにグアルディオラが好んで用いる基本的な方法論はそれほど複雑なものではない。パスのネットワークを生み出し、相手のプレッシャーラインをくぐり抜けるため、シティはボールを素早く、そしてしばしば小さなエリア内で動かそうとしている。よくあるパターンの一つは、通常はD・シルヴァが務める左側のCMが左のハーフスペースへとポジションを移動し、左WGおよび左SBとトライアングルを形成することで、左サイドでのオーバーロードを作り出すという形だ。この3人を「4番」と左側のCBがサポートし、こちらのサイドで強力な攻撃構造を生み出すことができる。この構造によりシティは選手間で素早く、かつ安全にボールを移動させ、相手のラインを突破して攻撃チャンスを作り出すことが可能となる。だが、相手が守備面でアクティブなチームであり、オーバーロードを用いて突破することが不可能な場合には、本章で説明するもう一つのコンセプトが採用される。それがアイソレーションである。

グアルディオラのチームがよく受ける批判の一つに、彼らが単にパスを繋ぐためだけにパスを繋いでいるように思える、というものがある。2人の選手が短く速いパスを交換し合う形もよく見られるが、そういったパスにはボールを小さく移動させる以上の意図は何もないようにも見えてしまう。だが、実際にはこのようなパスは、相手をボールに向けて引き出すことを意図したものだ。パスが出るたびに、相手はわずかにボールに向かって引きつけられ、ピッチ上のボールサイドのスペースが狭められる。このコンセプトの背景にある考えは、ボールから遠いサイドにおいて攻撃的な選手をあえて孤立させ、相手選手と1対1で勝負できるチャンスを作り出そうというものだ。相手がオーバーロードを恐れてボールに向けて引き寄せられると、シティは相手陣内を横切るダイアゴナルなパスを送ることができる。孤立した状況で1対1になれば、スターリングやサネ、B・シウヴァ、リヤド・マフレズといった選手を相手の守備選手がストップするのはきわめて困難となる。だからこそグアルディオラのチームでは、攻撃フェーズにおいて少なくとも一人のサイドプレーヤーがボールと反対側のサイドのタッチライン際に居続けることが明確に指示されている。この指示がなければ、ピッチ上のオーバーロード区域からアイソレートを行うサイドへの切り替えは、はるかに効果性を落とすことになってしまう。

このコンセプトはグアルディオラがバルセロナにいた頃からある程度用いられており、ティエリ・アンリなどの選手が左サイドに大きく張って相手の守備構造を引き伸ばしていた。さらにグアルディオラはバイエルンでこの手法を完成させ、偽SBのアイデアとともに、オーバーロードとアイソレートの概念はバイエルンにおいて用いられたゲームモデルの攻撃面の重要な部分を占めることになった。アリエン・ロッベンとフランク・リベリという2人がWGにいたことを考えれば、バイエルンがワイドなエリアからの仕掛けを活用するような攻撃コンセプトを用いるのは当然だったとも言えるだろう。

実際にはオーバーロードとアイソレーションのコンセプトは、2つを組み合わせて用いなければ、どちらか片方だけではその効果ははるかに小さくなってしまう。シティに対する守備を非常に難しくしている理由の一つは、彼らが突破を図ってくる攻撃のたびに毎回、どちらのコンセプトを用いてくるのか断定できないという点にある。素早いパスワークのコンビネーションを用いたオーバーロードを使ってくるかもしれないし、どちらかのサイドに引きつけた上でアイソレートした逆サイドの選手にボールを出すのかもしれない。

これらの異なるコンセプトが成功に繋がるのは、グアルディオラの指導の下でシティが行う練習方法のおかげだ。オーバーロードの状況下で効果的にプレーするためには、効果的にスペースを埋めることができなければならない。シティがピッチ上のある部分にオーバーロードを作り出そうとする時、選手は異なるライン上にジグザグ状のポジション取りをする。これが効果的に複数のトライアングルを作り出し、攻撃の選手がお互いに連携し合うことで、ボールを持っている選手には常にパスの出しどころの選択肢が複数存在する。結果として、ボールがペナルティーエリアに向けて進められていく中で次々と新たな選択肢が生まれてくるように思えるため、シティに対して相手が安定した守備を続けるのは常に困難となる。オーバーロードを作り出すスペースを消すことに成功したかと思えば、突然のようにボールはピッチの反対サイドへとスイッチされ、シティの攻撃のスピードや角度はすぐに切り替えられてしまう。

縦のゾーンの一つか二つで数的優位を作り出す

相手守備陣を容易に突破するため、オーバーロードを作り出すことの背景にある考え方はそれほど複雑なものではなく、シティがDFラインからボールを進めるやり方を解説した部分でもすでに述べてきたものだ。ボールを前へ運ぶ助けとなれるように、選手はそれぞれ少しずつ異なるライン上にポジションを取り、シティは縦のゾーンの一つか二つで数的優位を作り出そうとする。

図21の例では、シティはピッチの左サイドで5対3の状況を作り出している。左側のCBを務めるラポルテがボールを持ち、「4番」のフェルナンジーニョと、CM「8番」のD・シルヴァが左サイドに寄ってパスの選択肢を提供している。左SBのジンチェンコと左WGのサネもここに加わっている。

センターフォワード(以下、CF)の選手と2人目の「8番」もわずかに左に寄っていることに注目してほしい。彼らは中央のゾーン内のポジションを保持し、状況に応じてボールが中央へ送られることを可能としている。あとは右SBのウォーカーが深い位置に残ってバランスを取り、B・シウヴァが右サイドのワイドな位置に張ることで構造が完成している。

ここで相手チームは問題を抱えることになる。引いたままコンパクトな陣形を保とうとすれば、シティの左サイドから容易にパスで崩されてしまうリスクを負うことになる。プレスをかけにいったとすれば、シティはボールを中央へ、あるいは右サイドにまでスイッチすることになるだろう。よく見られるパターンは、相手チームがこの2つの選択肢の板挟みとなり、強固な守備組織を作れないままオーバーロードに引き込まれる結果となってしまうことだ。そうなるとシティは、ほぼどこでも好きなルートを選んでゴールに向けて突破することが可能となる。

グアルディオラはトレーニングセッション中に信じがたいほど細部にまで注意を払うことで知られており、そこにはボールを持っている時、持っていない時の選手のポジショニングも含まれる。ポジショニングに関しては絶対的なまでに完璧であることが要求され、選手にはボールの位置および、他

【図21】

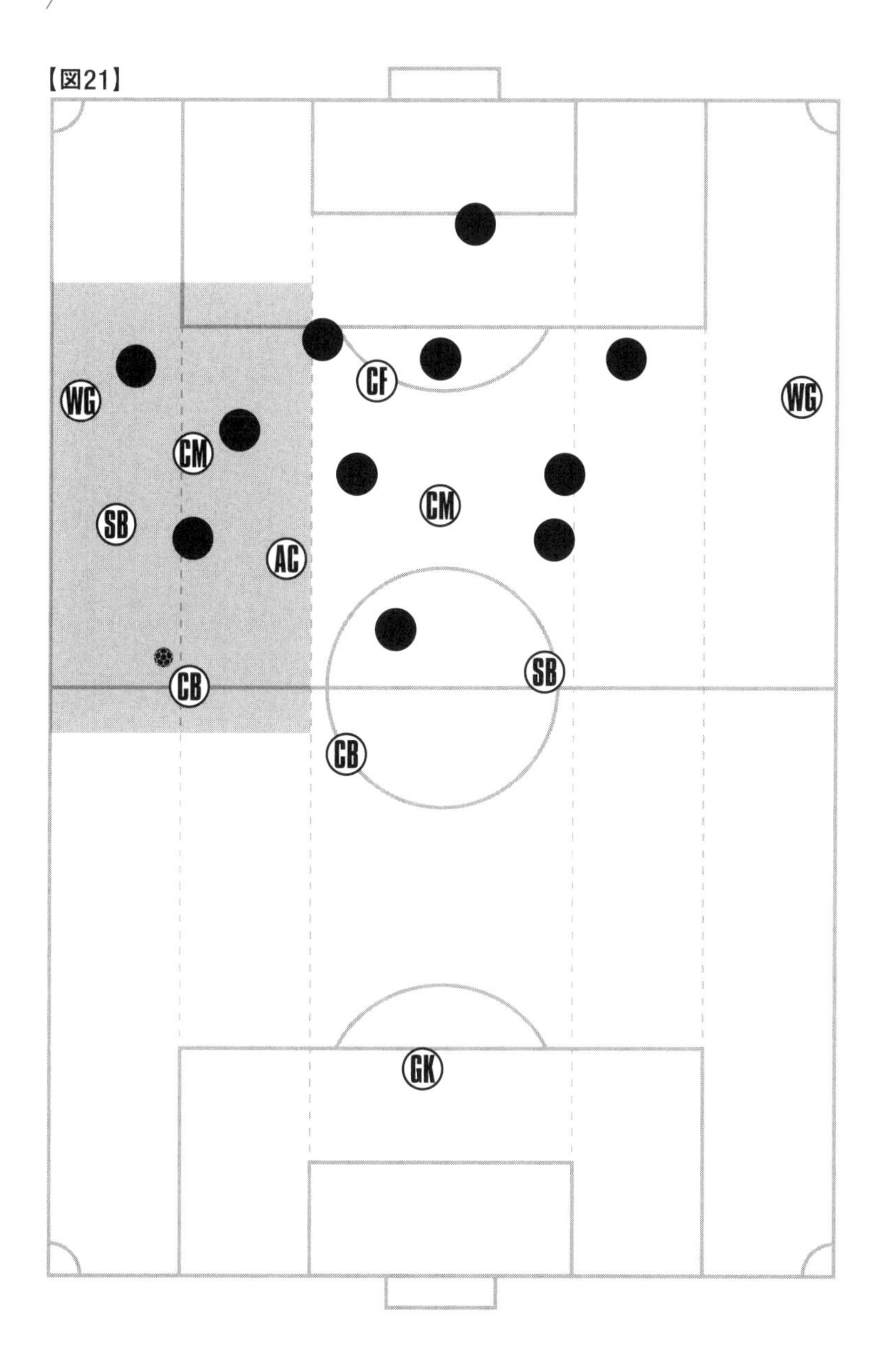

のチームメートのポジションに応じて一定のエリアに出入りすることが求められる。

異なるライン上でのジグザグ状のポジション取りで有利な位置関係を生み出す

練習場でのこういった取り組みはすべて、シティが相手の守備構造をまるでバターにナイフを入れるかのように切り裂けるようにすることを目的としている。**図22**に示す形では、最初にボールを持っていたラポルテから、左SBのジンチェンコにボールを出したあと、すぐにフェルナンジーニョへ横パスが送られる。パスを受ける2人の選手のポジショニングにより、最初にボールへのプレスをかけつつ、フェルナンジーニョへの直接のパスコースを塞いでいた相手選手の裏側へと難なくボールを送り込むことができる。

続いてフェルナンジーニョには十分な時間とスペースがあり、相手の右SBの内側を通すパスコースを見つけて実行に移し、サネをペナルティーエリア内へと走らせることができる。すでにある程度詳しく述べてきたことを思いだせば、シティの選手が優先するのは、ボールを相手のDFラインの向こう側へと進められるようなパスコースを見つけ出すことである。

チームメート同士が異なるライン上にジグザグ状のポジション取りをすることで、各段階でより有利な位置関係を生み出しながらボールを進めていき、攻撃を仕掛けるエリアへの最後のパスを通すことが可能となる。

シティの攻撃フェーズにおいて、オーバーロード内の一人の選手が、攻撃構造の他の選手とは繋が

【図22】

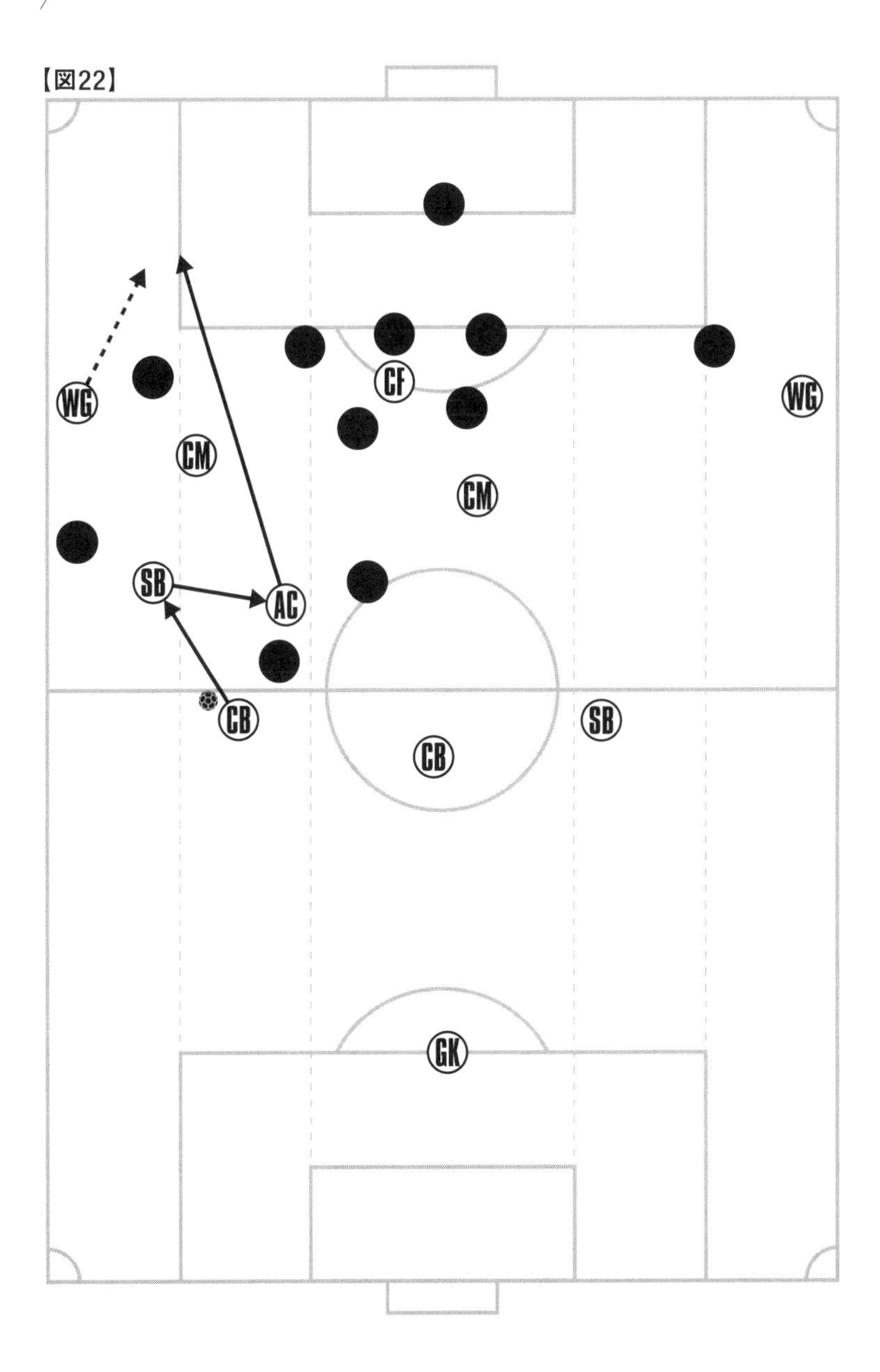

らない位置にいるケースもある。例えば**図23**では、CBコンビの右側のストーンズが、ファイナルサードからボールを戻す必要があったとすればそれを受けられる位置にいる。前方のエリアでは、シティはピッチのこちら側で3対3の形を作り出すポジション取りをしている。より深い位置のストーンズを加えれば4対3となる。

ここでもまた、前方の3人の選手は少しずつ異なるライン取りをしていることがわかる。この奥行きがカギとなる。ボールはまず、「8番」として前寄りのエリアにポジションを取っているデ・ブルイネへと下げられる。デ・ブルイネと、右WGのマフレズのポジショニングにより、最も近くにいる2人の守備選手は事実上、彼らに釘付けにされており、DFラインにスペースが生まれている。そのスペースをウォーカーが利用し、デ・ブルイネにパスが出るのと同時にダイアゴナルランを仕掛ける。そうするとデ・ブルイネは自由に縦パスを出すことができ、ウォーカーはそれを受けて抜け出すことができる。

ここでもやはり、攻撃フェーズにおいて正しいポジション取りをすることがシティにとっていかに重要であるかを見て取ることができる。各段階における狙いは、ボールを前へ進められるようにすること、できる限り効果的に相手を迂回できる角度を作り出すことである。

逆サイドで罠を完成させWGをアイソレーションの形に

シティがオーバーロードを作り出したサイドから突破できない場合もある。通常それは、シティが

【図23】

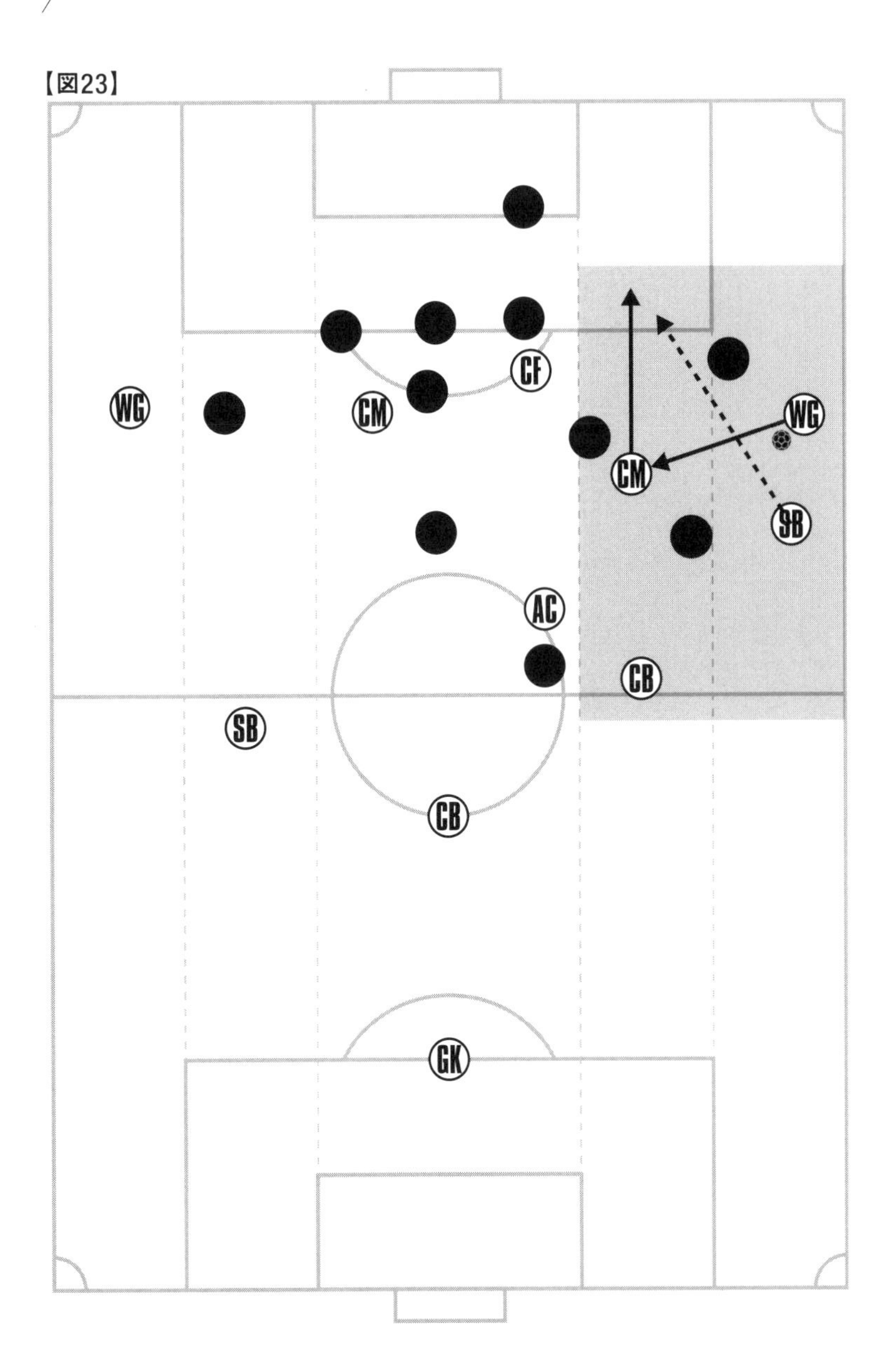

ボール側サイドにパスコースと空きスペースを作り出してそれを利用してくるのを阻むため、相手チームが守備ブロックを横移動させてきたことに直接的な原因がある。

図24においては、相手がシティの右サイドへと選手を横移動させてきたような状況を示している。右のハーフスペースに入ってきた2人の相手選手は、そのまま横移動し、右タッチライン際のスターリングへの縦パスを経て、「8番」のB・シウヴァへと繋ぐようなシティのボールの動きを阻んでくる。この選択肢が閉ざされた場合にシティがよく見せるのは、まず2人の選手間でもう少し前後のパスを交換して、相手選手をそのまま さらに引きつけようとする形だ。これで罠を完成させたシティは、次にピッチの逆サイドへとボールを展開することが可能となり、そこではアイソレーションの形となったWGがたった一人の相手DFと相対している。

このためにシティは、常にWGをタッチライン際に残しておこうとしている。ボールがある側のWGは、相手のSBをタッチライン際に引きつけてカバーさせることで、味方の「8番」やSBがハーフスペースを使うことができるようなポジション取りをしている。ピッチの反対側でもサイドの選手がタッチライン際に張っているが、こちらは相手守備陣の少なくとも一人の選手にそこをカバーさせるように強いるためである。これによりシティは相手を一方のサイドに引きつけたあと、逆サイドへと展開して攻撃の動きを完結させることができる。

サイドを切り替えようとする際にも、シティはやはりポゼッションを確実に維持しようとする。逆サイドへと展開するボールは、例えばロングパスを非常に得意とするデ・ブルイネがボール保持者である場合などには直接的な1本のみのパスとなるケースもあるが、より一般的なのは一旦、別の選手

【図24】

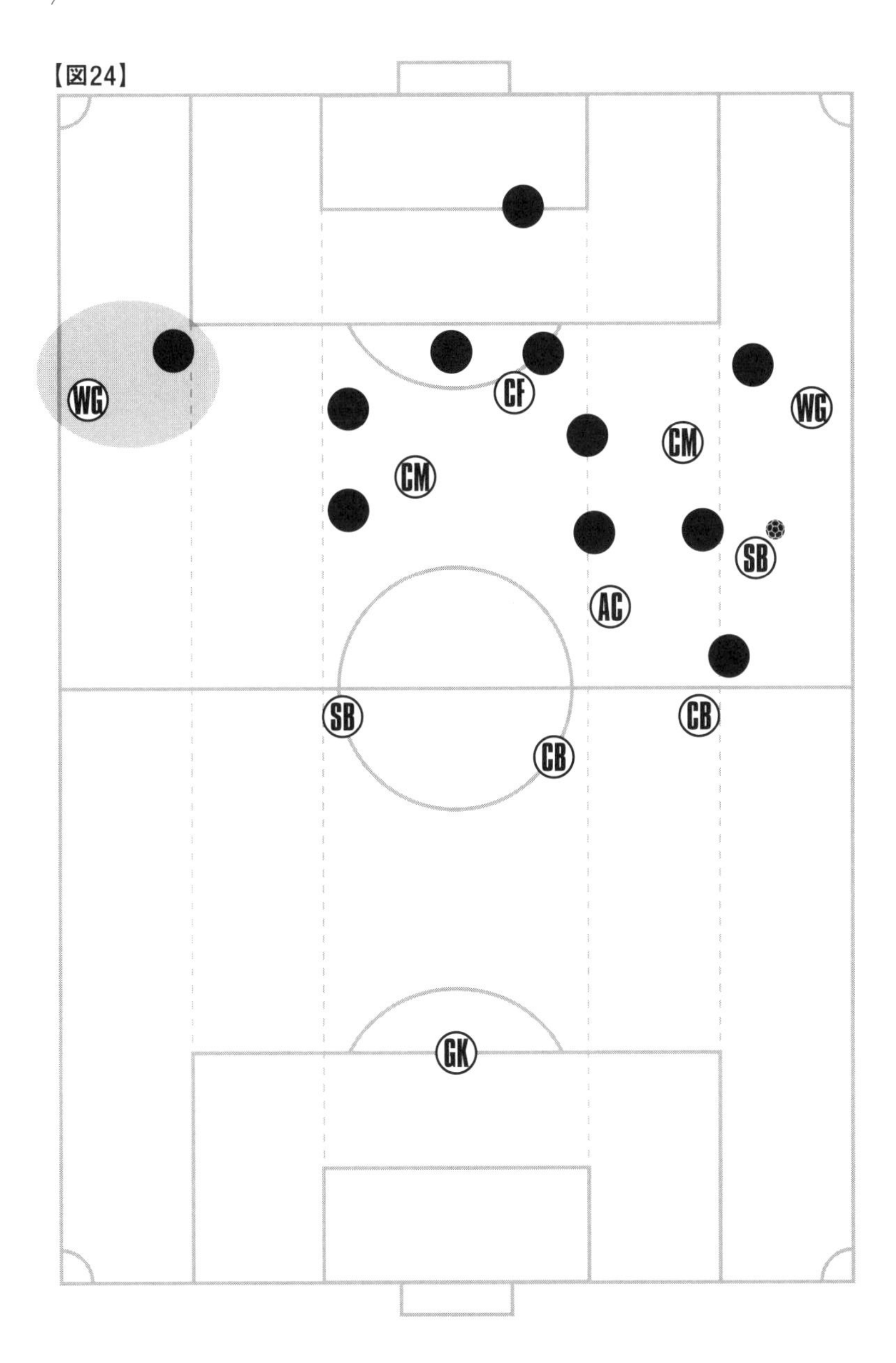

を経由して逆サイドへとボールを展開するやり方である。

図25に示す例では、シティは左サイドにアイソレートされて相手ＤＦ一人と相対しているサネへボールを展開しようとしている。右サイドでボールを持っているウォーカーは、まず最終ラインのラポルテへとボールを戻す。パスを受けたＣＢのラポルテには、左サイドのサネに向けたパスコースが綺麗に開けている。

このような形で後方へのパスを用いることで、シティはより安全にサイドチェンジを行うことができる。アイソレートされたＷＧを相手チームがカバーし、１対１の形でボールを受けることが阻止されてしまうリスクも多少はあるが、そこで効いてくるのが、このバックパスを経由してサイドチェンジを行うことである。もし相手チームがファーサイドをカバーする形で陣形をずらしてきたとすれば、シティは単純にオーバーロード側のサイドへとボールを戻し、そちら側からの突破を図ることができる。

オーバーロードとアイソレーションの1対1に同時に対応することはできない

シティのプレーの多くに共通して言えることだが、彼らが何をしようとしているかを理解することと、実際にそれを止めることが可能であるかどうかはまったく別の話である。

図26も同様の状況を示している。今回は左サイドにボールがあり、こちら側でオーバーロードが作り出されている。シティの狙いはやはり同じだ。相手チームがオーバーロードに対応すべく人数をか

【図25】

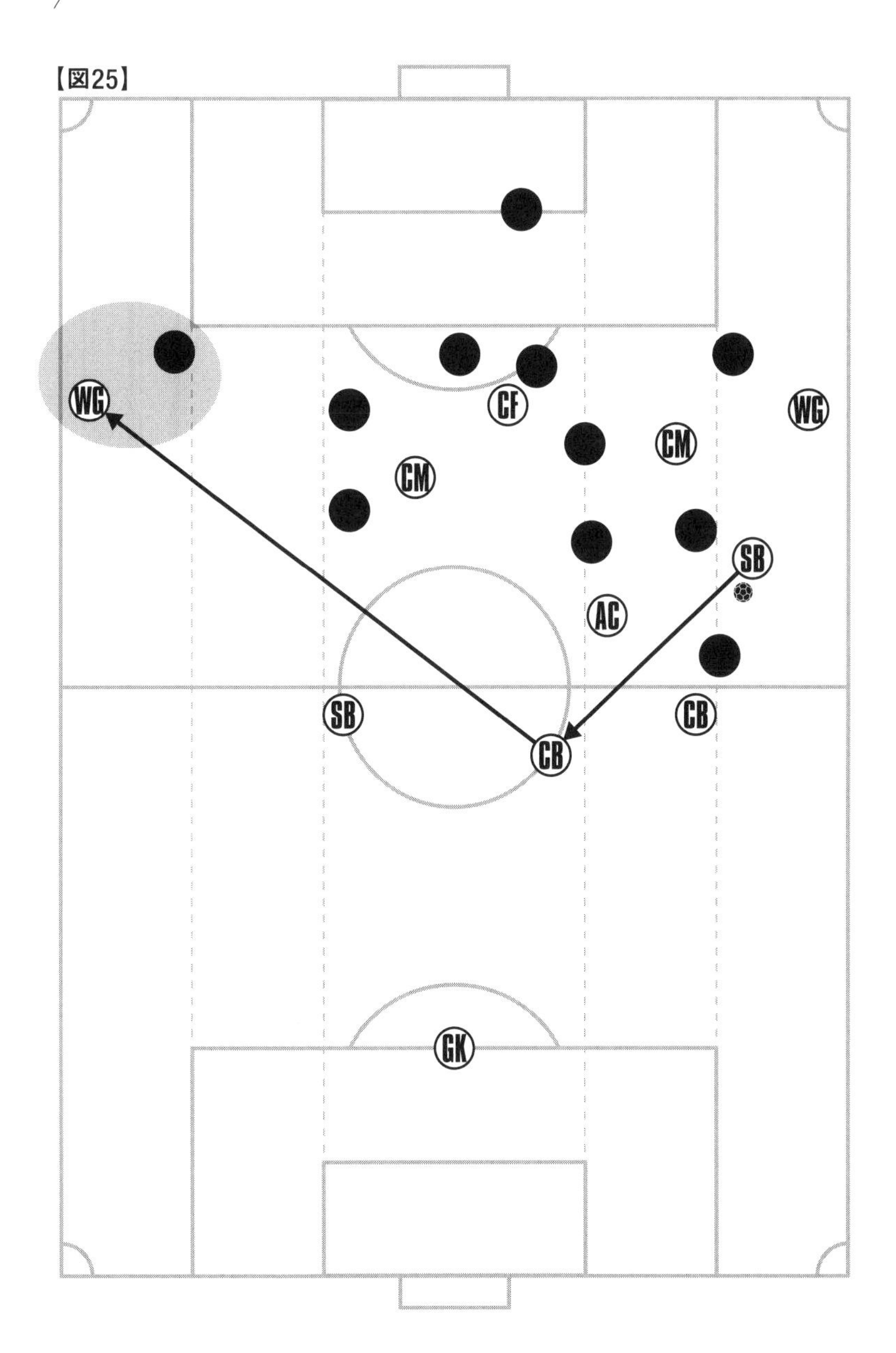

けてきたところで、スターリングが相手DF一人とともにアイソレートされている逆サイドへとボールを展開したい。

ここでも2本のパスを繋ぐ形でサイドチェンジが行われる。ボールはまず左SBのラポルテから、右SBのウォーカーへ。そこから安全かつ確実に右WGのスターリングへ展開することができる。

グアルディオラの率いる現在のシティは強力な攻撃陣を有しており、オーバーロードを作り出す戦い方は彼らの成功の主な理由の一つである。相手チームがシティの突破を阻もうとしても、一方のサイドでのオーバーロードと、逆サイドでのアイソレーションからの1対1に同時に対応することはできない。どちらのサイドからの攻撃にも注力できるバランスの取れたシステムを発展させたこともグアルディオラの天才性の一つだと言える。

【図26】

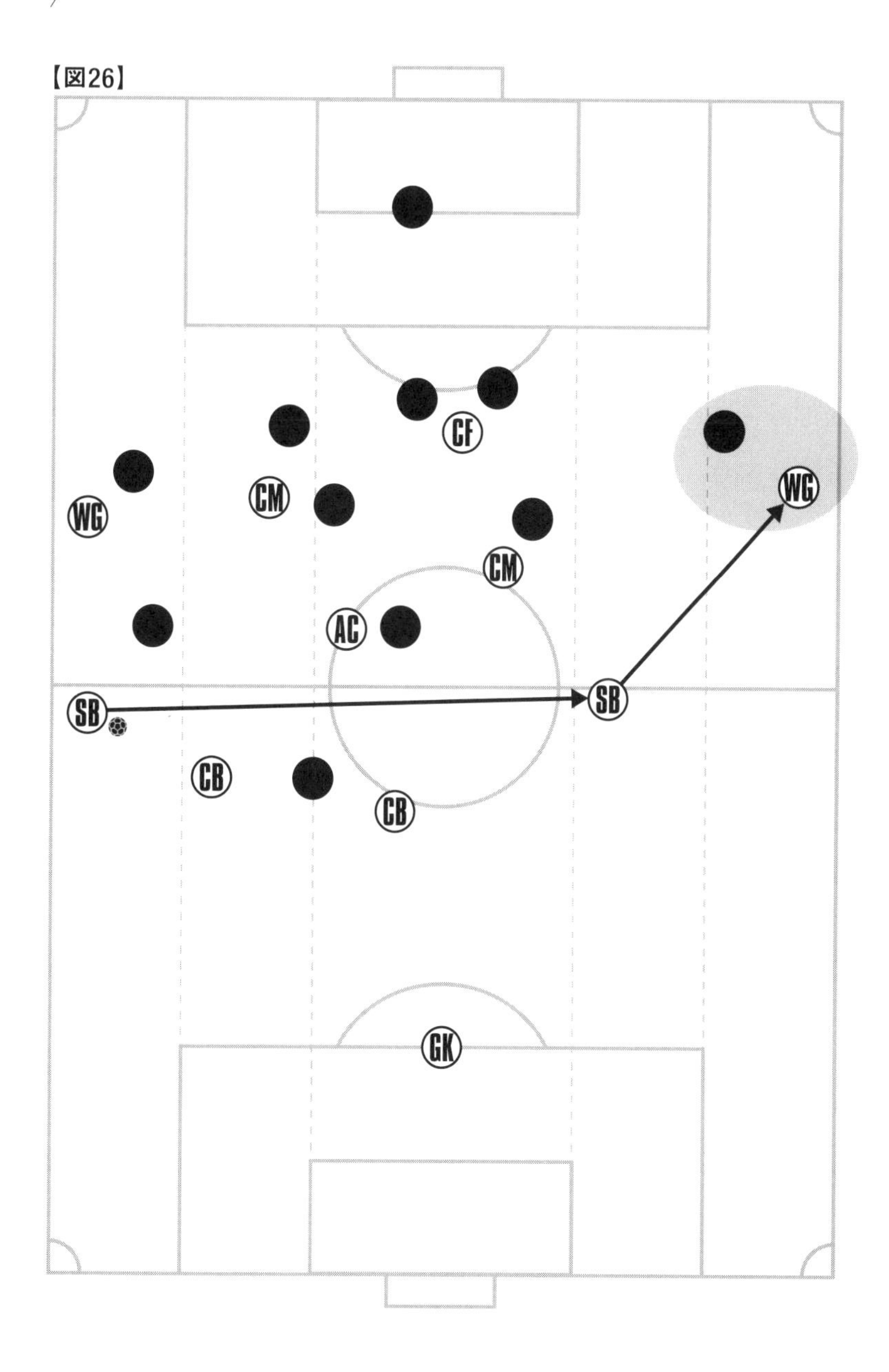

SCRIPTURE OF POSITIONAL FOOTBALL

05

プレッシング

グアルディオラは両WGが曲線的に走って中央へプレスをかけに行く形を好む

ここ10年間ほどのサッカーを取り巻く世界の中で、プレッシングの概念はきわめて大きな流行を巻き起こした。守備というものが比較的受け身なプレーだと考えられ、コンパクトな陣形を敷いた上で相手がファイナルサードに入ってくるのを待ち構えるチームが大半だった時代はそう昔のことではない。チームによって、あるいは個々の選手によってはプレスをかける場合もあったが、それも孤立した形で行われており、サポートを伴う形ではほとんどなかった。これが変わり始めたのは、サッカーにおける他の多くの事象と同じく、グアルディオラが2008年から2012年までバルセロナを指揮した時期だ。この時のバルセロナはボールポゼッションに優れていただけでなく、ボールを持っていない状況でのプレーも別格だった。プレッシングで相手を苦しめ、自陣内でのミスを誘発すると、ボールを奪ってゴールチャンスへと繋げていた。前線からのプレスに人数を割くバルセロナは、ピッチ上の選手数が相手チームより多いとさえ感じられるほどだった。

グアルディオラはその監督キャリアの初期において、「5秒ルール」として広く知られることになったプレッシング構造を好んで用いていた。このルールは、チームがボールを失った際に、ボールを奪い返すため、最初の5秒間に猛烈なプレスをかけるという決まりごとだった。この時間内にボールを奪い返すことができなければチームはラインを下げ、よりコンパクトな守備陣形を取り、相手が突破や抜け出しを図ることができるようなスペースを消そうとしていた。

このプレッシング構造の背景にある考え方はシンプルなものだ。グアルディオラは、相手がボールを保持するフェーズで、最初にボールを奪い取った直後こそが最もチャンスと考えていた。ボールを奪い取った選手は、そのボール奪取のためにエネルギーを消費したはずであり、最初の瞬間には本来のポジションからも少し外れているはずだ。それに加えて相手チームは、まだバルセロナがボールを持っていた段階で守備陣形を取るためにラインを下げており、ボールを奪った瞬間にはボール保持者をサポートする構造が整っていないと考えられる。この2つのポイントを念頭に置き、グアルディオラは自らのチームがボールを失うとすぐに少なくとも2人か3人の選手でプレスをかけさせていた。

グアルディオラがバイエルンの監督に就任するためドイツに移ると、この国の大きな戦術的トレンドであったゲーゲンプレッシングに直面することになった。ユルゲン・クロップの率いたボルシア・ドルトムントのエネルギー溢れる戦いぶりで有名となったゲーゲンプレッシングは、バルセロナの「5秒ルール」を次なるレベルへと昇華させていた。ドルトムントはボールを失うと、まさに旋風のようにプレスを繰り出していた。彼らの容赦ないプレッシングスタイルはわずか数秒間どころではなく、ボールを持っていない時にはチーム全体が積極的にプレスをかけ、相手が落ち着いてボールを持つことを許しはしなかった。

相手ボール時のこのプレースタイルを目の当たりにしたことで、グアルディオラもプレッシングに関する考え方を変えていった。バイエルンが全面的なゲーゲンプレッシングのチームになることはなかったが、自分なりの形でゲーゲンプレッシングを実行するために、チーム構造を多少なりとも変化させたことは事実だった。バイエルンはボールを失うと、相手のパスコースとなりえるルートを閉ざし、相手に対してピッチ上で空いているかのように見えるエリアでのプレーを強いる。ボールがそのオープンスペースへと送られるとゲーゲンプレッシングのトリガーが入り、バイエルンはすぐさま相手に襲いかかってボールを奪い取ろうとしていた。

プレッシングシステムに関してグアルディオラのシティに見られるものは、前述の2つのスタイルのある種の複合形だ。バルセロナとバイエルンで過ごした時期に貴重な経験を得られた彼は、今それを活かすことができる状況にある。

ボールを持っていない局面でのプレッシングに関しては、シティはより柔軟で相手に応じたスタイルを採用していることが見て取れるが、その中でもいくつか絶対に守るべきルールがある。一般的には、相手のGK、あるいはCBがボールを持った際には、まずCFが最初のプレスをかけに行くのが普通だろう。だが、グアルディオラは、両サイドのWG2人が曲線的に走って中央へプレスをかけに行く形を好んでいる。これにより、カバーの影となるサイドのエリアへのパスを防ぎつつ、ボールへのプレッシャーをかけることが可能となる。中盤のセンターでは、2人の「8番」が相手のボランチに対してプレスをかける。

シティのプレッシングが相手に応じて変化する部分は、CFと両SBの使い方にある。厳しくプレスをかけに行く時にはCFもボールを追い、ボール保持者であるGK、あるいはCBに対して誤った判断を強いることを試みる。両SBもより高い位置からプレスをかけ、相手が最初のプレスの頭上を越えるボールを用いてきたとすれば、相手SBやWGに対処できるようにする。プレッシングの最初の段階での狙いは、相手がボールを中央のエリアへ展開するよう仕向けることだ。すでに見てきたように、そこはシティが相手に対して数的優位を作り出そうとしていたエリアとなる。

プレーが進められ、相手がまだボールを保持したままシティ側のハーフにまで到達した場合には、優先順位が切り替えられ、シティは中央のエリアを閉ざして相手がサイドのスペースに展開するように仕向けようとする。

こういったすべての動きはわずか数秒の間に実行される。シティがボールを失った際の最初の守備的アクションはプレッシングである場合が多い。フィールドプレーヤーの中で決まりごとが異なっているのは2人のCBと「4番」のみだ。彼らは守備位置を保持し、3人でトライアングルを形成することで、相手が素早いロングパスで中央のエリアへ侵入することを防ごうとする役割がある。

だが、これはシティがいつでも必ずプレッシングを適用しようとしているという話ではない。相手がボールを奪い取った際、最初にプレスをかけたあとは、ラインを下げてコンパクトな守備陣形を敷こうとする場合もある。ラインを下げて相手パスコースを消し、相手にボールを持たせたままにする。だが、シティには常にいついかなる瞬間にも再びハイプレスを仕掛けることが可能だという感覚がある。その瞬間が訪れるのは、プレッシングのトリガーとなる3つの条件のいずれかが満たされた時で、相手がボールタッチを誤ってプレーの流れを止めなければならなかった時、相手がサイドのエリアへとボールを入れた時、そして相手がシティのゴールに背を向けた選手への縦パスを入れた時だ。

相手選手がボールタッチを誤った際に発動するプレッシング

グアルディオラのシティが用いるプレッシングのトリガーの一つ目は、相手選手がボールタッチを誤った際に発動される。**図27**は、相手のCBが中盤の底の選手へとボールを送った場面を示している。ここで受け手の選手がファーストタッチを失敗し、ボールがバウンドして少し体から離れてしまったとする。

このタッチミスがトリガーとなり、シティの3人の選手がプレスをかけてそこを狙いに行く。CFのセルヒオ・アグエロと、2枚の「8番」であるD・シルヴァとギュンドアンが全員ボールへと向かい、相手選手の周辺のスペースを狭めようとする。ボールタッチのミスがあったことで、相手チームはすぐに混乱に陥ってしまう。シティの選手の動きを確認するのではなく、ボールをもう一度支配下に置こうとすることだけに集中してしまう。相手側の選手が注意力を乱されたわずかな時間が命取りとなり、シティの選手はスペースを狭めてボールにプレッシャーをかけることが可能となる。

図28でも同様の例を示しており、相手チームは守備位置からプレーを組み立ててボールを前へ進めようとしている。縦パスが出されたところで、ボールを受けようとした選手のトラップがルーズになってしまい、パスの出し手である選手の方向へボールが転がる。

このトラップミスもやはりプレッシングのトリガーとなり、シティの4人の選手が自分のポジションから動き出してボールへ寄って行く。トラップミスを犯した選手は、もちろんボールを拾い直して後方へ戻すことはできるが、この時点でもうプレッシングの動きは開始されてしまっている。シティは後方へのパスに対してさらにプレスをかけ、相手DFがプレーするために必要なスペースを狭めていく。

最初のトラップミスが一連のリアクションを生み出し、バックパスを受けた相手DFが前線へ苦し

【図27】

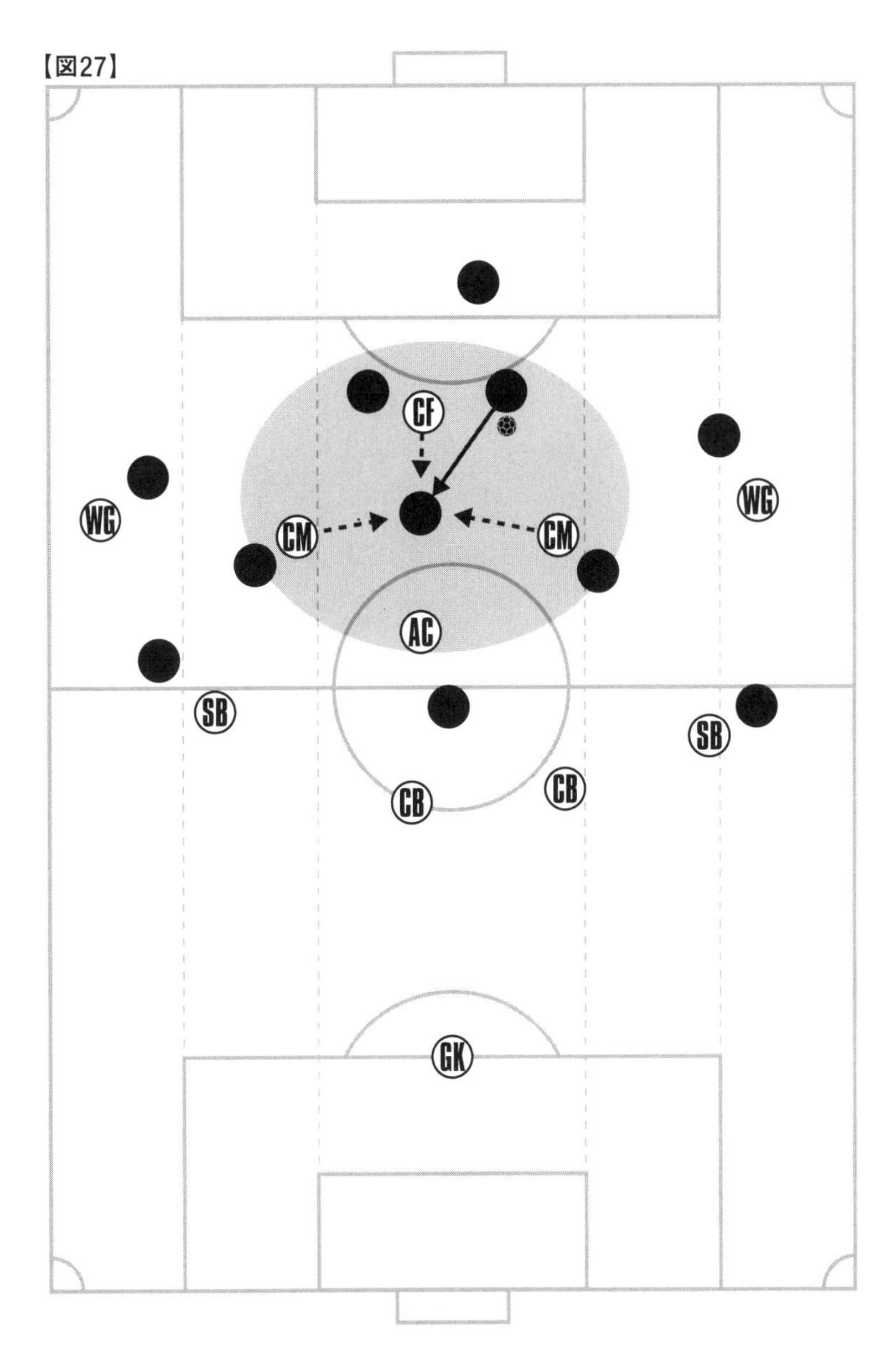

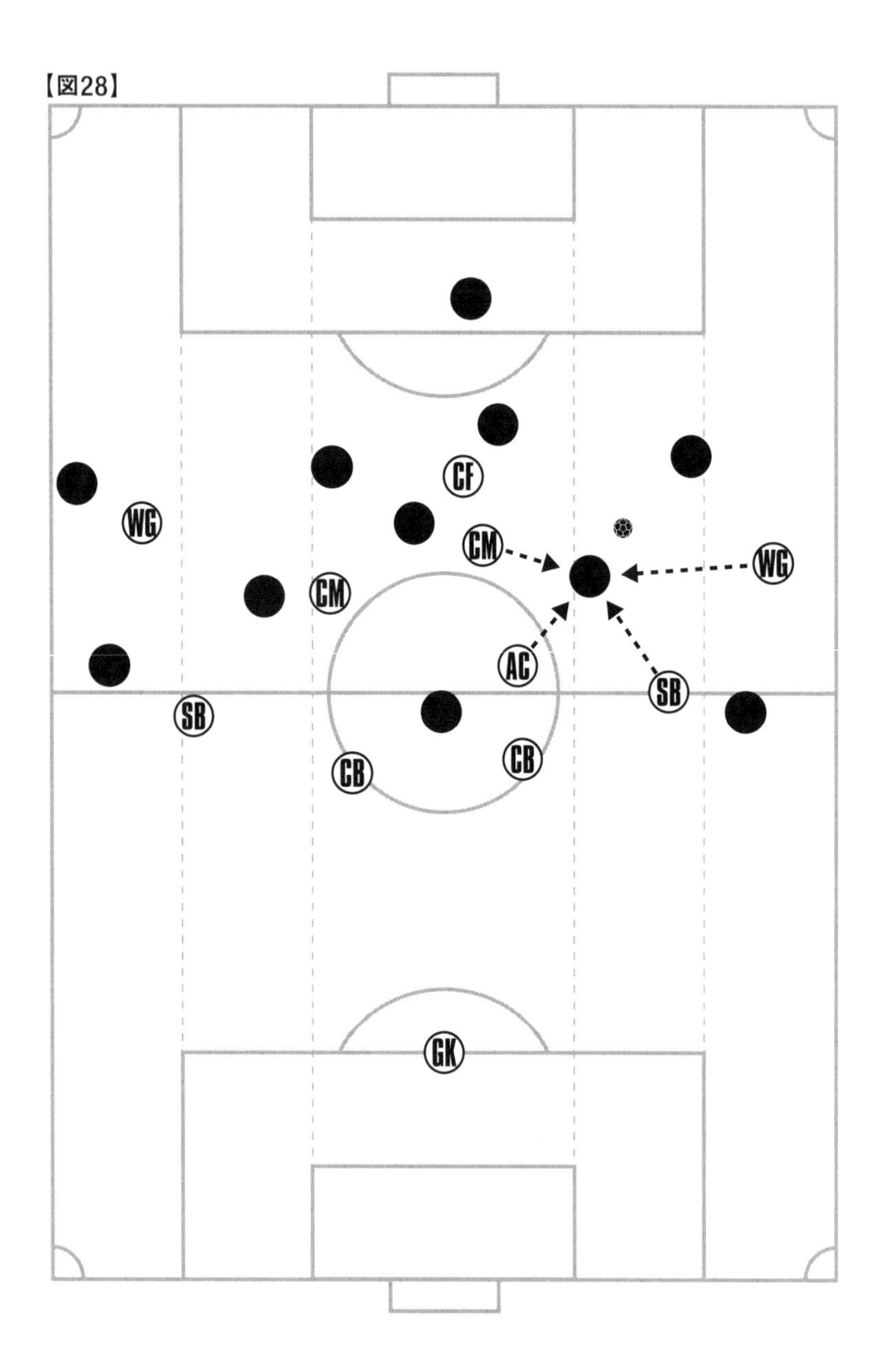

【図28】

紛れのパスを送ることで、シティはボールを奪い返すことができる。

シティがいつボールを奪いに行くかを決定するために用いるプレッシングのトリガーの2つ目は、ボールがサイドのエリアへとパスされた瞬間だ。このトリガーを理解するのは難しくない。選手がそういったエリアでボールを持った時、動ける範囲が限定されてくることに基づいている。片方をタッチラインで塞がれているため、ボールを持った選手は180度の範囲でしかプレーすることができず、選択肢は限られている。

ボールがサイドに送られた場合のプレッシング

だからこそボールがサイドのエリアへ送られた場合には、シティは素早く動いてボールへプレスをかけに行く。この例は**図29**に示している。相手GKから、サイドのエリアにいるSBへとボールが進められた場合だ。このタッチライン際のエリアにボールが送られたところで、シティの選手2人がすぐさまプレッシングをかけボールを追っている。ここで重要となるのは、プレスをかける選手が走り寄る角度だ。シティの選手の一人は、相手のSBがボールを受けたあとCBへバックパスを返すことができるようなパスコースを切る角度からボールへ向かっていく。この角度をつけた走り方によって、一旦プレッシングのトリガーが入ると、相手は容易に逃れることができなくなってしまう。

サイドのスペースへのパスをトリガーとして、シティの3人目の選手が動き出していることもわかる。左SBが水平移動し、ボールがある側のサイドの高い位置にいる相手選手をマークしてスペース

【図29】

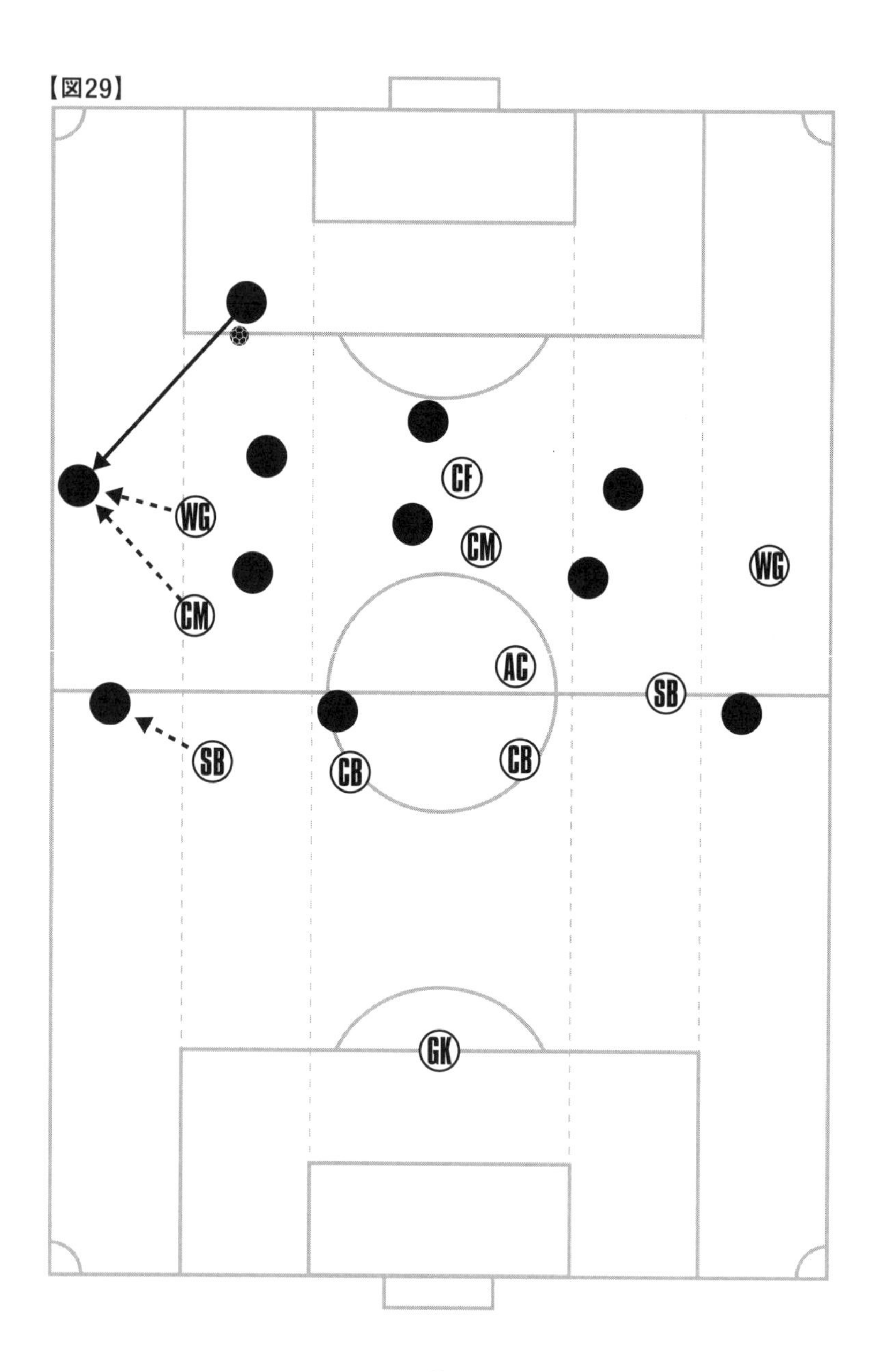

を狭めている。これにより、右SBの位置でボールを受けた相手選手がプレッシャーから容易に逃れられるような前方へのパスコースを消すことができる。**図30**でも同じコンセプトを示している。ここではピッチ上のより前方で相手チームがサイドのエリアへとボールを展開している。

プレッシングのトリガーを規定するルールは変わらない。前方のラインに位置するサイドプレーヤーにボールが送られると、最も近くにいるシティの選手3人がボールに向けて移動し、パスの受け手となる選手から考えてプレーする時間を奪おうとする。ここでも一人の選手は、ボールが中央へ送られることを同時に阻止できるような位置と角度から走り寄っている。

また、直接プレスをかける選手以外にもシティの選手が一人（AC）、本来のポジションから動き出しているのがわかる。中央のエリアへパスが出されることを阻むためのもう一つの手段として、中央の相手選手のすぐ近くにポジション取りをするためだ。

シティゴールに背を向けた体勢の相手に縦パスが送られた場合のプレッシング

シティがプレッシング構造の中で用いる最後のトリガーは、ボールを受ける時点でシティのゴールに背を向けた体勢となる相手選手に縦パスが送られた時だ。ここでもコンセプトはそれほど複雑なものではない。相手ゴールに背を向けてボールを受ける選手は、自分の背中側の状況、チームメートやシティの選手のポジションに対する把握度が低いことがその背景にある。

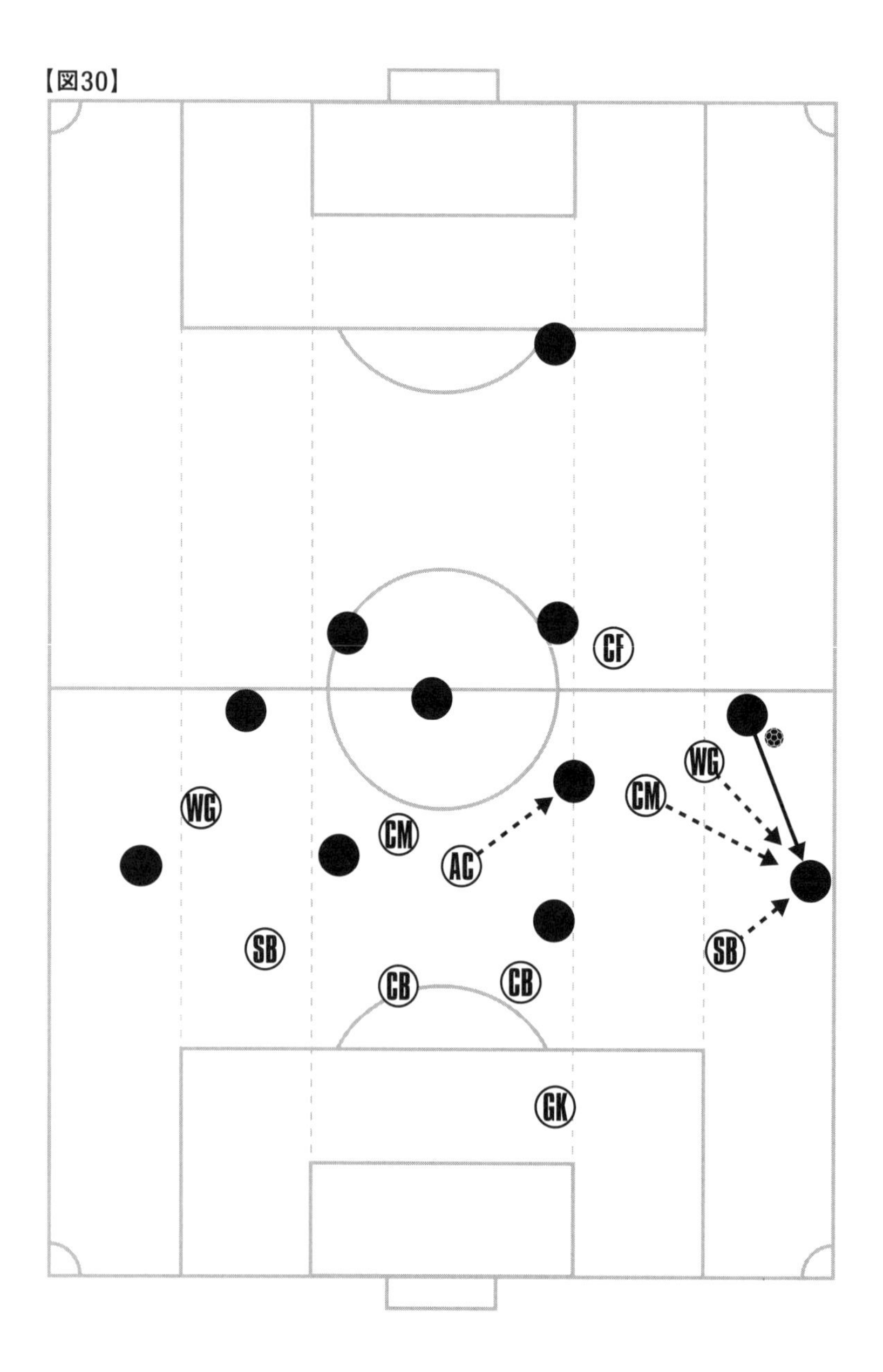

【図30】

図31ではこのコンセプトの例を示している。相手チームが中央のエリアへと縦パスを入れた時、ボールを受けようとする選手は自陣のゴール側を向いており、パスが出される前に背後の状況を確認していなかった。中央エリアの相手選手にボールが出されると、シティの選手はボールに向かって集中するように動き出し、ターンオーバーのチャンスを作り出そうとする。

こういった状況は、ボールを持っていても持っていなくても周囲を確認することの重要性を示している。必要なのは、できるだけ頻繁に首を振って周囲を見渡すというシンプルな過程だけだ。それにより選手はピッチ上の他の選手の配置だけでなく、利用できるスペースがどこにあるかについても意識内にイメージを構築することができる。この確認とイメージ作りこそが、単に優れた選手と本当に偉大な選手の境界線となる場合も多い。

相手が最初にボールを展開しようとする時、シティはまず両サイドの2人のWGがプレスをかけに行くケースが多い。**図32**にそれを示している。スターリングが右から、サネが左から内側へと移動し、距離を詰めてボールにプレスをかけようとしている。

相手は中央のエリアから両サイドへと展開し、できればシティのプレッシングを回避して前方のエリアへとプレーを進めたいところだが、この2人の動きがそれを阻んでいる。サイドの選手が中へ動いてプレスをかける際、CFは少しポジションを下げることができる。これは相手ボール時に少しだけ休むチャンスにもなり、相手が中央エリアへの縦パスを入れてきた場合に動いてプレスをかけられるよう備えることにもなる。

中央のエリアへボールが進められたとすると、2人のWGは最初にポジションから外れてボールに

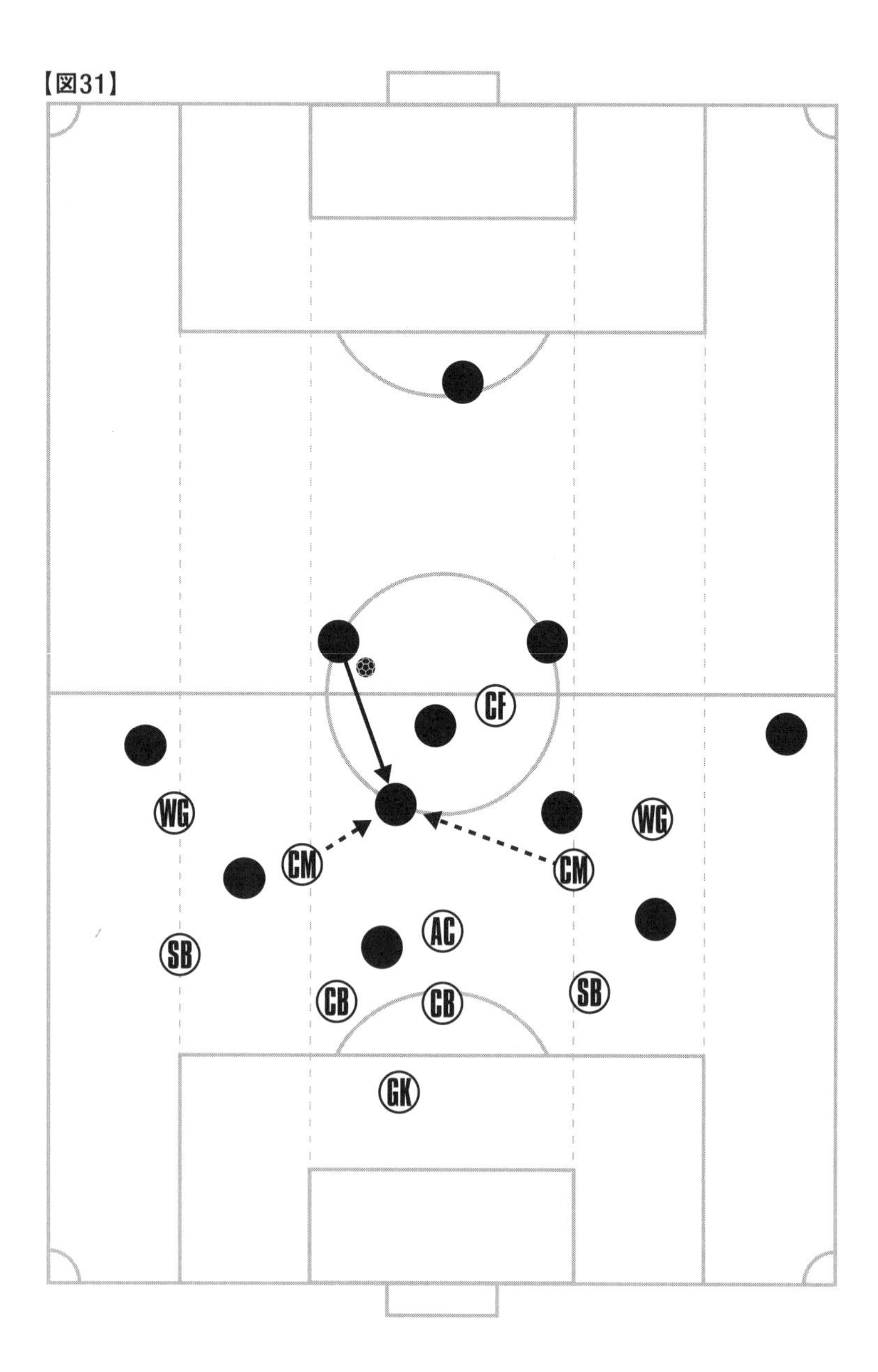

【図31】

【図32】

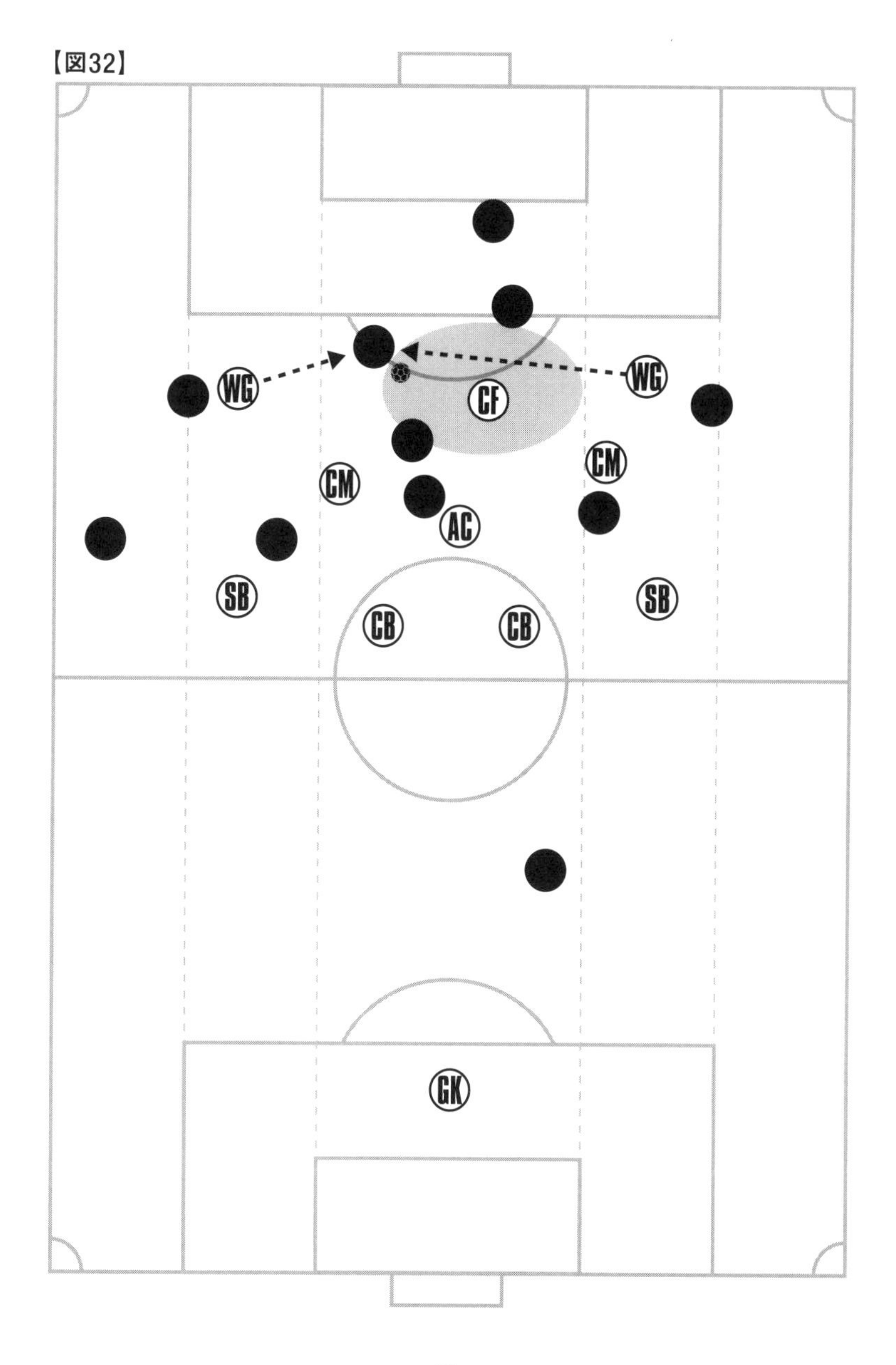

詰めているため、プレッシャーを逃れるパスが出された場合に前へのプレスをかけてCFをサポートするのは2人の「8番」の役割となる。

相手が使おうとしているパスコースをあえて空けている理由

プレッシングの罠とトリガーを設定して実行に移し、相手が守備構造を突破することを阻もうとしたとしても、簡単にプレスを逃れられてしまうようではほとんど意味がない。だからこそシティの選手は、相手がプレーの行く先を自分で決められるようなパスコースを閉ざす形のポジション取りを用いている。ここでシティが考えているのは、相手に侵入してほしくないエリアへのパスコースを切ることだが、同時に相手が使おうと考えるような明らかなパスコースを空けておこうともしている。

図33にその例を示している。相手のCBがボールを持っているが、左または右へパスを送る選択肢は閉ざされている。両サイドのエリアへ向かうことができるパスコースはシティの選手がブロックしている。相手CBにはまだ前方へのパスが選択肢として残されているが、実際にそのパスを出すと罠のトリガーを引いてしまい、シティの選手3人が動き出してボールへのプレスをかけてくる。

現代サッカーにおいてプレッシングは欠かすことができない。グアルディオラの率いるシティは、ボールを保持している局面で圧倒的な力を発揮し、相手選手を何度も何度も本来のポジションから引き剥がすようなパスワークとコンビネーションで相手を翻弄し試合を支配しているが、ボールを持っていなければシティもその支配的な攻撃を実現することはできない。だからこそ厳密なプレッシング

【図33】

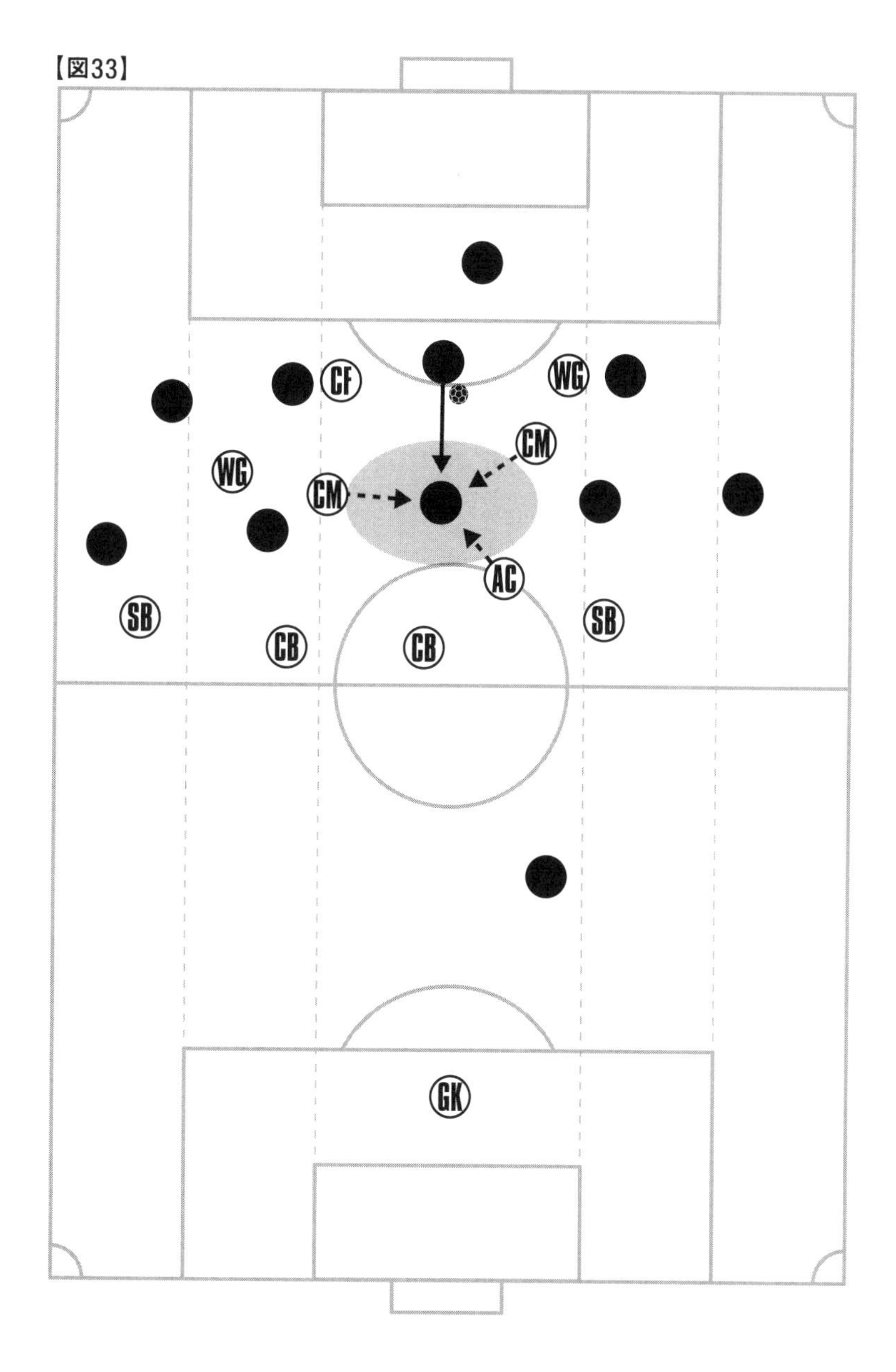

のトリガーを設定し、選手がいつどのようにボールを追うべきかを明確にすることで、ターンオーバーのチャンスを作り出し、ボールを奪い返す可能性を最大限に高めようとしている。だが、シティは決して常にプレスをかけ続けるチームでもなければ、プランや組織を持たずにプレスをかけるチームでもない。むしろ綿密なプランが練習場で作り上げられており、それを試合の中で実行に移しているだけだ。

SCRIPTURE OF POSITIONAL FOOTBALL

06

パスコースのカットとコンパクトな守備

パスコースを利用する攻撃プランだからこそそれを阻む重要性も認識している

シティがボールを持っていない時に相手にプレッシングをかけるやり方と、そのプレスに繋がるトリガーについてはすでに論じてきたが、考察が必要な守備のコンセプトはそれだけではない。シティはほぼすべての試合においてボールポゼッションを支配しているとはいえ、やはり場合によってはラインを下げ、コンパクトな守備陣形を築く必要が生じる場合もある。そのためピッチ上の選手には、どのようにコンパクトなブロックを構築するか、相手がシティの守備ブロックを突破するパスコースを見つけ出すのをどのように阻止するかについての理解が必要となる。そういったパスコースを見つけ出し、利用することこそがシティの攻撃プランの重要な一面であるからこそ、相手に対してそれを阻むことの重要性も全員が認識しているはずだろう。

「パスコース」という用語が言い表す概念はシンプルなものだ。パスを用いてボールを通すことができるような、守備側選手の間に存在する隙間やコースのことを指している。一方で、そのパスコースに関してもう少し複雑な一面は、それが常に変化し続けるという点だ。ある選手がハーフスペースでボールを持ち、チームメートを守備ラインの裏へ抜け出させることができるようなパスコースが目の前にあったとしても、守備側の選手がほんの少し移動するだけで、わずか数秒後にはそのコースは閉ざされてしまう。

攻撃時に重要となるのは、守備側の選手があるパスコースを切るために移動した場合には、その移動により生まれたスペースに新たなパスコースが空いた可能性があると理解することだ。この考え方は、シティが守備フェーズにおいて相手にそのようなスペースを与えないようにするやり方にも繋がる。

パスコースを空けてしまうのを防ぐため、シティのDFは高いレベルのコンパクトさを維持しようと努める。すでに見てきたように、状況とトリガーに応じてプレスをかけに行こうとはするが、それもある程度の時点までだ。相手がしっかりとボールを保持して攻撃フェーズに入ったとすれば、シティはより低くラインを下げ、4－5－1に近くなるような形で——フォーメーションにさほど意味はないとしても——守ろうとする。前線に残るのはCF一人だけだ。

このコンパクトな陣形を取ることには、グアルディオラにとって2つの重要な狙いがある。まずは相手ボールの状況で選手を休ませること。一般的にシティは攻撃フェーズにおいて運動量と爆発力のあるサッカーを展開するため、低いラインや中間のラインに引いて守備ブロックを構築するチャンスが訪れれば、エネルギーを取り戻すためにその時間を利用する。相手のオーバーロードを阻止するため、右へ左へとポジションを移す必要はあるとしても、エネルギー消費を抑えつつそれを実行することができる。

コンパクトな陣形の2つ目の理由は、シティの各選手がDFのサポートを得られるようにすることだ。つまり、相手がシティの守備ブロックのどこかに攻撃を仕掛けてくるとしても、サポートがなく一人で孤立した状態の選手を狙うことはできない。守備の選手が近い距離で連携を取ることは、ディフェンシブサードでプレッシングのトリガーが発動した際に、少なくとも2人か3人の選手がボールに詰め寄ってターンオーバーを生み出せることにも繋がる。

相手が支配しようとするスペースをコントロール下に置く手法

シティがこういった形でコンパクトな守備陣形を用いることについては、よりシンプルな理由があることも考慮しなければならない。前方のポジションへ向かおうとしてくる相手選手が、抜け出してペナルティーエリアを脅かしてくるのを困難にすることだ。コンパクトなブロックを効果的に突破するためには、相手の守備ブロックに空いたスペースの穴を見つけ出すことができるような創造的な選手が必要となる。

この点においては攻撃フェーズに入った際のシティが非常に優れており、特に戦術システム内において「8番」の役割を務める2人の選手は、スペースを見つけ出してそこを突くという能力に秀でている。シティが引いて守備ブロックを作る際には、「4番」のフェルナンジーニョが、ライン間の空きスペースに相手が入り込んでくるのを阻むという重要な機能を果たす。

この守備のコンパクトさはもちろん、相手が支配しようとしてくるスペースをコントロール下に置くためにグアルディオラが用いる手法でもある。もしシティの守備構造がより間延びし、コンパクトさを欠いていたとすれば、相手はピッチ上の重要なエリアでオーバーロードによる数的優位を生み出し、ブロックを突破するチャンスを得られることになる。これは戦術上の重要地点となるピッチ中央のエリアにおいて特に言えることであり、グアルディオラはいかなる手段を用いてでもそこを守ろうと考えている。

シティの陣形が広がり、コンパクトではなかったとすれば、相手チームはその中央のエリアを占拠し、得点チャンスを作り出そうとすることができる。だが、実際にはシティはコンパクトな陣形を維持し、相手が攻め込むスペースは両サイドのエリアにしか与えることはない。

ごく単純な事実として、守備側のチームが自陣内のすべてのエリアを等しくカバーできる方法は存在しない。攻撃フェーズの場合と同じく、シティは守備ブロックに関しても3つの重要な判断基準を適用している。だが、この場合の優先順位は、まず一番目がボール、二番目が相手チーム、そして三番目がチームメートとなる。その上で守備ブロックはボールを簡単には通させないように、相手チームが占拠するスペースを見つけられないように構築される。

その結果としてシティの守備ブロックは比較的中央寄りにとどまる傾向にある。もちろん相手は、そのブロックを迂回しようとして両サイドのエリアへと侵入することができる。だが、通常そういった状況ではシティは素早く横方向へとスライドし、サイドのエリアでボールへプレスをかけに行く。結局、相手が容易にブロックを突破できる方法は存在しない。

中央エリアへのパスコースを消すことが最初のリアクション

まず考えなければならないのは、シティがボールを失った最初の段階や、相手が最終ラインから組み立ててこようとする時に、シティがどのような動きでローテーションを行い、パスコースを切ろうとするかだ。このローテーションは、ボールを持っている相手選手が、ピッチ上の中央のエリアへボールを前進させられるような簡単なパスコースを見つけるのを阻むことを意図している。そのようなパスコースを消すことが、シティが最初に起こすリアクションだ。続いて、そのパスコースを消し続けることができるようなアプローチ角度と体勢を用いつつボールへのプレスをかける。ここまでのすべての過程を数秒間で実現できるよう、位置関係や理解度は完璧でなければならない。

そのローテーションの動きを**図34**に示す。ここでは相手のCBが自陣内の深い位置でボールを持っている。ボールに最も近いシティの選手2人は素早く動き、ボールが中央へ、あるいは相手左サイドへ送られるのを阻止しようとする。さらにシティの他の選手3人も同じような動きを見せ、ボールを持っている選手に対して空いているパスコースを切るポジションへと移動する。

これらの動きはすべて、ボールを持っている選手に残された選択肢を限定し、難しい選択を強いるようにすることを意図して行われている。ボール保持者はそれでも無理にパスコースの一つを通そうとしてくるかもしれないし、シティのDFが対応を誤ることを期待してロングボールを使ってくるかもしれないし、GKにボールを戻すことを選択するかもしれない。ロングボールが出されたりGKにボールが返されたりすれば、シティはすぐにプレッシングのトリガーを発動させ、ボールを奪い返そうとする。ボール保持者がパスコースのいずれかを通そうとしてきたとしても、ボールがシティのものになる可能性は十分にある。シンプルではあるが効果的だ。

全体が左右へスライドし相手のスペースを潰す

シティが深いエリアに下がった場合に見せるコンパクトな守備陣形は、守備に入る各選手がすぐ近

【図34】

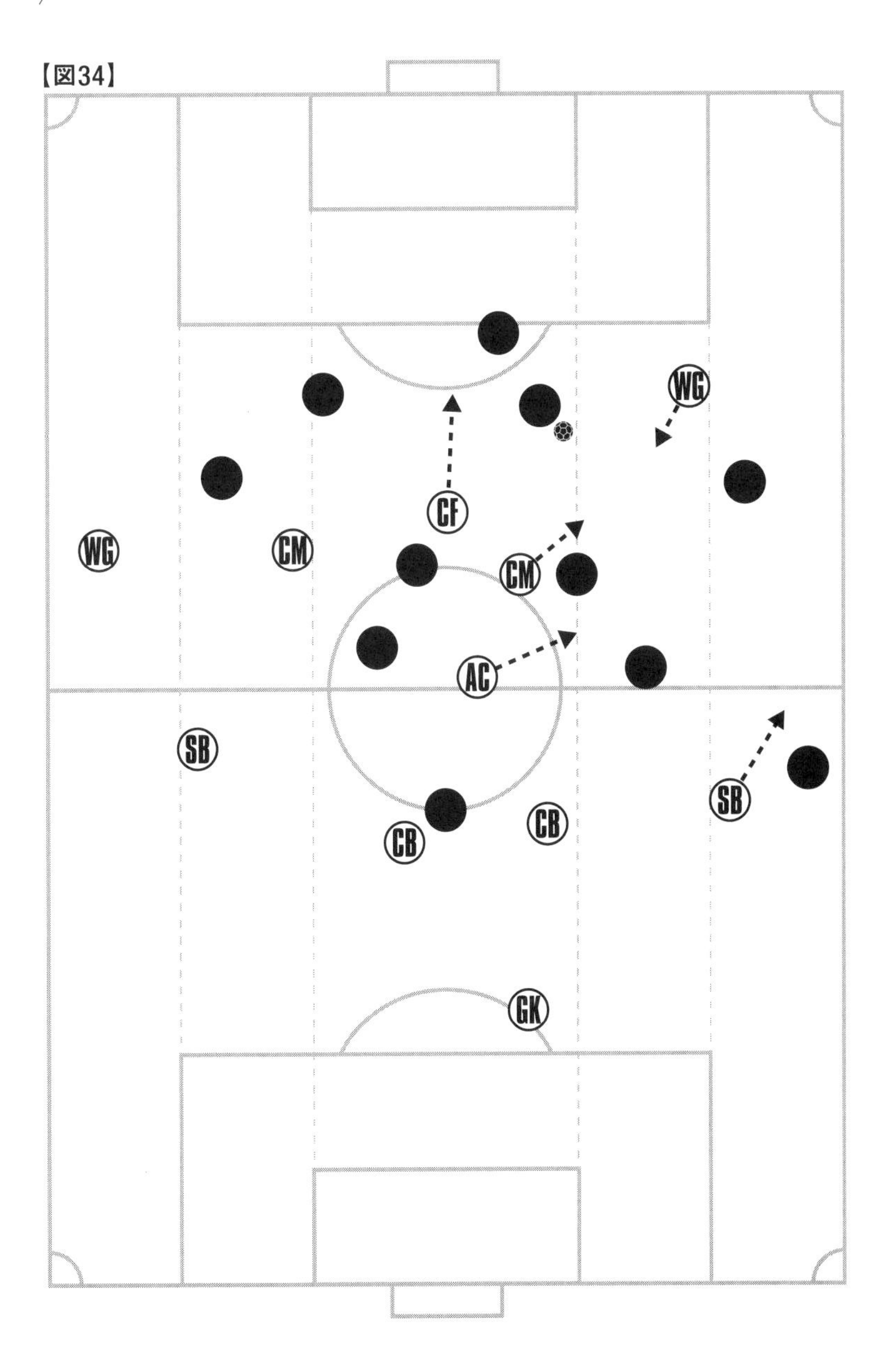

くのチームメートからサポートを受けられるようにすることを意図している。この守備構造の例を**図35**に示す。相手ＤＦが自陣内の高い位置でボールを持っている状況で、シティはラインを下げて４－５－１の形を取っており、この場合もやはりピッチの中央を守ることに重点を置いている。見ての通り、守備ブロックの横幅は、中央のエリアを完全にカバーする位置までの広がりしかない。

相手チームには、十分に素早くボールを出すことが可能なのであれば、両サイドのエリアへ展開できるだけのスペースがある。だが、相手にとって問題となるのは、スペースを埋めてボールを奪い返そうとするシティのプレッシングの罠にかかることなく、ボールをこれらのエリアへ進めることができるかどうかだ。シティは守備構造の全体が左右へスライドし、守備に入る選手の間隔を保ちつつ、相手が中央への侵入を狙えるようなスペースを見つけるのを阻もうとしてくる。

右へ左へとポジションをスライドさせ、相手の前のスペースを潰そうとするためには、選手一人一人が集中し、自分の役割を理解していなければならない。優れたチームの多くに共通することだが、シティはこのコンセプトをしっかりと理解し、スペースを消すためのスライドを実行に移している。

このコンセプトがどのように機能するかを**図36**に示している。相手チームが右サイドのタッチライン際でボールを持っている状況だ。ここでもシティの基本的な守備構造は、４人のＤＦと５人のＭＦがそれぞれ連なる形となっており、ＣＦ一人がその前に位置している。ボールがタッチライン際のエリアにある時には、守備構造を形成する選手は、図に示すように横方向へと流れていく。

ここでの狙いは、ボールを持っている相手選手をピッチの端でトラップにかけ、タッチライン沿いにも中央にもプレーを進められるスペースがない状態に追い込むことだ。もし相手がこのプレッ

【図35】

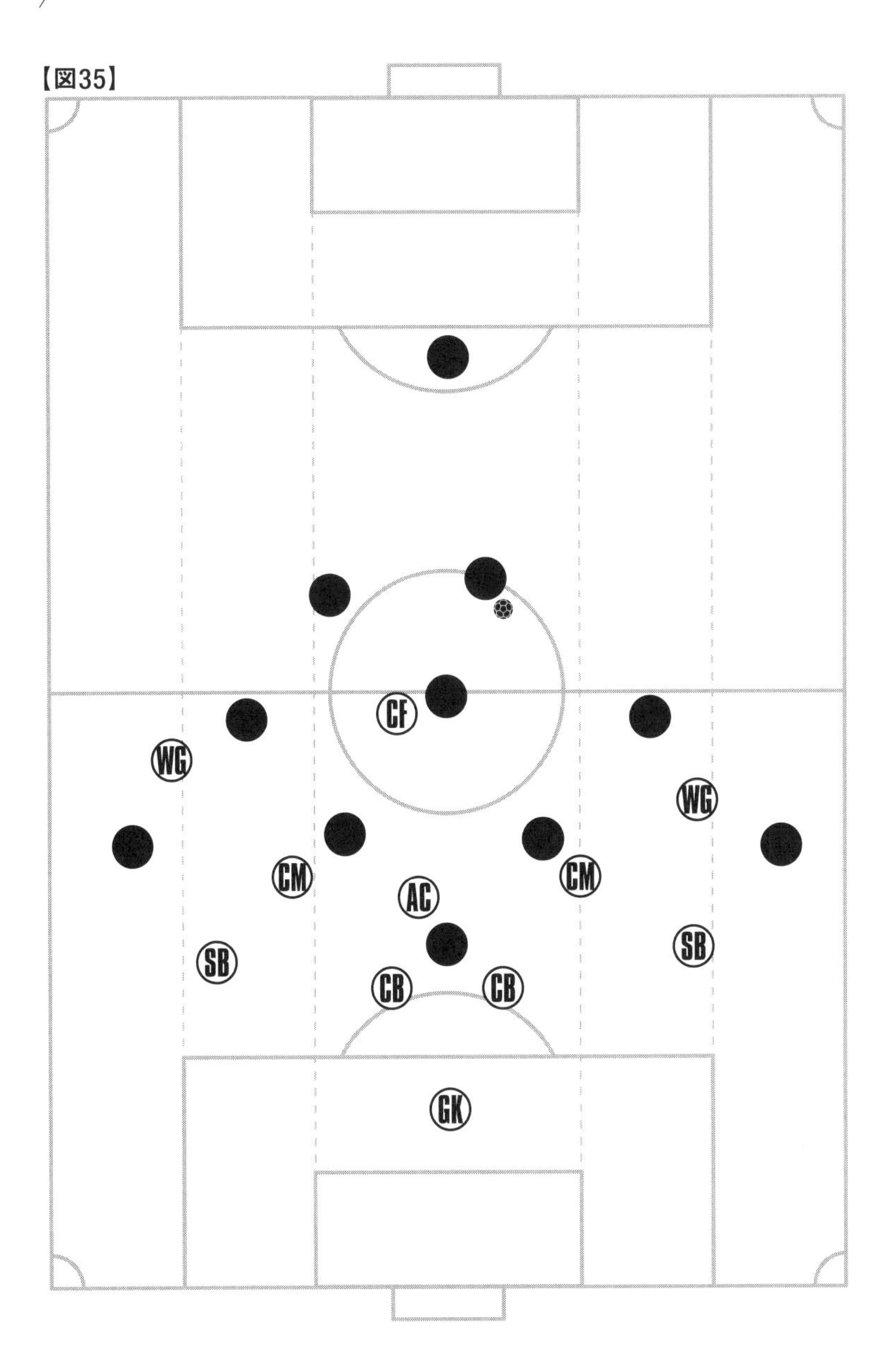

【図36】

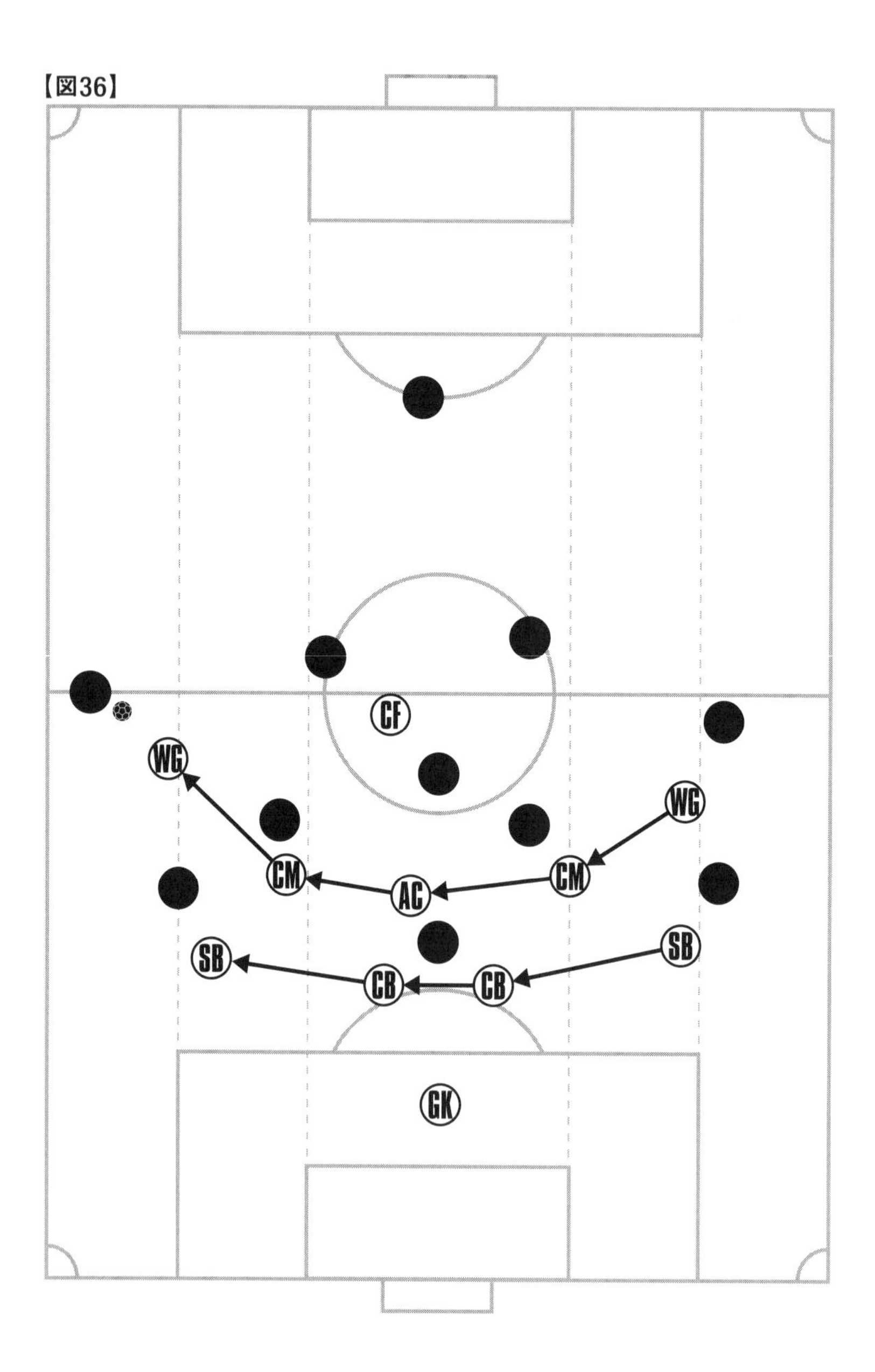

シャーを逃れることができるとすれば、一旦ボールを後ろに戻した上で逆サイドに展開する形である場合が多いが、そうなると左右反転した形でまた同じ動きが繰り返される。シティは反対方向へとスライドし、そちらのサイドでスペースを潰そうとしてくる。重要なのは、どちらのサイドに移動するとしても、各選手は短い距離を動くだけで済むことだ。これによりシティの選手は必要以上にエネルギーを浪費することなく、ボールを奪い返した時には素早く攻撃フェーズへと移行できる状態となる。

サイドにすぐさまプレッシングをかける2つの大きな狙い

相手チームが守備ブロックを迂回しようとする時、ボールを一旦最終ラインのDFにまで戻し、最初に攻撃を仕掛けようとしたのとは反対側のサイドへの展開を図ろうとするケースがよく見られる。こういったパスを十分なスピードで送ることができれば、サイドのエリアでシティのブロックを突破することが可能となるだろう。

だが、相手がサイドのスペースへと素早くパスを送り、プレーのスピードを上げてきたとすると、シティはそのパスに対してすぐさま数人でのプレスをかけに行き、突破を阻もうとする場合が多い。このプレッシングには2つの大きな狙いがある。まずは、可能であればボールを奪い返すことだ。サイドのエリアへ開くパスは、シティがよく用いるプレッシングのトリガーの一つでもある。そして2つ目の狙いは、相手の攻撃の動きを失速させること。そうするとシティは、前述のように守備ブロックを横方向へローテーションする時間を持つことができる。

図37ではその動きを示している。相手のＣＢがボールを中央のエリアから左サイドのエリアへと送ると、すぐさまシティの４人の選手がスライドしてボールに詰め寄り、攻撃の展開をスローダウンさせてしまう。

相手が無理な縦パスを出すように仕向けるためのマンツーマン

相手が自陣内でボールを持っている時、シティが守備陣形を少し変化させ、相手選手にほぼマンツーマンで対応するような形を取る場合がある。これはもちろんリスクを伴う戦術ではある。相手がシティの選手一人をかわすだけで、守備構造全体が危険に晒されてしまうためだ。

ここではシティのＣＦが２人のＤＦの間に入り込み、相手がその２人の間でボールを繋いで攻撃の角度に変化をつけることを阻止する。ボールの前方ではシティがラインを押し上げ、ボールを前のエリアへ繋ぐチャンスを与えないようにする。この場合もシティの狙いは、ボールを持っている相手選手に対し、ＤＦが奪いに行けるようなエリアへの無理な縦パスを出すように仕向けることだ。

この動きとプレッシングの例を**図38**に示す。シティは相手が前のエリアへボールを進められる選択肢をほぼすべて奪い取っている。

このマンツーマンのマーク構造は、ボールを奪い返そうとするための手法としても用いられ、相手の攻撃の動きを十分に遅らせ、ラインを下げてコンパクトなブロックを構築する時間を作るためにも用いられる。

【図37】

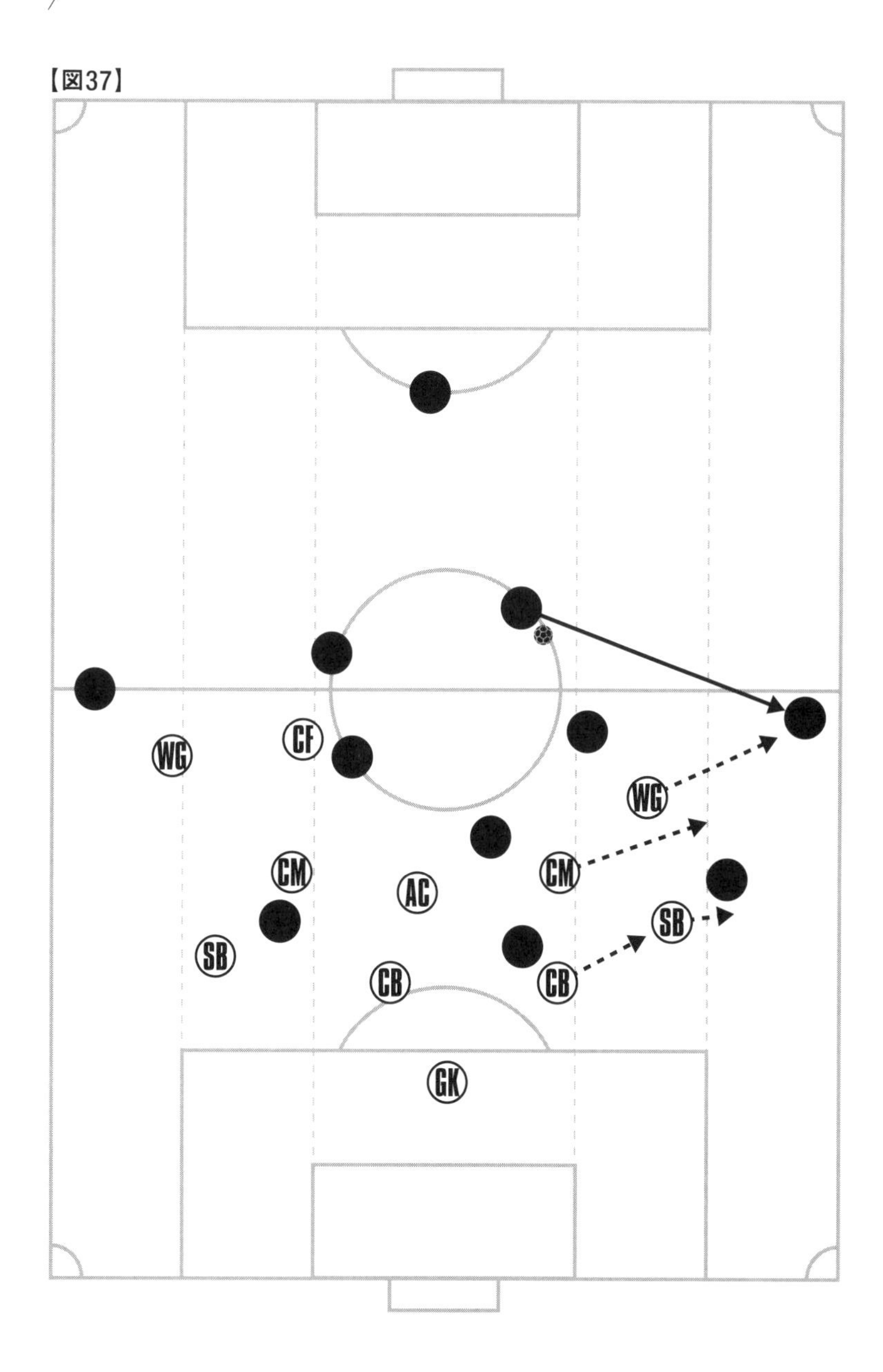

【図38】

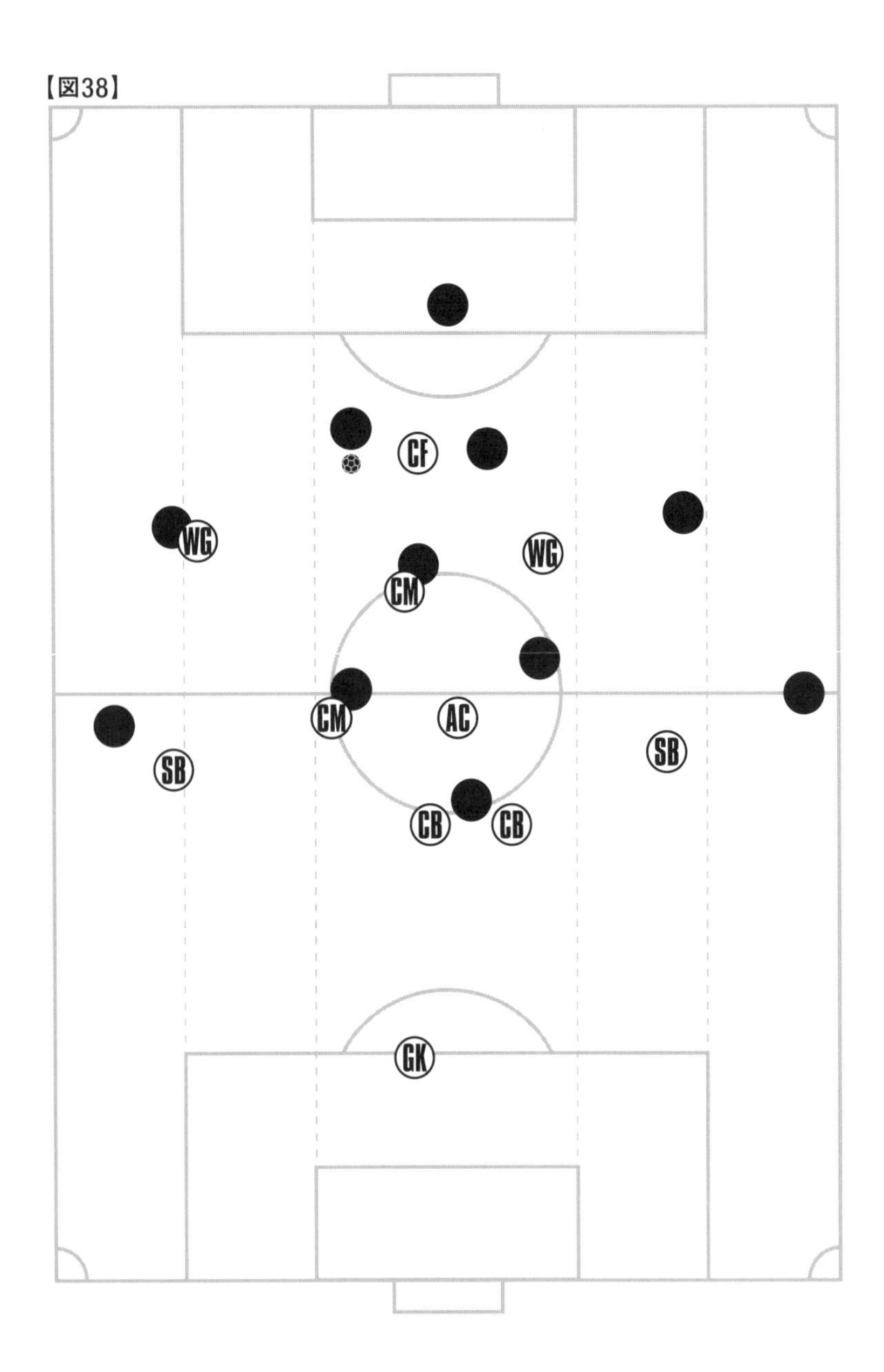

先程の例で見たような攻撃の動きが遅らされ、相手が一旦ボールを後ろへ戻した上で改めて前へ出てこようとしたとすれば、シティはラインを下げてコンパクトな陣形を取る。重要なのは、シティのペナルティーエリアにとって危険となる可能性がある空きスペースを相手が見つけるのを阻むことだ。

図39にその例を示す。ここでも相手はCBがボールを持っている。ボール保持者から左に開くパスは、シティのWGがパスコースをブロックすることで阻まれている。ボールをもう一人のCBに繋ぐことはできるが、その選手からさらに前のエリアへと展開できるようなパスコースはすでに消されていることが見て取れる。そこからボールをさらに右サイドまで繋いだとしても、ボールを進められるような簡単なパスコースは存在しない。

横パスでボールが繋がれていく中で、シティはトラップの締め付けをさらに強めていく。CFはボールを中央に戻すことができるようなパスコースを消し続ける。こうして相手はやはりプレッシャーを受けながら無理なパスを出したり、GKまでボールを戻したりすることを余儀なくされ、アドバンテージを生み出すチャンスを失ってしまう。

グアルディオラのシティについて考察する時、守備面のコンセプトについては必ずしも考慮されない場合もある。だが、現代サッカーにおいて、一流の監督は攻撃フェーズのみ、あるいは守備フェーズのみを得意とするだけでは不十分だ。どちらも同様に対処できなければならない。

グアルディオラは、ピッチ上のスペースに関する理解度が並外れて高い監督であることは間違いない。このスペイン人指揮官の天才性は、自らのチームがボールを持っている時にもボールを持ってい

【図39】

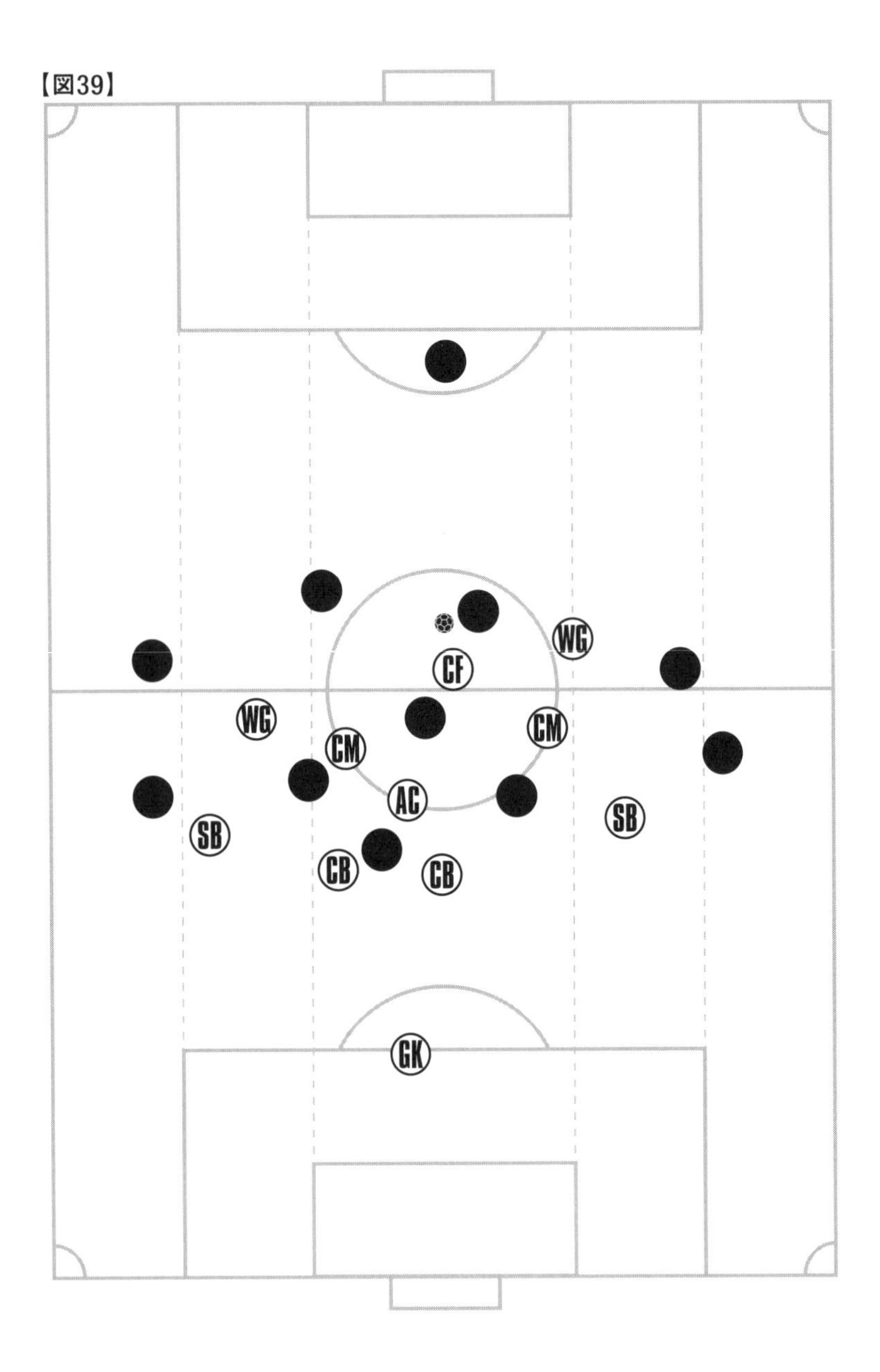

ない時にもこの理解度を適用できる能力にある。これはシティのゲームモデルにおいて見落とされがちな部分だ。

SCRIPTURE OF POSITIONAL FOOTBALL

07

「10番」役の「8番」

D・シルヴァの創造性を存分に引き出すために「8番」をより前のポジションへ

サッカーは本質的にロマンと歴史のスポーツだと言える。偉大な選手や偉大なチームは尊敬の念を集め、時間を経るにつれてその存在はさらに大きく語り継がれていく。人々は良い部分を記憶に残し、悪い部分は忘れていく。プレーを取り巻くこのようなロマンティシズムが生み出すノスタルジーは、背番号という実体のない数字にまで拡大される。長い年月の中で、背番号は選手のタイプと結び付けられ、不可分なものとなった。その中でも特に重要視されているのが背番号「10番」だろう。

サッカーの文脈において「10番」とは、攻撃的なゲームメーカーを想起させる。中盤と前線の間のスペースで活動する選手だ。一般的にこのような選手は非常にクリエイティブなタイプであり、ファンを楽しませ、熱狂させることができるようなボールコントロールやスキルを有している。

サッカーの歴史が生み出してきたトップクラスの「10番」といえば、すぐに何人もの名前を頭に浮かべることができる。特に順番をつけるわけではないが、ロベルト・バッジョ、フランチェスコ・トッティ、ジネディーヌ・ジダン……いくら挙げてもきりがないほどだ。象徴的な選手たちが象徴的な背番号を身につけてきた。

だが、現代のサッカーは伝統的な「10番」像から脱却したと言えるかもしれない。グアルディオラのバルセロナが広く浸透させた4－3－3などの戦術構造の隆盛により、中盤の底に「4番」、より前のポジションに2人の「8番」を置く形を標準的なシステムとして用いるチームが増えてきた。

過去10年間前後のサッカー界のトップレベルにおいては、このような中盤の形を好むチームが明らかに多くなった。チームによっては少し変化を加え、2人の「4番」をダブルボランチとして中盤の底に並べる場合もある。

後者の手法では守備面がより堅実になると言えるが、これがグアルディオラのチームで用いられることは考えにくい。何よりグアルディオラ自身も、シングルボランチシステムの「4番」としてキャリアのすべてを過ごした選手だった。

彼がまだ若い選手だった頃、オランダの伝説的監督であるクライフからサッカーの戦術を学んだ。クライフには、シングルボランチの形で戦うことで、2人の「4番」を置くよりもボールを前進させやすいという信念があった。

シティでは、特に2018-19シーズン中には、そこに少し手を加えたパターンも見られた。ホームのアーセナル戦では、通常一人で「4番」を務めているフェルナンジーニョがDFライン上でプレーしていた。シティがボールを持つと、フェルナンジーニョは中盤へポジションを移動し、ギュンドアンと同じラインに並ぶ。これによりシティはアーセナルのプレスを逃れて快適にボールを進めることが可能となっていた。グアルディオラが一般に考えられているよりも柔軟な戦術家であることが示された例だった。

だが、シティがより頻繁に用いているのは最初に挙げたシステムだ。グアルディオラが2016年にシティにやってきた時に直面した問題は、このチームにはクラシックな「10番」の特質をすべて兼ね備えたD・シルヴァという選手がいたことだった。チーム内でD・シルヴァの立場が疑問視される状況というのは、今になって振り返れば冗談のような話だと思える。彼はグアルディオラのゲームモデルの理解と実践の両面においてキープレーヤーとなった選手だ。だが、それを実現させるためには、グアルディオラはまずD・シルヴァの創造的なポテンシャルを存分に引き出す方法を見つけ出さなければならなかった。「8番」の位置からさらに前方でプレーできるようにすることがその最大の理由だ。

そのために用いられた手法は、今考えればきわめてシンプルなものだった。グアルディオラは通常、D・シルヴァとデ・ブルイネの2人が務める「8番」のポジションの選手に対し、普通であれば「10番」が位置するような、かなり前寄りのポジションでプレーするように指示した。このポジション取りのコンセプトがシティにおいて実現可能なのは、より低いポジションでプレーする選手が2人のCMに頼ることなくボールを前へ進められる力を持っていることを、グアルディオラが全面的に信頼しているためだ。2人のCBと、シングルボランチのフェルナンジーニョが形成するトライアングルは、シティが攻撃のビルドアップをスタートさせる上での最高の起点となる。それに加えて、サイドのエリアを占めることも、状況に応じてより絞ったポジションへ移動することもできる両SBがいる。こういったすべての要素が、D・シルヴァやデ・ブルイネらが高いエリアで自由にプレーすることを可能としている。

ハーフスペースを占める2人の「8番」

2人の「8番」のポジショニングに関して重要なのは、彼らがピッチ上でいわゆるハーフスペースを占めることだ。ハーフスペースとは、サッカーを分析する上での用語として急速に広まった言葉だが、単純にピッチ上の2つの縦のエリアを指している。

サッカーのピッチを縦に分割して5つのエリアを作り出したとして、その2番目と4番目のエリアを指してハーフスペースと呼ぶ。ハーフスペースが重要な理由は、ここに位置する選手が動き方やパスの柔軟性を持つことができる点にある。両サイドのエリアでは、そこにいる選手の動きはタッチラインによって片側のみに限定されてしまい、中央のエリアは密集してタイトになっている場合が多い。だが、ハーフスペースでは攻撃側の選手がボールを受けるスペースと時間があり、そこから相手の守備組織に対してアタックを仕掛けることができる。シティの戦術システムが持つ攻撃面のポテンシャルを最大限に発揮させるため、2人のCMが位置するのはまさにこの場所である。

シティがボールを持った時、2人の「8番」はきわめて高いラインを取り、両WGと同じライン、またはすぐ後ろに位置する場合が多い。その上で、しっかりとハーフスペース内にポジション取りをする（**図40**）。これにより、シティがファイナルサードに向けたビルドアップを開始しようとする時には5－5に分かれた陣形が作り出されることになる。2人のCBと「4番」と両SBが後ろの5人のラインを、2人の「8番」と両WGとCFが前の5人のラインを形成する。

攻撃のプレーが展開されるにつれて2つのラインは統合されていき、通常であれば両SB、場合によっては「4番」がより高いラインへと移動する。攻撃フェーズにおけるこの動きがピッチの横方向と縦方向の両方に選手の繋がりとパスコースの角度を作り出し、シティは非常に効果的なパス回しを行うことが可能となる。

【図40】

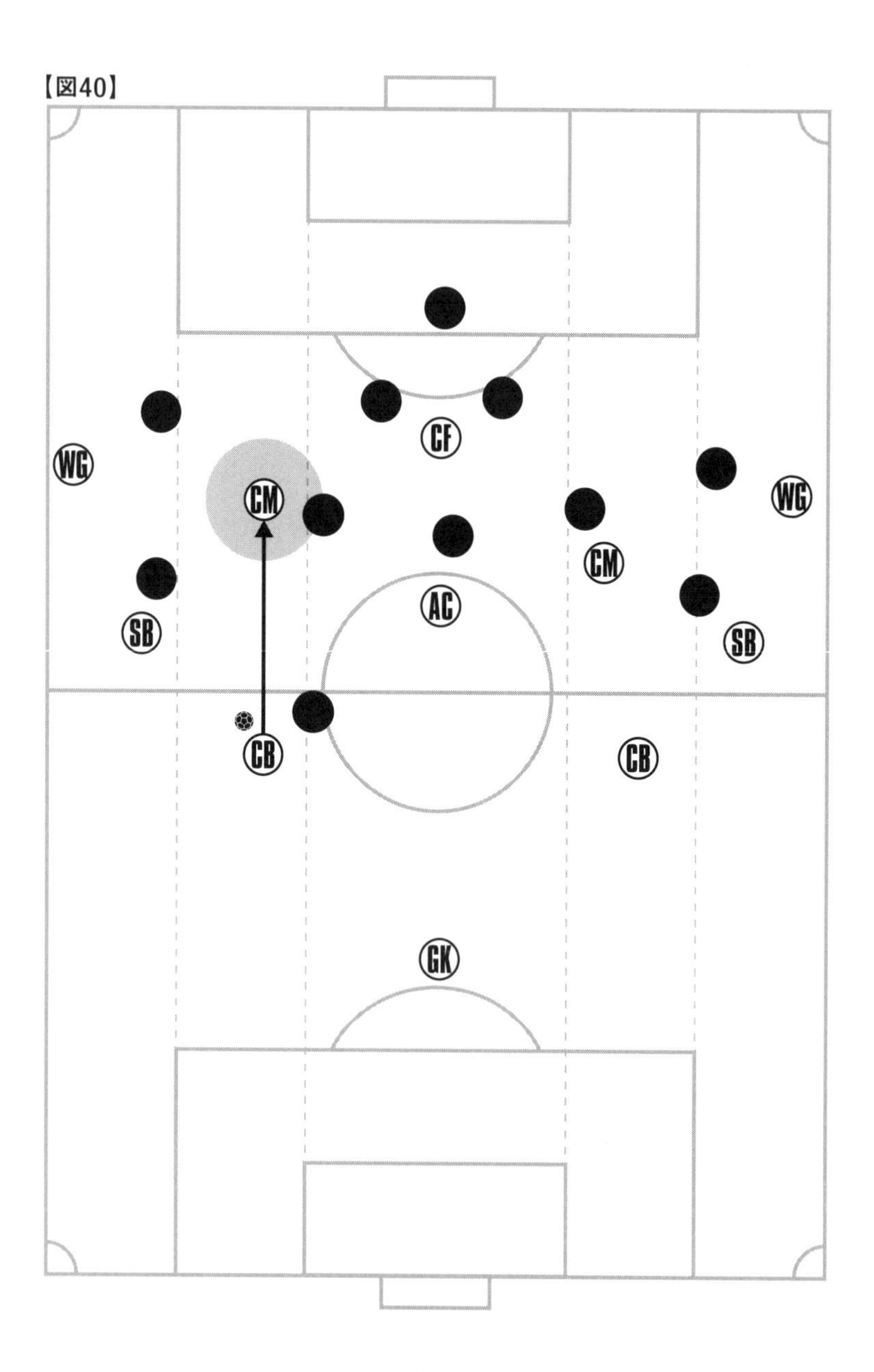

シティがボールを前へ進めていくと、ハーフスペースにいる2人の「8番」のポジショニングがきわめて重要なものとなってくる。彼らは相手の中盤の間、あるいはその裏にある空きスペースにポジションを取っている場合が多い。このエリアでボールを受ければ、そこから相手の守備組織を崩し、孤立した守備選手に対してオーバーロードを仕掛けることができる。

図41において示すように、カギを握るのはスペースに位置する「8番」のポジショニングである。相手はシティに対して4－4－2の形でプレッシングを行い、2人のFWが強いプレッシャーをかけることで、シティのCBが容易にボールを出すのを阻止しようとしている。だが、実際にはこういうエリアでこそ、グアルディオラのチームがいかにボールポゼッションに秀でているかがよくわかる。最初のパスがもう一人のCBへと出されると、少なくとも相手FWが対応できるまではプレスを逃れることができる。そうするとシティには、ハーフスペースの高いラインに位置するデ・ブルイネの足元へボールを入れるために必要な縦のパスコースが生まれる。

2人の「8番」が異なるラインに位置するメリット

シティの2人の「8番」がピッチ上の異なるラインにポジション取りをしている場面はよく見られる。一人はボールに向けて深く下がり、もう一人は高い位置を保っている。こうすると相手は、シティの中央の選手2人を止められるような守備構造を簡単には構築することができない。

この例における最初のパスのような一定方向へのショートパスは、シティの用いる一般的な戦術コ

【図41】

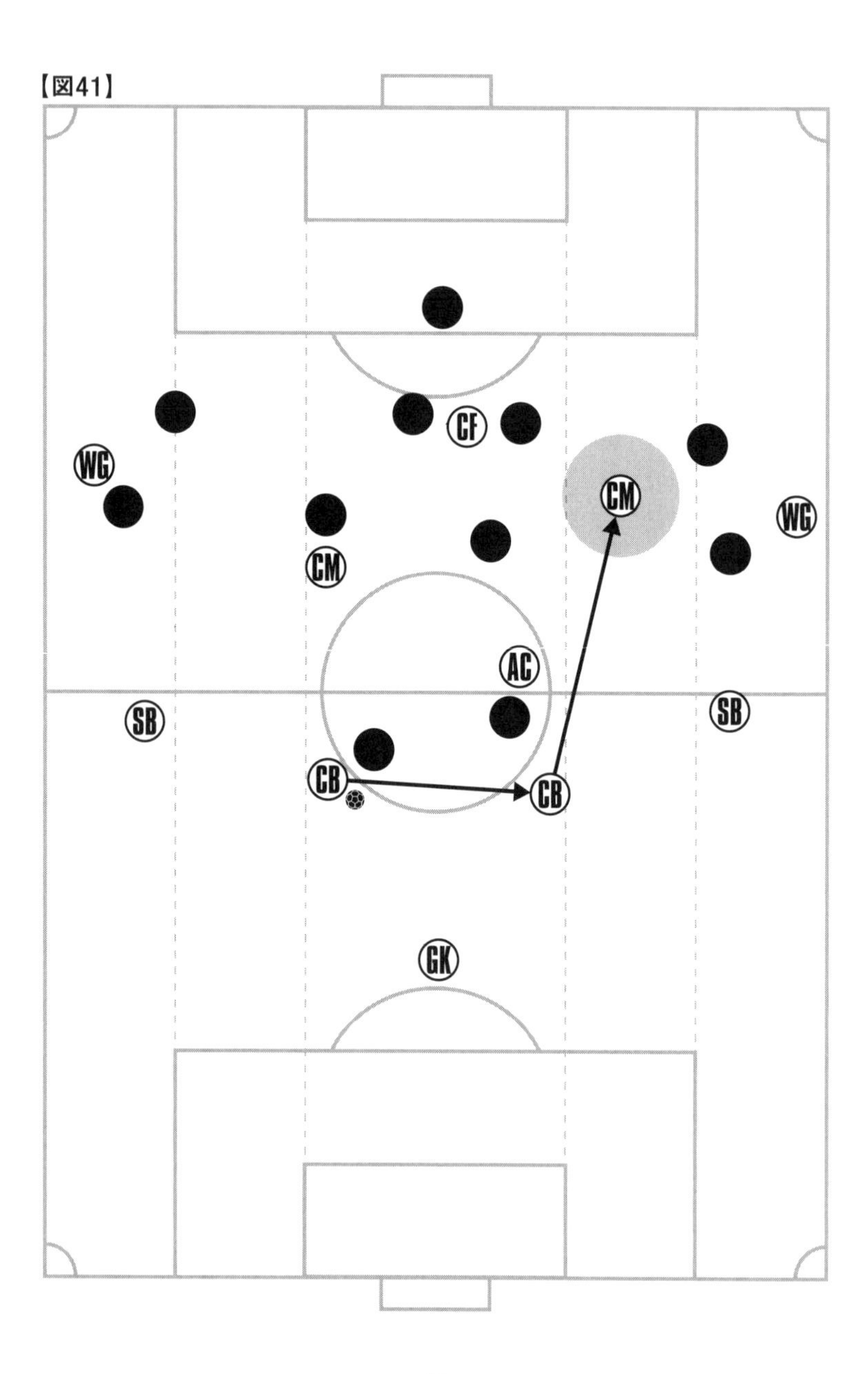

ンセプトの一つだ。こういったショートパスは、単にボールを繋ぐだけの目的で多用されると思われがちだが、実際には2つの意図に基づいている。一つ目は、相手がボールにプレッシャーをかけようとして守備位置から移動するように誘い出すこと。そうなれば相手の守備構造にはスペースが空くことになり、シティはそこを容赦なく効率的に利用することができる。2つ目の意図は、この例のように、縦方向のパスの選択肢がある味方選手にボールを移動させることだ。最初にボールを持っている選手は、前方へのプレーを相手のプレスによりブロックされてしまっている。だが、シンプルな横パスを通すことで、ボールを受けた選手は前方へと展開し、1本のパスでファイナルサードに到達することができる。

最終ラインの選手がボールを持っている時には、「8番」の一人が深いエリアへとポジションを下げてパスコースの選択肢を作り出し、ボールを前へ進められるようにするのが一般的だ。この時、「8番」の選手は必ずハーフスペース内にとどまり、CBとSBの間に選択肢を作り出すようにしている。深いエリアからボールを進める助けとなるために2人の「8番」がどのように動くかについては微妙に異なるパターンがあり、それぞれに関して多少の説明をしておくべきだろう。**図42**では、4－1－4－1の形でプレスをかけてくる相手に対し、シティが簡単にはボールを進められず苦戦している状況を示している。3人の中盤の左側に位置するD・シルヴァがポジションを下げてボールの前進を助けようとしているが、この動きによりD・シルヴァは事実上、最終ラインに入って2人のCBに連なる形となる。D・シルヴァがこの位置に下がると、通常は左SB、あるいは「4番」がローテーションしてD・シルヴァの空けたスペースを埋め、D・シルヴァがボールを前にパスする選択肢を与えよ

【図42】

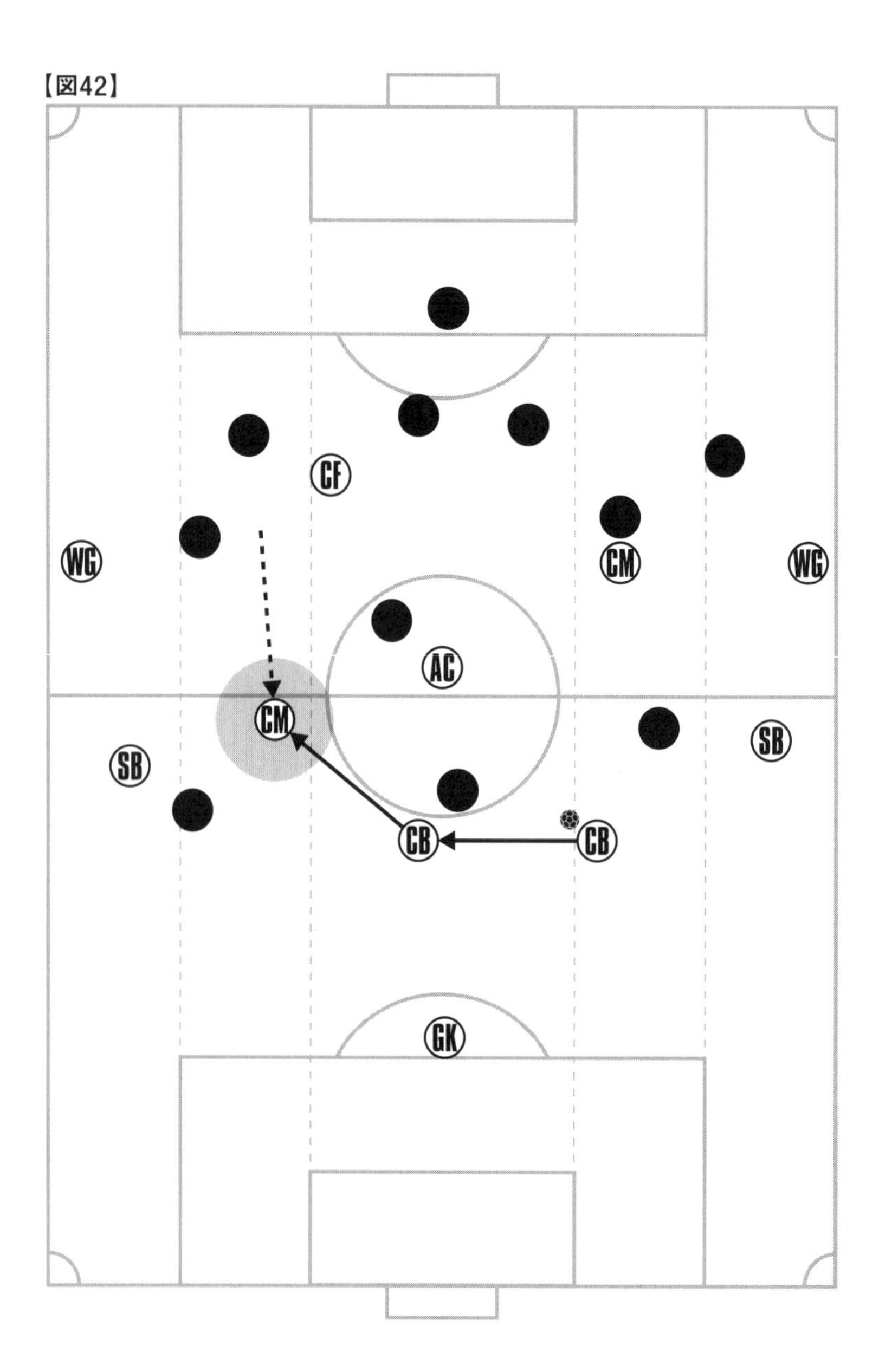

うとする。

ここで先程述べた2つの意図、言い換えれば2つの原則に立ち戻らなければならない。中央のエリアへの最初のパスでは、ボールを受けた選手が縦へ展開する選択肢は生まれなかった。だが、D・シルヴァの動きによって可能となった2本目のパスにより、縦へのパスを出すことが可能になる。

縦へのパスを出すことができれば、シティは相手のプレッシングのラインをくぐり抜け、ファイナルサード、あるいはその近辺でのチャンスメークに繋げることができる。

図43では、ボール方向に向けた動きの2つ目のタイプを示している。CBがボールを持ったところで、相手は3人のFWの選手がプレスをかけ、シティが通常ボールを進めるために用いるパスコースの選択肢にほぼすべて対応している。今回はD・シルヴァがDFラインではなく「4番」と同じラインまで下がってきて、本章で説明したようなダブルボランチの形を作り出す。ダブルボランチはグアルディオラの率いるシティで常に用いられるコンセプトではないが、必要に応じて形成される場合もある。この例においては、D・シルヴァはスペースで縦パスを受け、そこからターンして前方へボールを運ぶことができる。

相手がハーフスペースを潰してきた時の対処策

シティの2人の「8番」が、相手の中盤やその周辺でスペースを活用できるようなハーフスペースにポジション取りをすることで、彼らに利用されるスペースを潰したい相手チームは極端な対応を取

【図43】

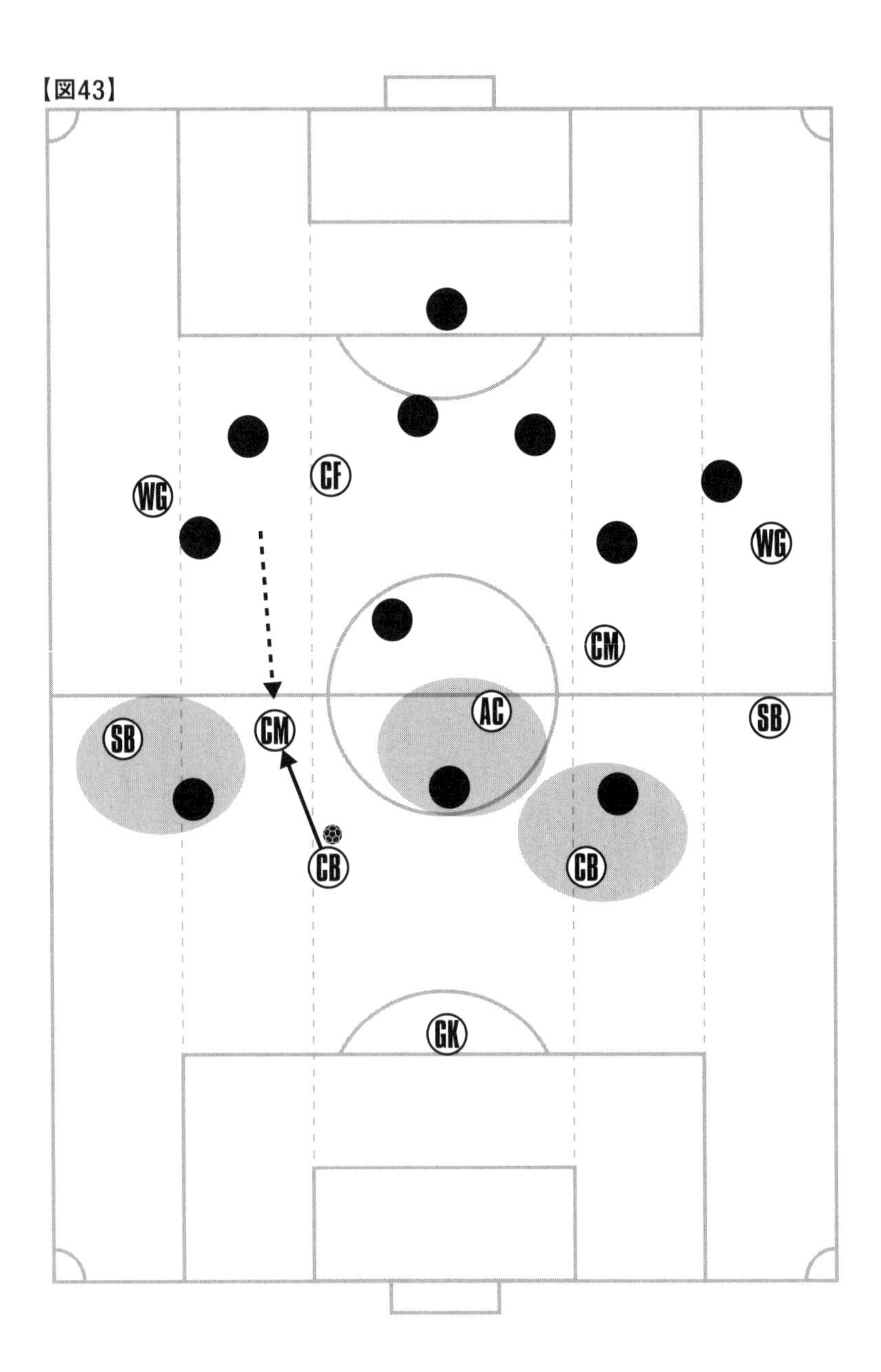

る場合もある。相手チームの中盤ユニットが後退し、シティが通常ビルドアップを開始するポジションよりも後ろにコンパクトなユニットを形成してしまうような形だ。だが、こうなった場合でも、やはりグアルディオラは対処する策を準備している。

図44では、相手が極端にコンパクトな4－4－2システムで守備を固めている。「4番」が相手陣内でボールを持っていても、ボールに対してはそれほどプレッシャーがかけられていない。

上記の例において相手チームは、シティがピッチ上の中央のエリアから攻め込んでくるのを止めたいと考えており、2人の「8番」のどちらにも容易にパスを出させようとはしない。そこでボールを進めるために重要となってくるのは両WGとSBだ。

2人のSBが内側のハーフスペースへと移動し、「4番」と同じラインにポジションを取る。両WGは普段通り、極端に高いラインのタッチライン際に張っている。シティはSBを経由してWGへと難なくボールを進めることができる。

相手の守備ブロックがリアクションを起こしてくるのは、ボールがこのタッチライン際のエリアに入った時だ。ボールが外に開かれると、相手はシティのWGにその高いエリアでボールを持たせるのか、ボールに詰め寄ってプレスをかけに行くのかを決断しなければならない。シティのWGがこのエリアで発揮する力を考えれば前者は危険な選択肢となる。

ボールにプレスをかけに行ったとすれば、「8番」が再び息を吹き返し、相手の守備構造の内部や周辺で空いたスペースを使える状態となる。彼らはそのスペースに侵入し、WGと連携しつつプレーすることが可能となる。

【図44】

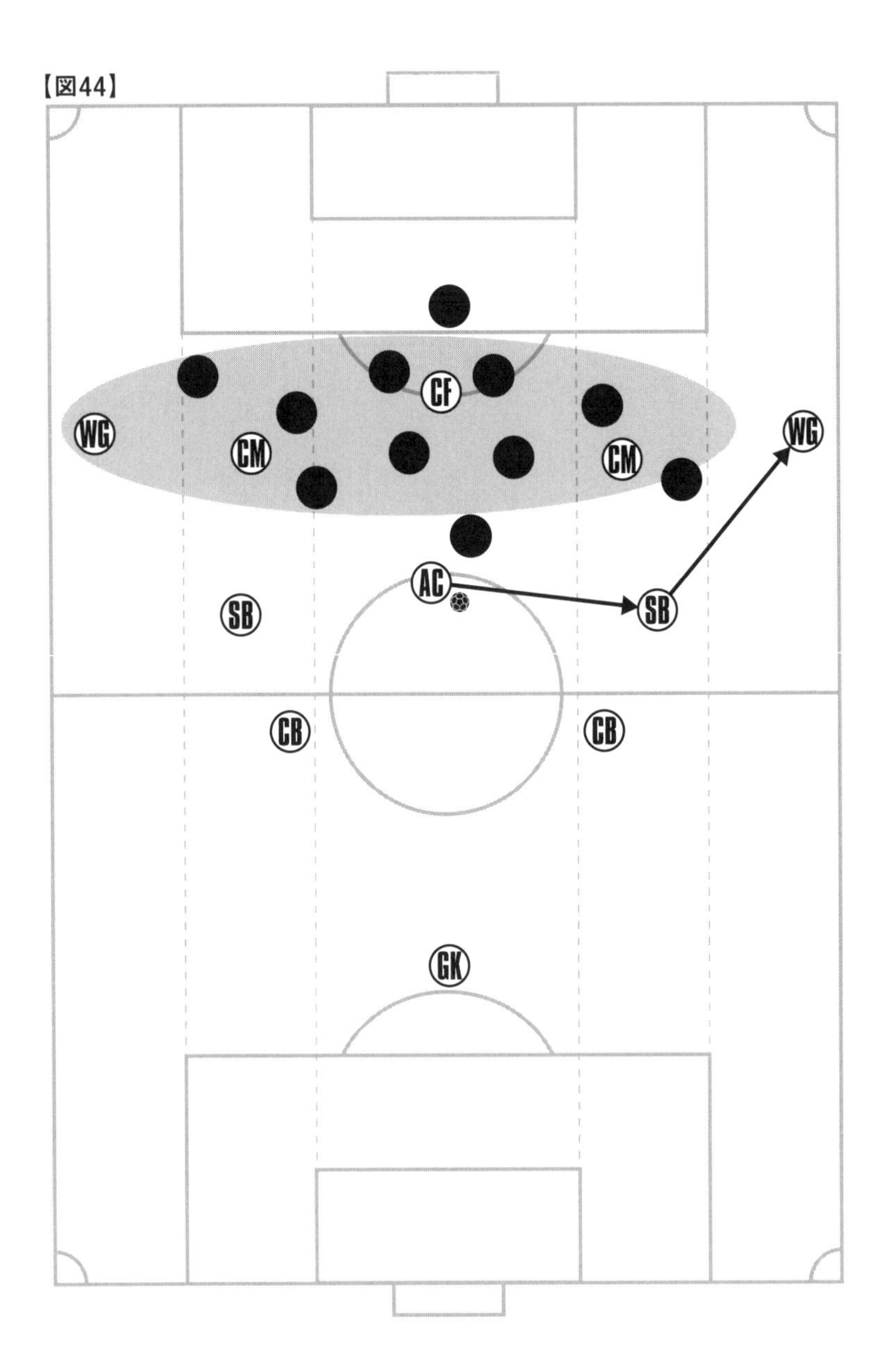

「8番」とWG&CFが連携しつつ効果的な攻撃を繰り出す

ピッチ上の両サイドにおいて、シティの「8番」はWGと連携しつつ、効果的な攻撃を繰り出すことができる。一方で、CFとの連携プレーも同様に効果的となる。グアルディオラがファイナルサードで実行したいと考えているサッカーの中で、2人の「8番」がいかに欠かせない存在であるかを十分に理解するためには、その点を見ていかなければならない。ここでも2人の選手がハーフスペースにポジション取りをすることが重要なカギとなる。

図45では、シティの左SBがボールを持ち、タッチライン際のエリアからボールを進めたいと考えている。D・シルヴァは左WGの少し内側、ハーフスペースとサイドのエリアのちょうど境目のライン上付近に位置している。

相手選手のポジショニングからは、シティが中央のエリアへ侵入できるようなパスコースを消そうとしていることが見て取れるが、シティには左サイドのエリアで3対1のオーバーロードを作り出せるチャンスがある。まずWGにパスを送ると、相手DFはこのパスによって現在のポジションに釘付けにされ、サイドの選手とD・シルヴァの間に入って両者を分断することが事実上不可能となってしまう。ボールがサイドに出された状況で後退するリスクも冒すことはできない。

大事なのは次のパス、そして素早いコンビネーションによってDFを孤立させ、オーバーロードを作り出すことだ。ボールを素早く中央のD・シルヴァに繋ぐと、DFは対応せざるをえない。DFがポジションを移そうとしたところで、WGはすでに動き出しており、ボールの向こう側の斜め方向へ

【図45】

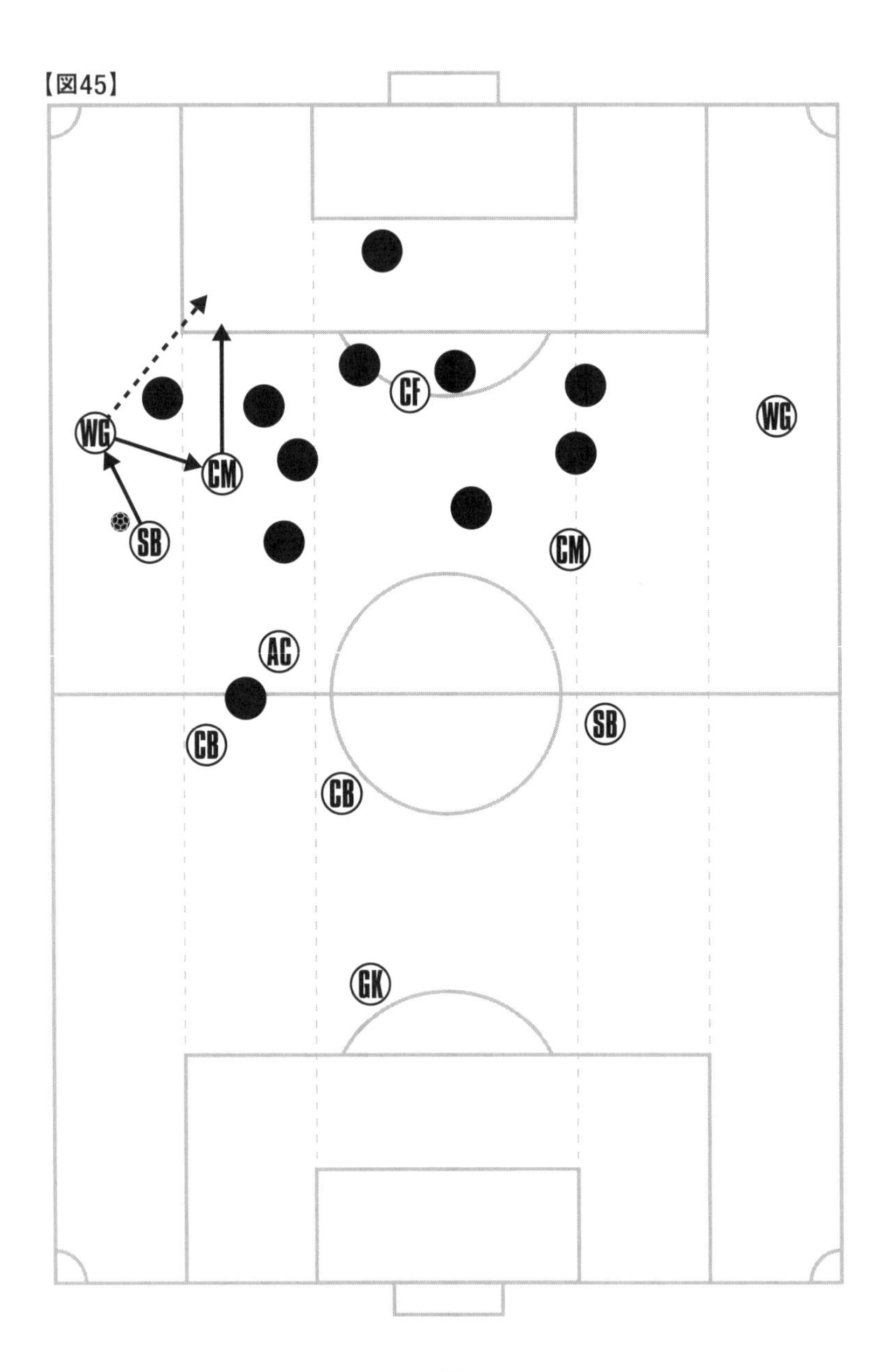

スを返す。

と入り込んでいる。これでオーバーロードの形は完成し、D・シルヴァはWGの進路へとリターンパスを返す。

図46でも同様のパスが用いられている。シティがピッチ上の右サイドから、今回は右のハーフスペースに位置するデ・ブルイネを経由してボールを運ぼうとしている。まずデ・ブルイネへの縦パスが入ると、そこからノーマークのSBへとボールを戻すことができる。すでに述べてきたように、グアルディオラが率いるシティの最優先事項は、相手のライン間を通す縦パスを送ることだ。「8番」のポジションでプレーしている選手にボールが渡るやいなや、WG、あるいは十分に高い位置にいる場合にはSBが、DFラインの裏へのダイアゴナルランをスタートさせる。「8番」の選手が持つ技術力と視野を全面的に信頼しており、その裏への走りを見ていること、そこへのスルーパスを実際に通してくれることがわかっているからだ。

グアルディオラの4－3－3システムでプレーする2人の「8番」は、新しいタイプのMFだと言える。守備フェーズにおいてもプレッシングをかけパスコースを消す力を持っているが、攻撃フェーズに入るとさらに生き生きとする。ボールの前進を助けるため下がってくる動きも、スペースでボールを受けるため高いラインにポジションを取ることも、視野の広さと自由な表現力を活かしつつ実行している。これは、かつて本格的な「10番」の専売特許であった能力である。さらに驚かされるのは、どの選手が「8番」に入っても同じようにプレーできることだ。異なるプレースタイルを持った選手たちが、過去2シーズンを通して「8番」として十分なプレー時間を与えられてきた。その結果、シティがファイナルサードでボールを動かすやり方にはある種の多様性がもたらされている印象がある。

【図46】

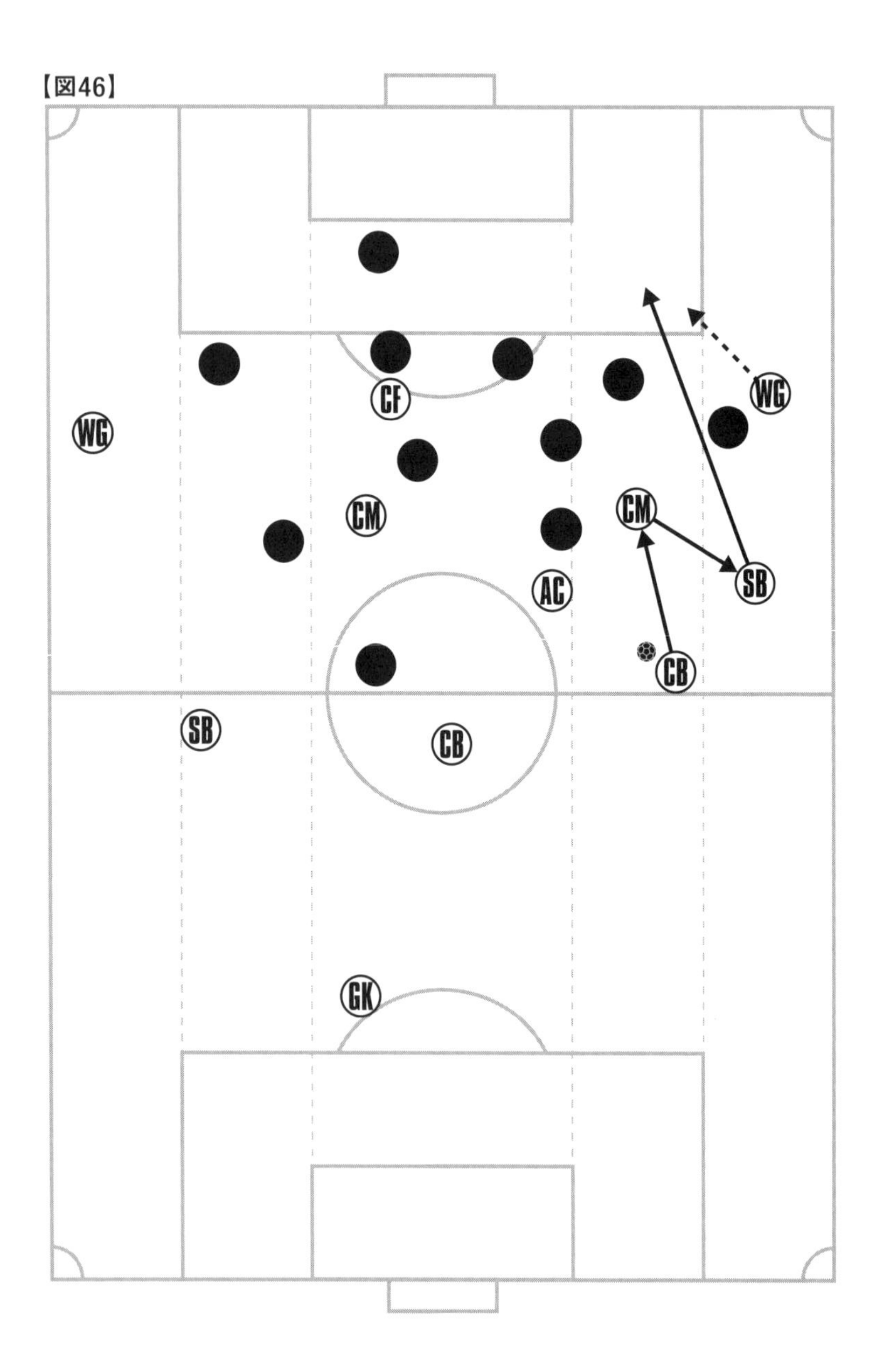

SCRIPTURE OF POSITIONAL FOOTBALL

08

カイル・ウォーカー

もともとのスピードとパワーに加えファイナルサードでの決断力も洗練

グアルディオラの就任1年目は、彼のチームの高い水準に照らし合わせれば低調なシーズンとなった。メンバーを入れ替えてチームを再構築する必要があるというのがシーズンを終えた時点での彼の認識だった。2年連続リーグ優勝と昨季の国内3冠を成し遂げた現在の視点で振り返った上で、グアルディオラはシティの行う巨額投資の恩恵によって成功を収めてきたと主張したがる者もサッカー界には一定数存在している。もちろんこういった指摘も、それ自体は理解できるものではある。だが、見落とされがちなのはグアルディオラ就任後のシティが行ってきた補強が、いかに的確かつ効果的であったかという点だ。

就任2年目を迎えるにあたって、グアルディオラとスタッフは、2016-17シーズンを通してSB陣の貢献度が明らかに不足していたことにはっきりと気がついていた。そこでまず報じられたのは、グアルディオラは彼の率いたバルセロナでプレーしていた右SBのダニ・アウヴェスをチームに加えたがっているという話だ。

結局アウヴェスはオファーに応じず、パリ・サンジェルマンへ移籍することを選んだ。だが、シティはこの失敗後にすぐさま果断な対応を取り、トッテナム・ホットスパーで右SBとしてプレーするイングランド代表のカイル・ウォーカーと契約を交わした。

シェフィールド・ユナイテッドの下部組織出身のウォーカーは、クラブでも代表でもファーストチョイスの右SBとして確固たるポジションを手に入れていた。だが、そこに至るまでの彼のキャリアの歩みは、他の多くのSBほどシンプルなものではなかった。

ウォーカーはシェフィールド・ユナイテッドでトップチーム昇格を果たしたあと、わずか2試合に出場しただけで、同じユナイテッド下部組織出身のカイル・ノートンとともにスパーズへ移籍することが合意に達した。フレキシブルな能力を見せていたウォーカーは、契約を交わした時点ではまだ、右SBと左SBのどちらでプレーしていくことになるのか、はっきりとはわからなかった。このユーティリティ性は後々、グアルディオラのシティでのウォーカーの起用法を考察する上で興味深い要素となる。

スパーズの選手となったウォーカーだが、トップチームで活躍するまでにはしばらく待たなければならなかった。ロンドンのクラブとの契約条件の一部として、翌シーズンの1年間はシェフィールド・ユナイテッドにレンタルされる形となる。少なくとも、まだ若かったウォーカーがプロの試合にしっかりと慣れるためには意味のある期間だった。だが、レンタル生活はこれで終わりとはならず、その後の2年間はクイーンズ・パーク・レンジャーズとアストン・ヴィラにレンタルされる。丸々3シーズンのレンタルを経てようやく、スパーズで力を発揮するチャンスがウォーカーに与えられた。

シーズンが進むにつれて、ウォーカーは徐々にレギュラーポジションを確保していった。若かった彼は、もともとトップレベルのスピードは持っていたが、この頃までに筋力も高めたことでプレミアリーグのフィジカル面の厳しさにも耐えられるようになっていた。さらに、彼のプレーのその他の面も徐々に向上し始めているのが見て取れた。攻撃時にも守備時にもポジショニングをより意識するようになり、試合を読む力、チームにとってプラスとなるポジション取りをする能力がさらに洗練されてきた。ウォーカーの成長に関してもう一つ重要だったと言えるのは、ファイナルサードでの決断力や、そういったエリアで技術を発揮する力も見せ始めたことだ。もともとスピードとパワーのあった彼は相手DFラインの裏のスペースに飛び込むことはできていたが、いつどのようにラストパスを出すべきかを理解し、その動きを最大限に活用する能力も兼ね備えるようになった。

シティがウォーカーに着目し、推定5300万ポンドという巨額を投じて彼と契約を交わしたのもまったく驚くべきことではないだろう。グアルディオラが自身のチームのSBに求めるダイナミックな能力を持った選手であり、チーム内で新たな役割を学ぶことができる柔軟性と意欲もすでに示していた。イングランド代表であるウォーカーをチームに加えることは、プレミアリーグのメンバー登録規定に従う上で、シティにプラスになるというのも悪くない一面だった。ホームグロウンプレーヤーに関する現行規定では、25人のメンバーのうち少なくとも8人は、21歳になるまでに3年間以上イングランドのクラブに登録されていた選手でなければならないと定められている。

事実上の右CBと「4番」と同じラインのCMという二つの役割を持つ右SB

シティでのウォーカーのこれまでのキャリアは、文句なしの成功だった。グアルディオラにとっては完璧なSBだ。高い運動能力と技術力を持ち、シティがボールを持っている際にはWGの外側からオーバーラップ、あるいは内側からインナーラップの形を作り出すことができる。また、シティでのキャリアを通してウォーカーは少々異なる2つの役割で起用されてきた。シティはボールを保持している時、事実上CBを3人並べる形を取る場合がある。左SBは高いラインへ前進し、ウォーカーは深いラインを保つことで、他の2人のCBとともに3人が連なる形を形成する。もう一つは、ウォーカーを偽SBの役割に起用する形だ。これはグアルディオラがバイエルンを率いていた際に特に盛んに用いていた手法だった。両SBのアラバとラームが中央寄りに移動し、ほぼCMであるかのようにプレーしていた。相手が深く引いて受け身の守備ブロックを形成するような試合では、グアルディオラはシティでも同様の戦い方を選んでいる。ウォーカーが中央に寄り、シティのシステム内で「4番」と同じラインに位置してプレーする形となる。

ウォーカーがシティのチーム内でこういった多様な役割を演じられる技術的、戦術的能力を有しているとグアルディオラが考えていることは、それだけこの右SBを高く評価している証拠に他ならない。また、グアルディオラが自らのチームの選手に継続的な成長を促す力を持った監督であることも改めて示されている。ウォーカーは、現代サッカーに必要なフィジカル適性を持ったトップクラスのSBとしてシティにやってきたが、ボールを持った局面で彼がCMとしてプレーできるようになることを予想していた者はほとんどいなかった。だが、そこを見通していたグアルディオラはウォーカーを成長へと導き、その役割を務めるために必要な戦術的情報を余すことなく植え付けていった。

以前の章でも見てきたように、グアルディオラは両SBの演じる役割に非常に強い重点を置いている。このポジションの選手には、シティのシステム内で3つか4つほどの異なる機能を担うことが求められる。だが、ここで一つ注意が必要なのは、それぞれのSBがこの役割を演じるやり方は、その選手の個人特性に応じて変化するという点だ。

【カイル・ウォーカーの取扱説明書】

1　効果的な前進

サッカーにおいて選手の特性は、当然ながらその選手に固有のものだ。同じポジションでプレーする2人の選手が、同じチームで監督から同じ指導を受けたとしても、プレーはそれぞれの特徴に応じて異なってくる。ウォーカーとダニーロは両者ともにシティで右SBとして起用されてきたが、ダニーロはボールをサポートするため深いポジションに残るか、サイドのスペースが空いていればそこへ上がっていくことが多いのに対して、ウォーカーの動きには、はるかに細やかなニュアンスがある。

最初に認識しておく必要があるのは、ウォーカーがサイドのエリアへと前進していく時、その動きがいかに効果的であるかだ。その例を**図47**に示している。ボールがWGから、ハーフスペースに位置する「8番」へ戻されると、相手の守備選手はボールの位置に集中させられてしまい、右サイドにはスペースが空くことになる。ここがウォーカーの抜け出すスペースとなる。ウォーカーは最も近くにいる相手選手の視界の裏側からアウトサイドへ走り込むことで、ボールを持っている味方選手に対してパスコースを作り出し、斜めのパスを受けて抜け出すことができる。

高いフィジカル能力を持ち、スピードとパワーに優れるウォーカーにとっては、シティのシステムの中で相手の守備ブロックを突破するため、そのスピードをいつどのように使うかを理解することが重要となる。

【図47】

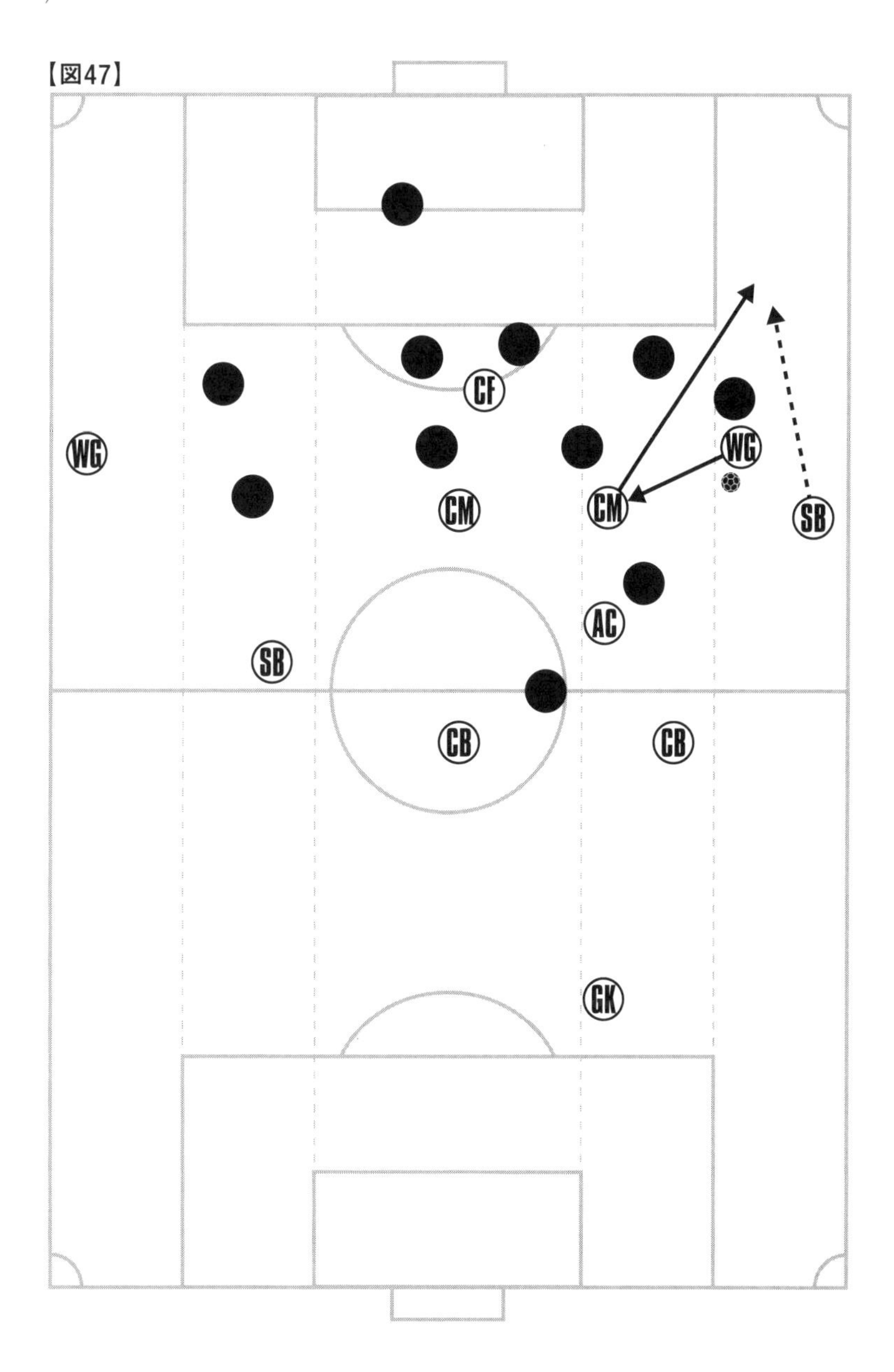

2　角度の提供

もちろんウォーカーは、シティがボールを持っている際に、右サイドで地味なアクションを実行しなければならない場合もある。これは特にシティがまだポゼッションを確立する前の、途中の段階で見られる場合が多い。各選手が攻撃フェーズにおいて取ることが求められるポジションへ移動しようとしている段階だ。こういった状況では、ウォーカーはすぐにサイドのエリアの高いラインへ移動しようとはせず、ボールを持っている選手にサポートを提供できるような角度を作り出そうとする。

図48においてその例を示している。右側のCBがボールを持った状況で、右サイドの最前線にいた選手は小さな斜めの動きでサイドのエリアを離れ、ハーフスペースへと入ってくる。この動きによってサイドのエリアが空き、ウォーカーはそこへ入り込むことが可能となる。だが、スペースが生まれた時点ですぐに高いラインへ移動するのではなく、ウォーカーはやや深いポジションを維持することで、DFが出すパスをはるかに簡単なものとする。

ここでウォーカーが動かないのは、シティが攻撃フェーズを適切に展開していくために欠かせない判断だ。ウォーカーがボールを受けると、シティは少し前の位置で起点を作ったことになり、そこからプレーを進めることができる。最初のラインのCBから、次のラインのウォーカーへボールを動かすことで、ファイナルサードへの次のパスははるかに出しやすくなる。このエリアでウォーカーがパスを受けると、彼には3つのパスコースの選択肢が生まれてくる。WGはハーフスペースに残ってサポート的なポジションを取り続けるが、ボール前方ではハーフスペースの高い位置にいた「8番」が

【図48】

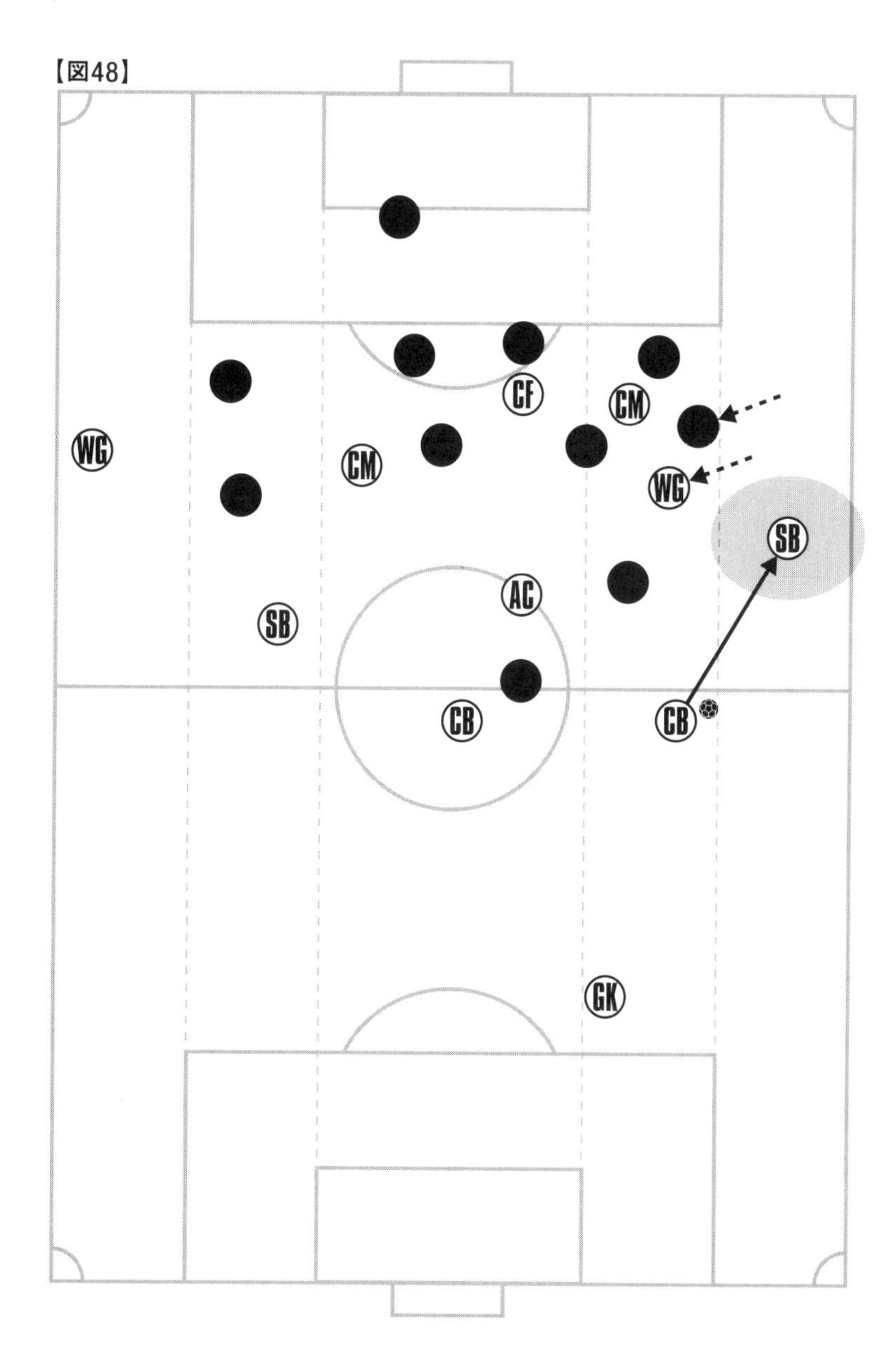

横方向へ移動し、サイドのエリアを占める。この動きによって相手の守備選手一人がポジションから引き出され、ハーフスペースが空くことになる。すると今度はCFが斜め方向へ走ってハーフスペースに入り込むチャンスが生まれてくる。ここでウォーカーにはボールを進める選択肢が3つ存在する。内側にパスを出すか、タッチライン際の前方へ開くか、CFが走り込むペナルティーエリア内にスルーパスを通すかだ。自身の務めるポジションに対して、また周囲のシステム全体に対して戦術面で何が求められているかをウォーカーが理解していることが、やはりこの場合も重要となる。

3 スペースの特定

ウォーカーが自らのポジショニングや動きについて意思決定を下す際に把握しておかなければならない情報の中でも特に重要なのは、前方に位置するWGのポジショニングである。選択肢は比較的シンプルなものだ。WGがタッチライン際のエリアにいるのであれば、ウォーカーはハーフスペースへと移動する。WGがハーフスペースへ入り込む場合にはウォーカーはタッチライン際のポジションを占める。もちろん、右サイド側の「8番」のポジショニングも考慮に入れれば全体像はより複雑なものとなる。ここでもやはり、「8番」を務める選手の個人特性が攻撃時のウォーカーのポジションを規定する場合もある。例えばデ・ブルイネは、中央のエリアに残ることが多いタイプであり、ウォーカーは空いているハーフスペースを使うことができる。一方でB・シウヴァは自らハーフスペースに流れてくる。ウォーカーがシティで果たす役割においては、前方の戦術的構図を理解すること、自分の使うべきスペースがどこであるかを特定することが重要となる。

図49では、ウォーカーが斜め前方向へと走り込み、自身のサイド側のハーフスペースを使うことができる状況を示している。ここで彼が意識しなければならない重要なプレーは、「8番」とWGの間を繋ぐパスである、このパスが出されると、ウォーカーはハーフスペース上の高いラインへと斜めに走り込んでいく。この動きによりタッチライン際のWGは、ペナルティーエリアを脅かす位置へと前進していくウォーカーの侵入路へスルーパスを通すことが可能となる。

ウォーカーがシティで果たす役割に関連して、おそらく最も印象的な部分だと考えられるのは、過去2シーズンを通して彼が見せてきたパスコースやパス角度に対する理解度の高まりだろう。キャリア初期の彼はより単純なタイプの選手であり、深いエリアか前寄りのエリアのどちらかでボールを受けると、その次に実行しようとするプレーの種類はせいぜい一つか二つしかなかった。最も近くにいる相手の守備選手に対してドリブルで仕掛け、1対1の状況で優位に立とうとするか、ペナルティーエリア内へのクロスを上げるかのどちらかだ。彼の思考に曖昧な部分はなく、ペナルティーエリア付近での緻密なビルドアップに絡もうという考えもなかった。

4 守備構造の穴の認識

だが、グアルディオラの指導を受けた過去2シーズンで、ウォーカーのサッカー観や理解度は大きな変化を見せてきた。**図50**に示すような状況もその到達点の一つだ。

【図49】

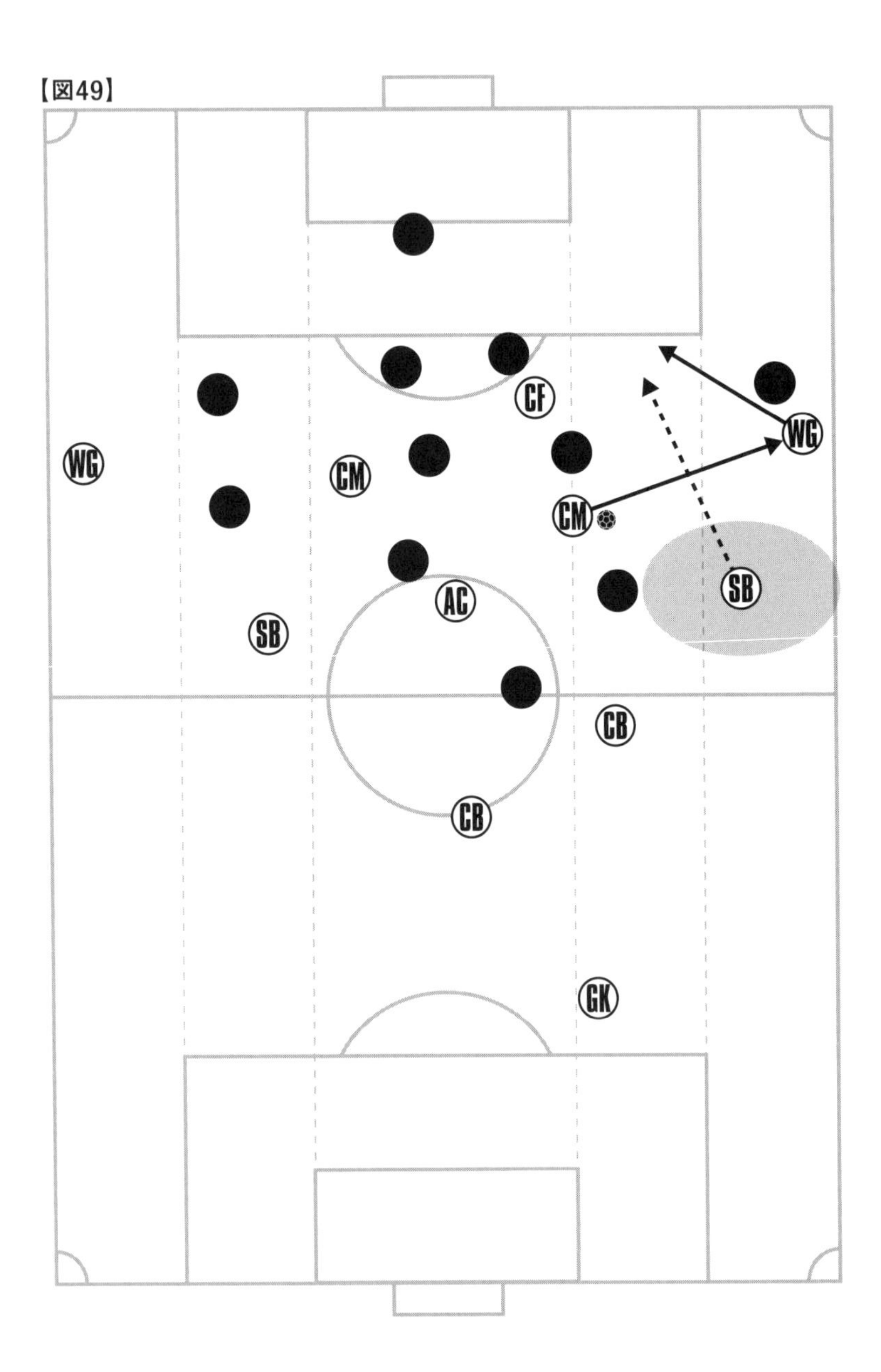

【図50】

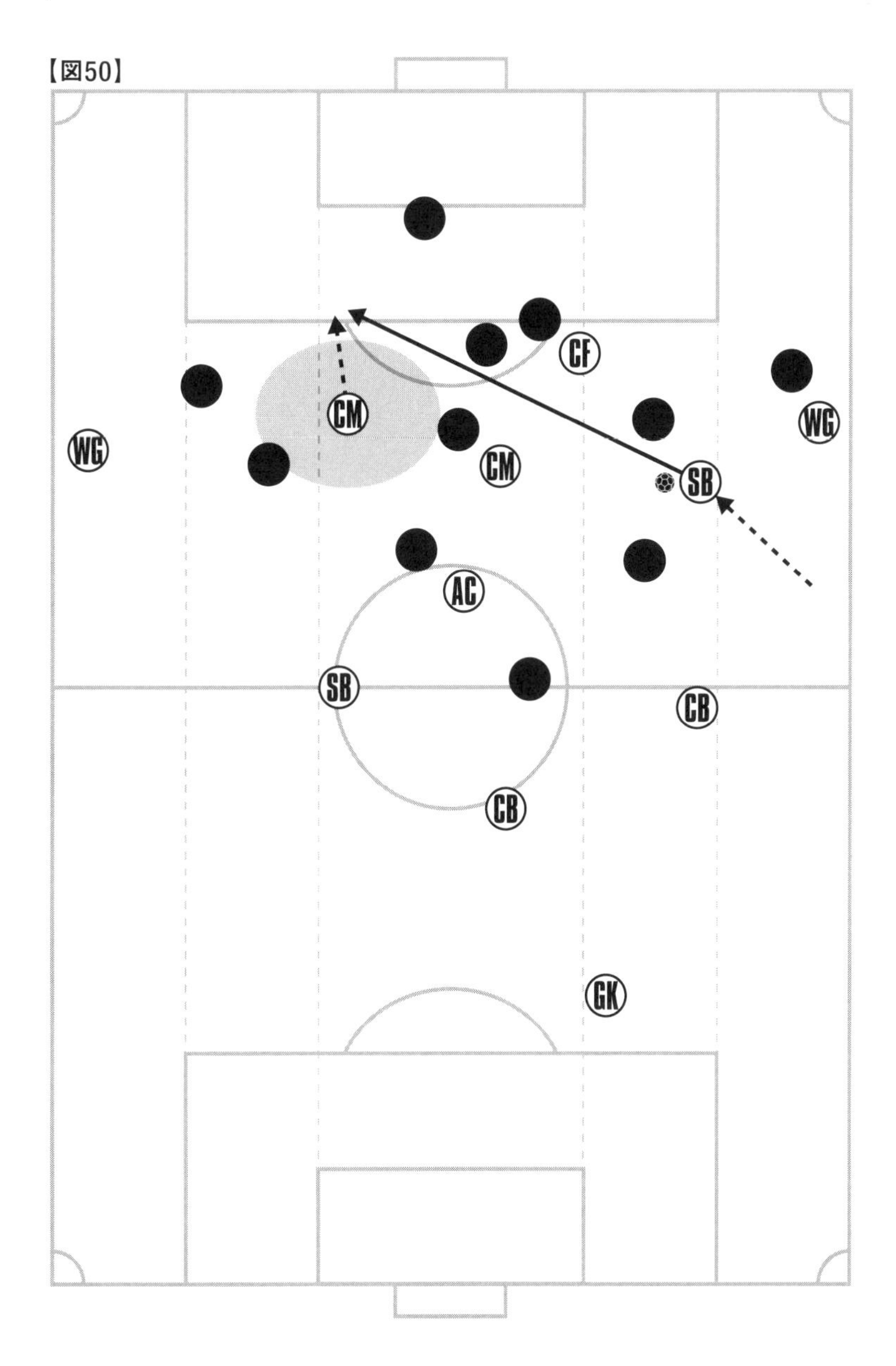

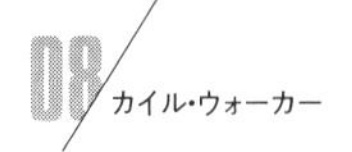

この例においてもウォーカーは、ファイナルサードに侵入する際にハーフスペースを使っている。今回異なっているのは、パスを受けるために斜めに走り込んだのではなく、彼自身が足元にボールを持ちドリブルでこのポジションへ移動してきた点だ。ウォーカーがタッチライン際のエリアからハーフスペースへとボールを持ったまま入り込むと、ボールを奪おうとする相手の守備選手一人が彼を追いかけ、本来のポジションから移動することを強いられる。以前のウォーカーならここで手詰まりとなり、スピードとパワーを活かして相手DFを突破することを試みていた。だが、今のウォーカーには、相手の守備選手がボールをチェックするために移動したことで、反対側のハーフスペースに守備構造の穴が生じていることを認識できる能力と視野がある。このパスコースを見つけるだけでなく実行に移し、そのスペースからペナルティーエリア内へ入り込むチームメートを走らせることができる。

5 「4番」と同じラインへ移動

攻撃フェーズにおいてボールを前方へ進めようとする時、グアルディオラのチームにとって両SBが果たす役割の重要性はすでに見てきた通りだ。だが、こういったエリアにおいて、ウォーカーが務める彼ならではの独自の役割についても分析しておかなければならない。

ウォーカーが右SBのポジションでプレーする上での最も重要な特徴の一つは、シティがボールを持っている局面で発揮する並外れたユーティリティ性である。すでに述べてきたように、彼には周囲の情報を処理する能力があり、だからこそタッチライン際とハーフスペースのどちらでもプレーすることができる。また別の形として、シティが最終ラインからボールを進めようとする時、ウォーカーが深いポジションに残って「4番」と同じラインにポジション取りをする場合もある。

その例を**図51**において示している。ボールがシティのDFラインの右サイドにある時、ウォーカーが移動する明確な理由はないように感じられる。彼はボール保持者の次に連なる位置にいる選手であり、そのまま何の問題もなくパスを受けることができると想定される。だが、パスを受ける前にウォーカーは相手の守備陣形を確認している。彼の目の前には孤立した守備選手一人がいるが、ハーフスペースには守備側の選手はいない。単純に斜め方向へと走り込むだけでウォーカーにはスペースが生まれ、「4番」と同じラインの最初よりもう少し高い位置でボールを持つことができる。ボールをより前方の起点へと進めることこそがシティの最優先事項であることを思いだしてみよう。ここではウォーカーの小さなポジションチェンジがそれを可能とさせる結果となった。

6 右CBからの配給

ウォーカーがよく見せているプレーの最後の一つは、2人のCBと並んで最終ラインに残り、3バックを形成してボールを持つ形だ。すでに見てきたように、これはシティがボールを前方へ進めようとする上での比較的シンプルなメカニズムであり、相手の守備構造にスペースが空くまで最終ライン上でボールを移動させていく。スペースが生まれればボールを進めて前方のエリアへ入れ、シティはそこからさらに危険なプレーを展開していくことができる。

【図51】

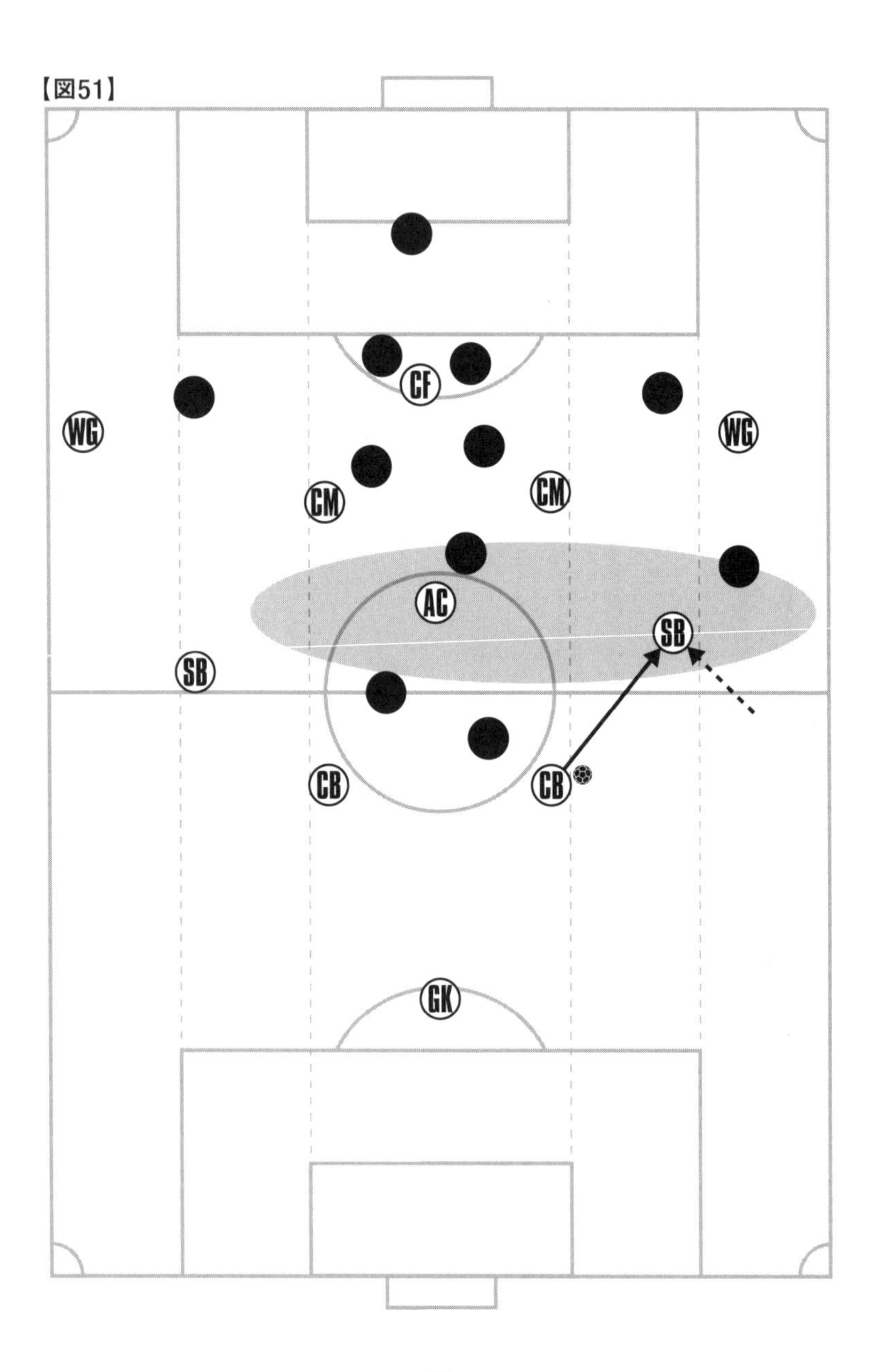

ウォーカーがシティに加入した当初、このイングランド代表右SBが補助的なCBとしてもプレーすることになると予想できた者はサッカー界にもほとんどいなかった。ウォーカーは新たな役割を学んだだけでなく、このエリアで求められる責任感も身につけ、ついには2018年ワールドカップでもイングランド代表の3バックの右CBとしてプレーするまでになった。

図52では、ウォーカーがDFラインの右サイドでボールを受ける形を示している。ウォーカーがこのエリアでボールを持つと、もちろん彼はまず相手のラインを破ることができるような前方へのパスを狙おうとする。それこそが常に優先事項だ。またウォーカーには、そのギャップに入り込んでボールを前方に運ぶことができる力もある。

相手の堅固な守備ブロックを崩そうとする時、こういった動きがきわめて効果的であることはこれまでにも論じてきた通りだ。ウォーカーがこのように前進することによって、相手選手一人が動いてボールに詰め寄らざるをえない。そうすると守備ブロックの別の場所にスペースが生まれ、シティはそこを利用することができる。

ウォーカーがシティに大きなインパクトをもたらした証拠として、今や彼は欠かせない存在となっている。攻撃フェーズにおいては前方の選手とスムーズに連携し、守備フェーズにおいては強固なブロックを形成することができる彼の能力はきわめて印象的である。SBというポジションは無視できないほどの変化の時期を経験してきたが、その役割の次なる進化を示している選手がここにいる。ウォーカーが見せる戦術的柔軟性は重要なポイントであり、彼の存在はグアルディオラにとって、右サイドの各所で優位なオーバーロードを作り出す上での貴重な可変部品となっている。

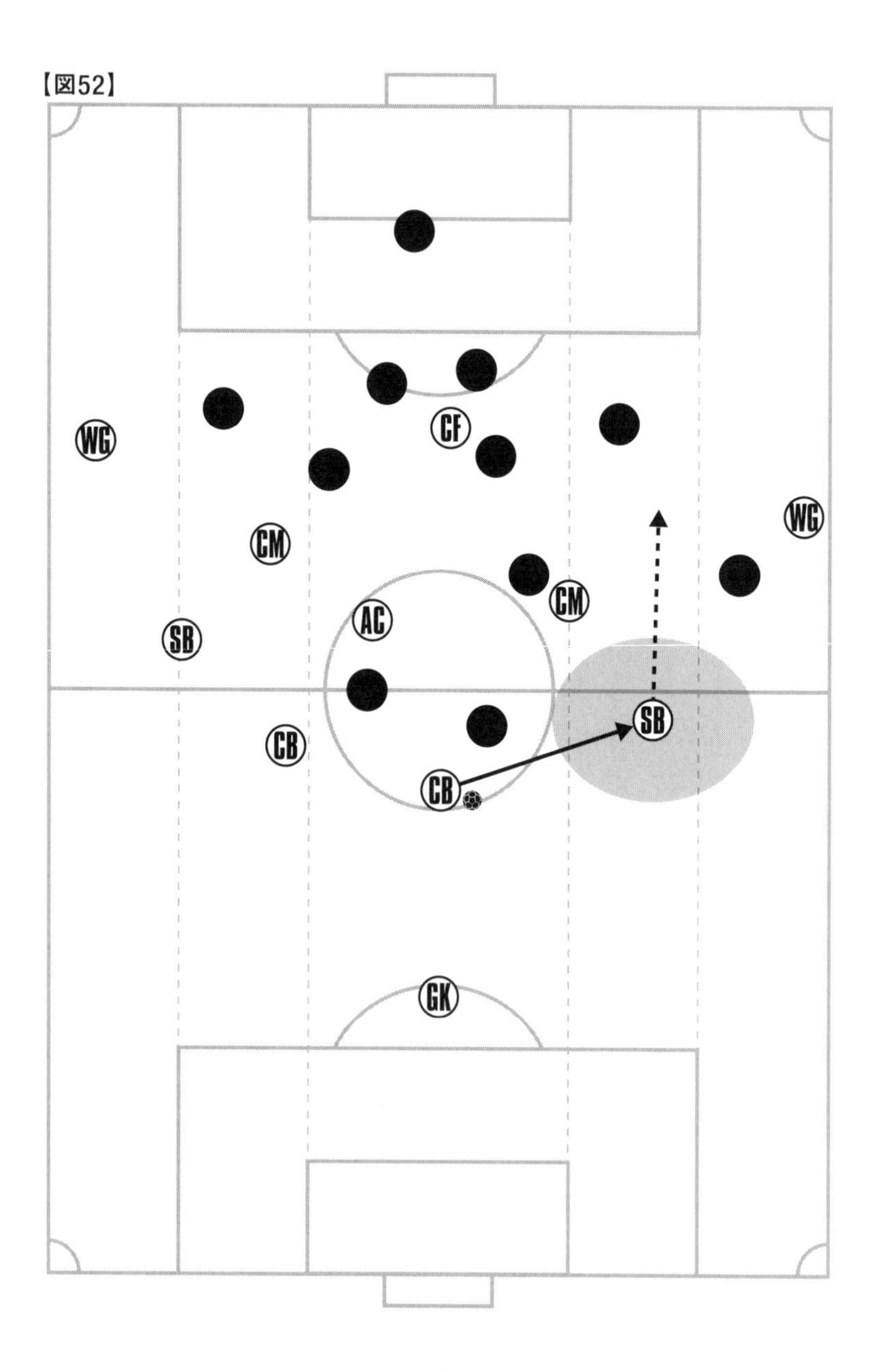
【図52】
WG
CF
WG
CM
CM
AC
SB
SB
CB
CB
GK

SCRIPTURE OF POSITIONAL FOOTBALL

09

ジョン・ストーンズ

コーチングスタッフの指導によりポゼッション時のミスが減少

グアルディオラが監督としてのキャリアを通して、バルセロナでも、バイエルンでも、そして現在率いるシティでも用いてきたゲームモデルにおいて最も重要なコンセプトは、何度も言うがおそらく、ディフェンシブサードから前線へとクリーンな形でボールを進められるようにする手法だと言えるだろう。

これを実現するためにグアルディオラは、CBにもSBにも、中盤をコントロールする「4番」にも、ボールを受けてパスを繋ぐプレーを難なくこなす技術と自信を持った選手を必要としている。CBが純粋に守備的な選手であり、相手の攻撃を潰すことだけを生業としていたような時代はもはや過ぎ去った。現代サッカーではCBにも、クリエイティブであること、足元でボールを扱うために必要な技術を有していることが求められる。そしてトップレベルのサッカーにおいて、この新たなCB像を誰よりも体現している選手の一人がジョン・ストーンズである。

イングランド代表DFでもあるストーンズは、故郷のクラブであるバーンズリーのユース組織で育ち、17歳の若さでトップチームデビューを飾った。バーンズリー守備陣の中央で、経験豊富なプロ選手に囲まれてもまったく見劣りしなかったことは、まだ10代だった彼が身につけていた能力と成熟度の証しだった。ヨークシャーのクラブに特別なタレントが誕生したことを人々が認識するまでに時間はかからなかった。当然ながらイングランド各地のより大きなクラブが彼の移籍の可能性と移籍金の額について調査を開始する。関心を示したクラブの中から、ストーンズはプレミアリーグの有力クラブであるエヴァートンへと移籍した。300万ポンドと報じられた移籍金は、あとから思えば破格の安さとなった。

まだ若い選手だったストーンズだが、エヴァートンのトップチームですぐに活躍を見せ始める。彼のボール扱い能力や守備のポジショニングは、クラブのファンやコーチングスタッフに大きなインパクトを与えた。グディソン・パークでプレーした時期に強烈な印象を残したストーンズは、20歳でイングランド代表デビューも飾った。この時もやはり、よりレベルの高い競争の中に置かれても、若いDFが物怖じすることはまったくなかった。

2016－17シーズンの開幕前にグアルディオラがシティにやってきたのと同時期に、クラブは推定5000万ポンドを投じてストーンズと契約を交わすことも決断した。マージーサイドのクラブにとっては巨額の利益となり、エヴァートンから将来的に他クラブへ移籍する際の移籍金の一定割合を受け取るという契約条項を設定していたバーンズリーの先見の明も的中した形となった。バーンズリーが受け取った金額は700万ポンドにも達したと考えられている。

シティがストーンズの獲得に関心を示したのもまったく驚くべきことではなかった。グアルディオラとの契約は、実際の就任よりもはるかに前から合意に達していたからだ。ニューヨークで1年間の休養を満喫していた時点で、彼は未来のシティの補強すべてに関与できる状況にあった。自らの戦術システムを機能させるためにはボール扱いに優れたDFが必要となることも強く認識しており、ストーンズはその条件に完璧に適合することが見込まれた。ただ、ストーンズにはボールを持っている際のプレーにいくつかの悪い癖もあり、シティの新たなコーチングスタッフの指導によりそれを矯正しなければならない課題もあった。

新たなクラブでの最初の数週間に十分なアピールをすることができたストーンズは、グアルディオラ体制初の公式戦で先発メンバーに名を連ねることになった。

しかし、グアルディオラのゲームモデルに必要とされる非常に綿密な要求に若いDFが応えようとする上では産みの苦しみもあった。ボールポゼッション時にミスを犯して相手にチャンスを作られたり、作られかけたりすることもあった。シティ監督就任当初のグアルディオラは、いつもそういったミスの責任を自分自身で背負い、問題が生じるのはストーンズに与えている複雑な指示の結果であると強く主張していた。

ファンやメディアからの批判に対して公の場でこういった対応を取るのは、グアルディオラの優れたマネジメントの一例だった。ストーンズ自身に対しても、チームの一員として信頼を置いていることを強調し、「ミスを犯すのは成長過程の一部だ」と言い続けていた。そういったミスが徐々に少なくなり、極度のプレッシャーを受ける状況でも最終ラインからスムーズにボールを進められるようになってくると、ストーンズはまさにこの役割に適任だと感じられるようになった。

グアルディオラが望む守備モデルを完璧に体現するクリエイティブなCB

2018－19シーズンを終え、シティが国内3冠を達成した現在では、ストーンズがこのシステムにしっかりと組み込まれたことがデータを通しても明確に示されている。2018－19シーズンを通しての守備面の重要パフォーマンス指標にざっと目を通してみるだけでも、ストーンズがトップクラスのＣＢとして十分に真価を発揮していることが描き出されているのがわかる。

まず、年間を通して空中戦の競り合いの勝率は64・８％という素晴らしい数字を残した。キャリア初期には空中戦での強さが足りないとも批判されていた選手であったことを考えれば、大きな成長が示されている。

同じ1年間に計１８９回のインターセプトを記録したことも、この若いＣＢがグアルディオラの要求する守備モデルに完璧に適応した証拠だ。今のストーンズはしっかりとプレーを読み、相手の攻撃が本当に危険となる前に食い止めることが可能となっている。

グアルディオラが率いるシティの最大の強みであるパスワーク面でのストーンズの働きぶりにも目を向けなければならない。２０１８－19シーズンを通して彼は３０００本以上のパスを成功させ、成功率は95％を記録した。パス成功率をさらに詳細に分析すれば、シティが過去2シーズンに栄冠を勝ち取ってきた中で、いかにストーンズが欠かせない存在であったかがよくわかる。前方へのパスの成功率は90％、ファイナルサードへのパスの成功率は88・5％を記録している。これは彼のデータが単に横パスやバックパスで水増しされているのではないことを示している。

過去2シーズンを通して、ストーンズはシティのジグソーパズルの中で重要なピースとして成長してきた。２０１８－19シーズン中には、グアルディオラがラポルテとヴァンサン・コンパニのＣＢコンビを好んで起用し、ストーンズがポジションを失った時期もあったが、彼がグアルディオラの望むスタイルのサッカーを完璧に体現するＤＦであることに変わりはない。

【ジョン・ストーンズの取扱説明書】

1　GKのパスコースを確保

グアルディオラ体制の初期の頃には、シティが最終ラインからボールを繋いでいく場面の動画が数多くソーシャルメディアで投稿されていた。ボールがGKへ戻されると、両CBが斜めへ走ってポジションを下げ、中央でのプレッシャーを避けつつGKにパスコースの選択肢を提供することで、サイドのエリアへの展開を可能とするような形だった。これは現在のシティでもよく見られる形であり、特にストーンズは素早くこの動きを実行することで知られている。

図53ではこういったタイプの動きが実行されるパターンを示している。ゴール前のエデルソンにボールが渡ると、相手チームはGKのミスを引き起こすため厳しいプレッシャーをかけようとしてくる。こういった状況ではGKがパニックに陥ってしまい、プレスを逃れるため長いパスを用いるケースも珍しくないが、エデルソンであれば話は別だ。このブラジル人GKは、普通ならフィールドプレーヤーにしかないようなボール扱い能力を身につけている。ストーンズがコーナー方向に向けて斜め後方へ走ってくることで、エデルソンにはプレスを逃れるために必要なパスコースが生まれる。

シティに加入した当初のストーンズは、パサーとしては有能ではあるが無難であり、バックラインからより高いラインへと繋いでいくプレーはほとんど見られなかった。現在では、自信を持って安全なパスを出すプレーは変わらないまま、チャンスが訪れた際に高いラインへの展開を求められても難なく応じることができる。この例でもストーンズは、GKからボールを受けると、相手の分厚い守備

【図53】

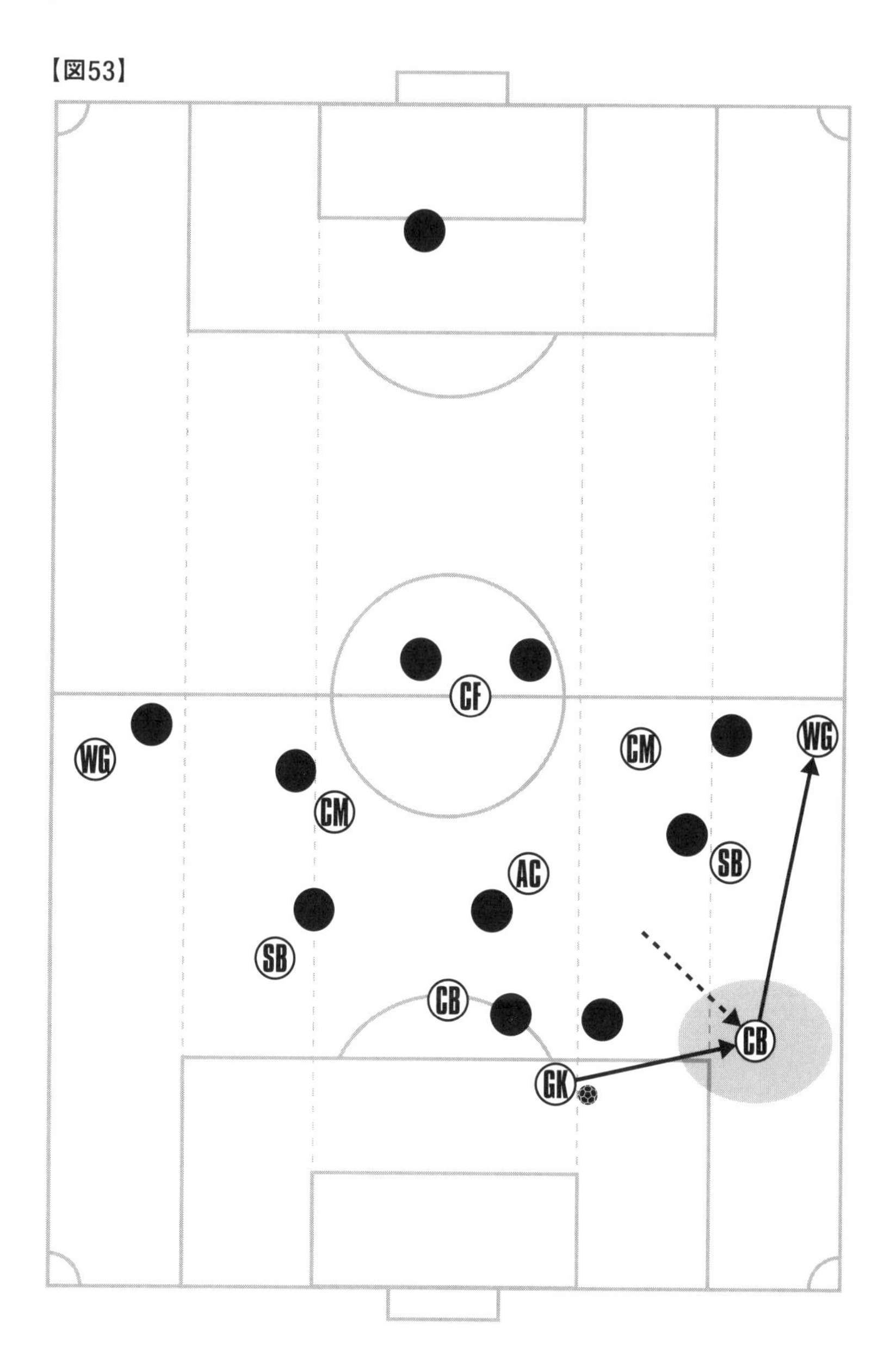

ブロックを回避してWGへとボールを展開している。

2 サイドポジションへ降下

図54でも同様の場面を示している。ストーンズはサイドのポジションへと下がり、GKからボールを受けようとしている。すぐに相手からのプレッシャーを受ける可能性のある狭いエリアでボールを受けられるように下がってくるのは勇気のいるプレーだ。だが、この動きによりストーンズはシティがボールを最終ラインからミドルサードへと進められるチャンスを作り出している。すでに見てきたように、これはグアルディオラの好む攻撃的なゲームモデルにとって欠かせないプレーである。

今回の場合、ストーンズがボールを受けると、右SBのウォーカーが斜めのパスコースを提供している。だが、ウォーカーのポジショニングは相手選手一人を自分のいるサイドへと引きつけており、その連鎖反応として内側にストーンズの使えるスペースを空ける形となっている。この結果として、今回はデ・ブルイネが務めているこちら側の「8番」の選手がハーフスペースに下がってきて、ストーンズからボールを受けることができる。ボールを内側に戻すこのパスは、相手の守備ブロックのバランスを少し崩すことにも繋がる。シティの右サイド方向へ守備陣形を移動させようとしていたところで、その逆方向にボールを戻されてしまう形となるためだ。

【図54】

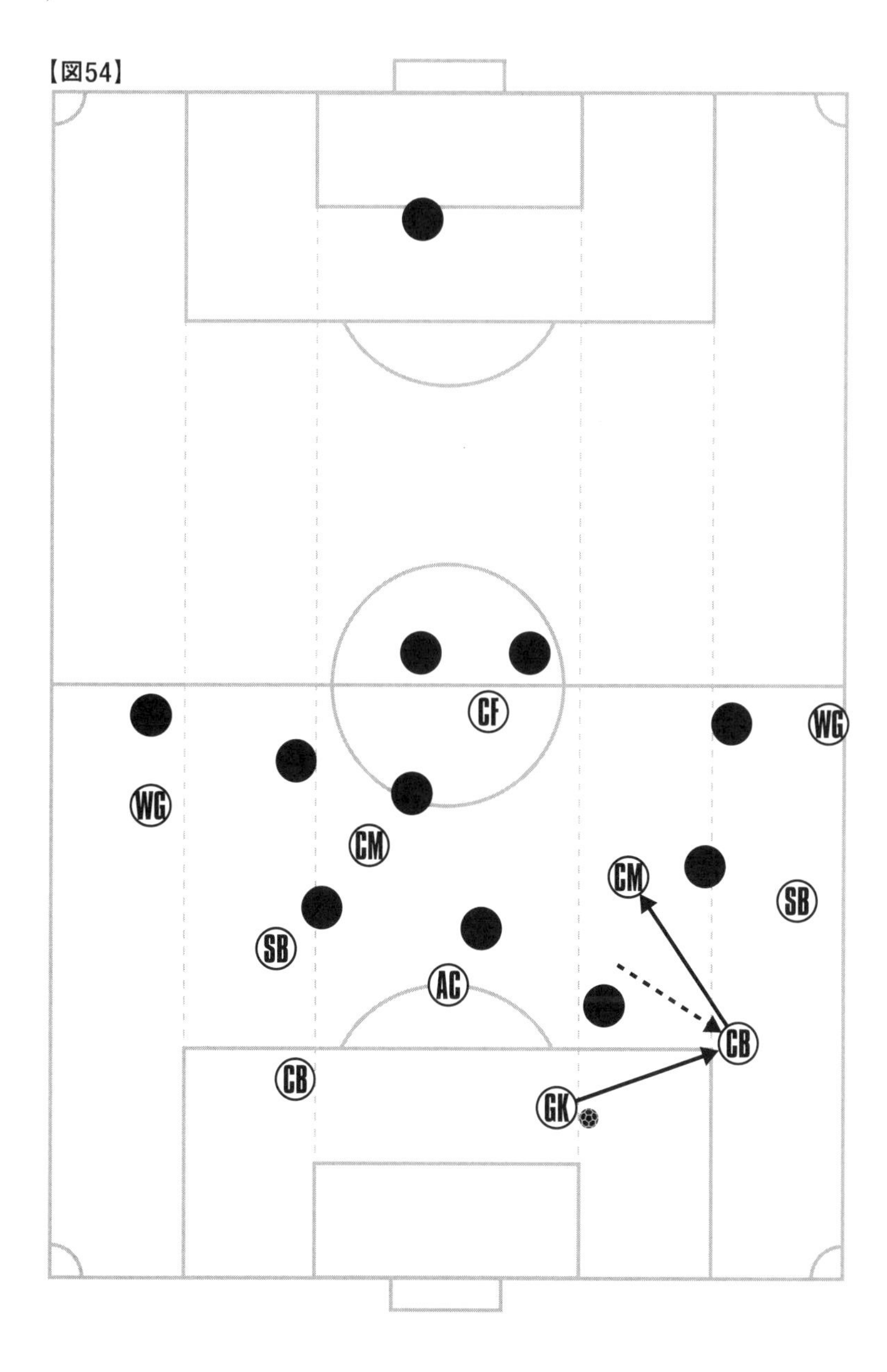

3　あらゆるエリアへの長距離パス

シティのチーム構造内において、最終ラインからボールを前進させていくチームメートを助けるため、ストーンズがポジションを下げる動きの例はすでに見てきた。彼はまた、相手の守備構造とプレッシングのバランスを崩すようなパスコースと角度を見つけ出す能力にも非常に秀でている。

図55では、ストーンズが長距離パスを用いてピッチ上のあらゆるエリアにアクセスできる力の一例を示している。実際にストーンズは、２０１８－19シーズンを通して69・４％という非常に高い長距離パス成功率を誇った。この例ではストーンズがボールを受けた時点で、シティはボールを保持して攻撃を繰り出すフェーズに入っている。相手はプレッシングを放棄してラインを下げ、よりコンパクトな守備ブロックを形成しようと動き始めている。相手ＦＷはボールを持っているストーンズに対して十分なプレッシャーをかけられる位置まで詰め寄ることができておらず、ストーンズはタッチライン際のエリアでいい位置にいる右ＷＧへとボールを展開することができる。

4　守備ブロックを切り裂く繊細なパス

ストーンズは長距離のパスを容易に通すことができるだけでなく、相手の守備ブロックを切り裂いて、空きスペースの味方選手に通すような、より繊細なパスを出せる力もある。

図56ではこれまでと同じく、シティがミドルサードからファイナルサードへとボールを進めていくこ

【図55】

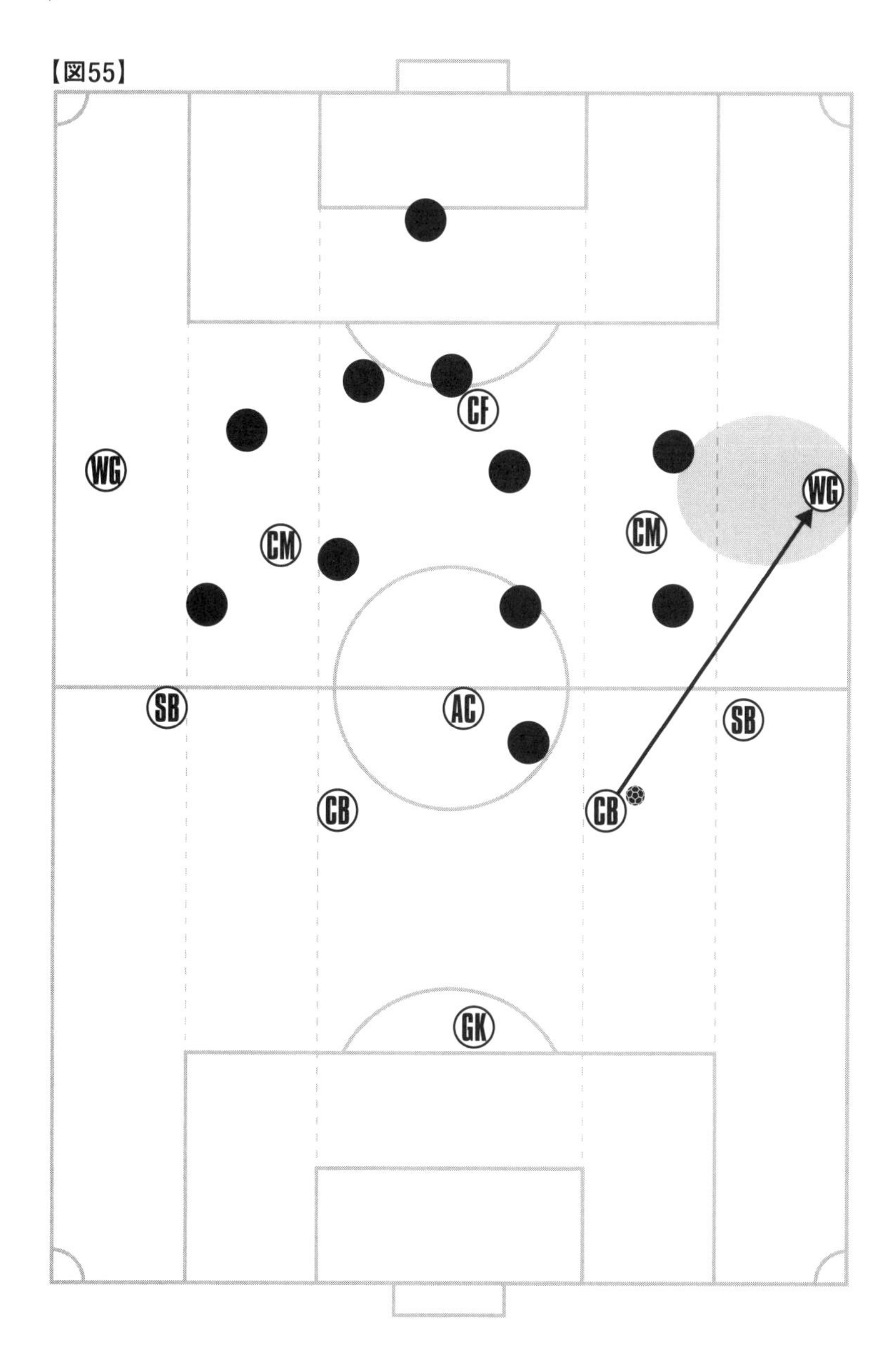

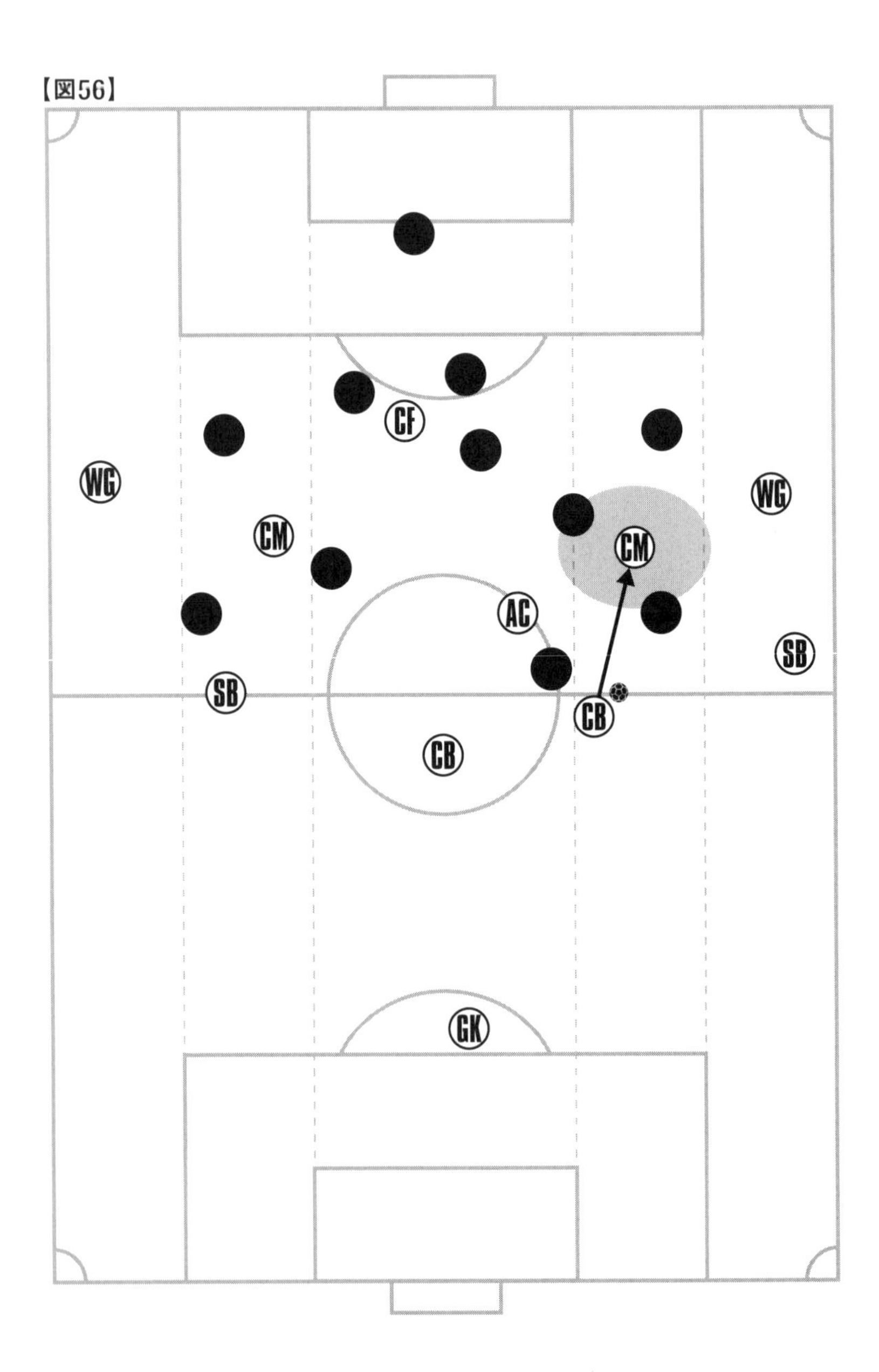

【図56】

うとする最初の段階で、ストーンズがボールを持っている。ボール付近には3人の相手選手が迫っているが、それでもストーンズはプレッシャーのかかるエリアへと勇敢なパスを通す。そこには「8番」のB・シウヴァが空きスペースでボールを受けるため下がってきている。

5 「4番」クラスの守備能力

過去2シーズンの戦いの中で、フェルナンジーニョが出場不可能な時、グアルディオラはストーンズを中盤の底の「4番」に起用する形を試したこともあった。このコンバートの背景にある考えは非常にシンプルなものだ。ストーンズはこのエリアでプレーするために必要なパス能力をすでに身につけていることに加えて、おそらくフェルナンジーニョの代役となりえる他のどの選手よりも守備能力に優れていると言えるだろう。

図57ではストーンズがこのポジションでプレーした例を示している。中盤の底の役割を務めているが、より深いポジションに位置していることが見て取れるだろう。2人のCBよりほんのわずかだけ前のラインで、その2人の間を割るようなポジショニングとなっている。

ポジション的には、ストーンズがこの役割に馴染み切れていないことが明らかに感じられた。カウンターアタックを繰り出そうとする相手に対し、CBをサポートできるように深めのエリアにとどまろうとする傾向があった。フェルナンジーニョなら前方のエリアに走り込んで攻撃をサポートしようとするであろう場面で、ストーンズはより慎重な選択をしていた。

【図57】

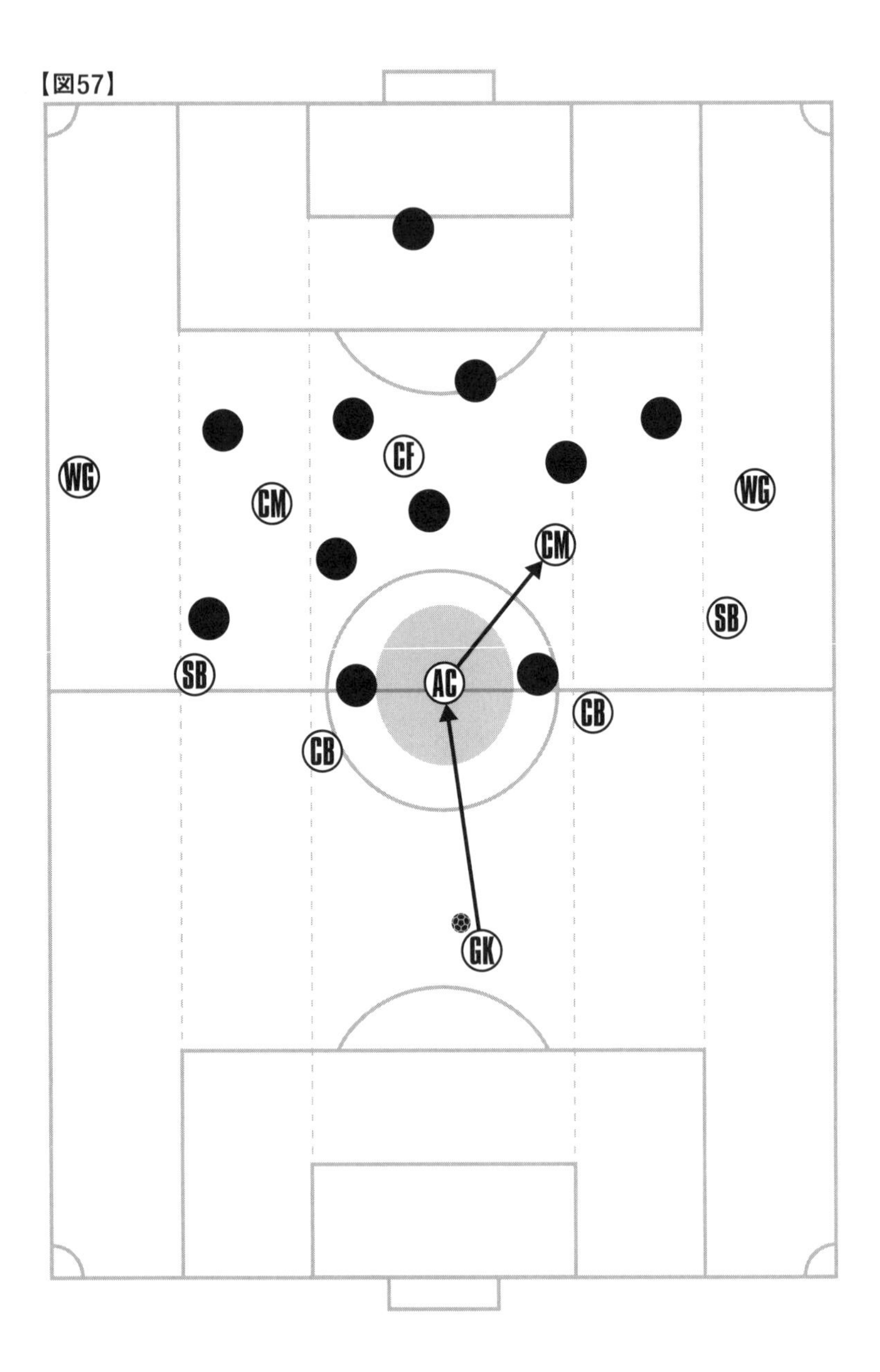

だからといって、ストーンズが今後このポジションでのプレーに慣れていかないとは限らない。若い彼は教えがいのある選手であり、しっかりと指導に応えてくれる姿をこれまでにも見せてきた。プレシーズン期間を通して十分なトレーニングを積んだとすれば、これからストーンズがより頻繁にこのポジションで起用されていくこともありえるかもしれない。

6 「4番」と同じラインからの縦パス

「4番」の役割には少々やりにくさを感じている様子だったストーンズだが、シティがボールを持ち続けている時間帯に彼が「4番」と同じラインにポジション取りをする形も見られる。低いラインでコンパクトな守備ブロックを作ろうとする相手と対戦する時、ストーンズはポジションを押し上げ、より前のスペースへボールを進められるようなパスコースをチームに提供しようとする。

図58がその実例である。ラインを下げ、よりコンパクトな守備ブロックを築き始めようとした相手に対し、ストーンズは最終ラインからもう一列前の「4番」と並ぶラインへ前進する。このエリアでボールを受けたストーンズには縦パスの選択肢が生まれており、右側の「8番」としてプレーしているB・シウヴァをそこからのパスで走らせることができる。

図59も同様の例であり、今回はシティの最終ライン全体が完全に相手陣内にまで前進している。CBのパートナーを務めるラポルテからストーンズに横パスが送られると、次のパスコースが開けている。

【図58】

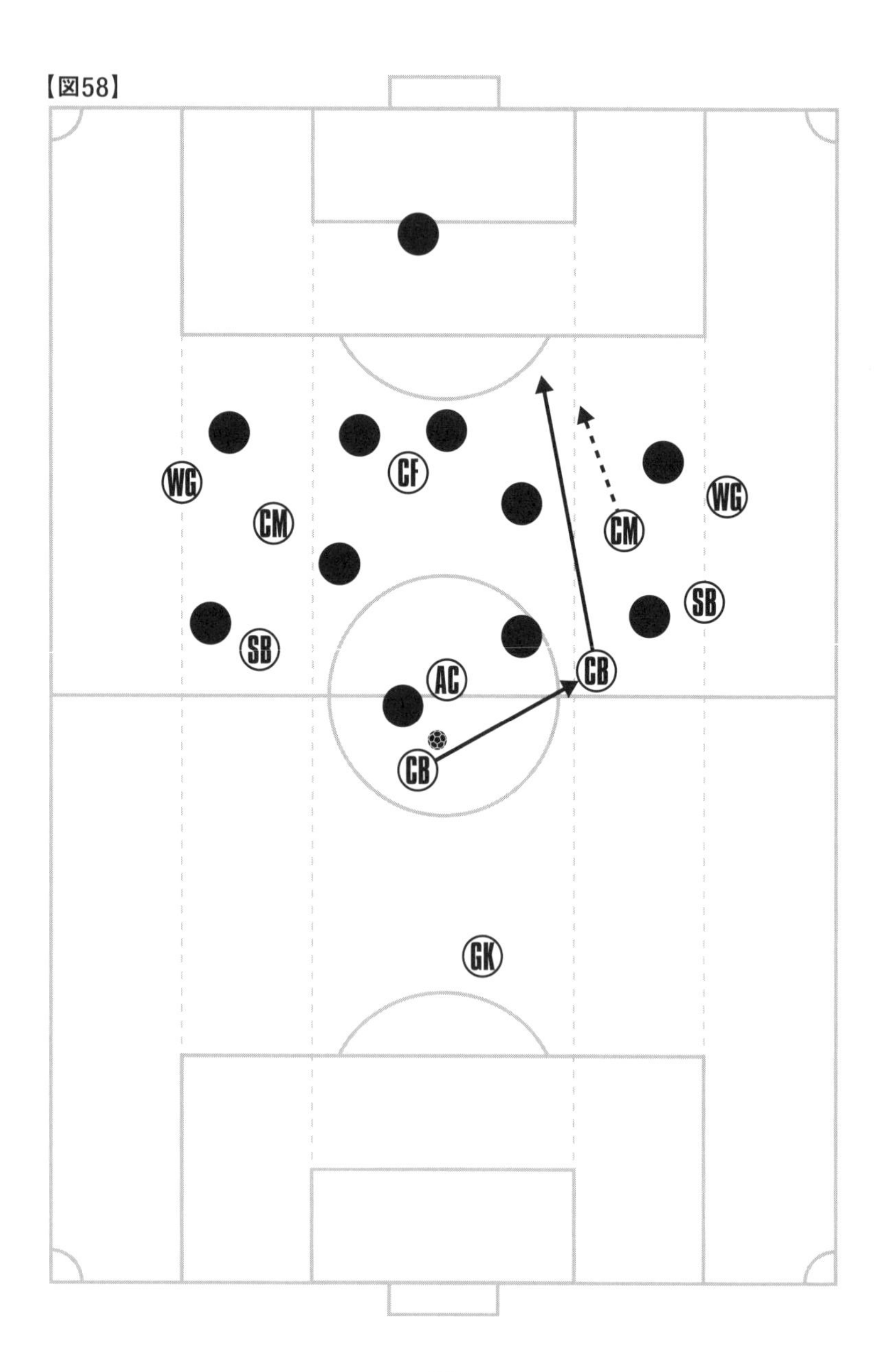

【図59】

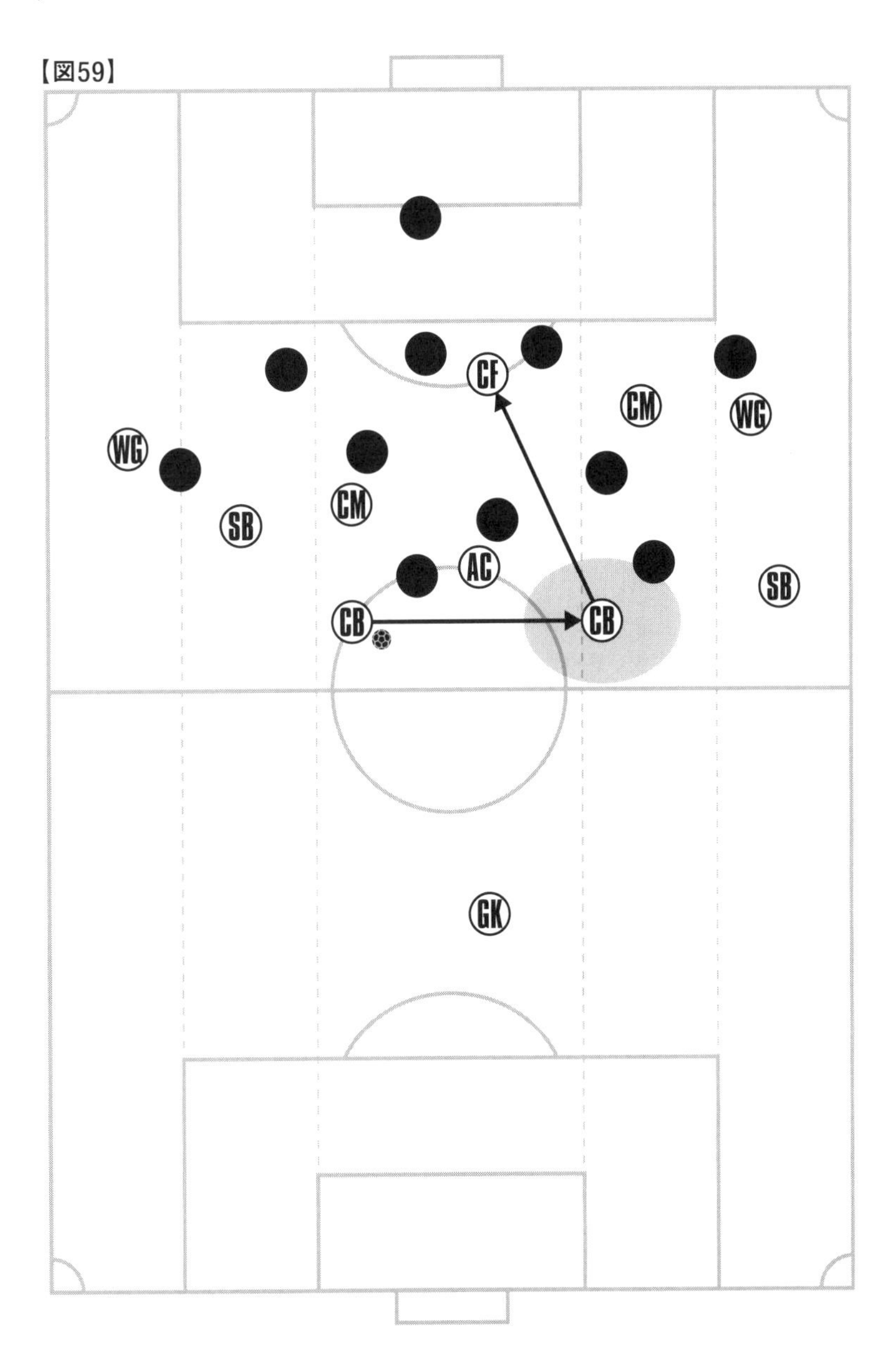

ストーンズはこのエリアからさらに前のラインへ斜めのパスを入れ、そこではアグエロがボールを受けられる状態にある。CFのアグエロはボールを収め、前線の起点として周囲の選手を絡めたプレーを展開することができる。

ストーンズにこういった種類のパスを用いる意思と能力があり、そのパスを正確に遂行できるという事実は、グアルディオラが自らのゲームプランを実現させる上で大きな助けとなっている。ストーンズが見せるパスコースや角度に対する理解度は、中盤の創造的な選手にも見劣りしないほどだ。あとは彼のポジションに要求される攻撃面のプレーと守備面の責任の適切なバランスを取っていくことが重要となる。これから彼が選手としての成長と学習を続けていけば、守備面でのミスも減少し、トップクラスのCBになっていくのではないかと期待できる。

コンパニが母国ベルギーのアンデルレヒトで選手兼監督となるためシティを離れると表明したことで、ストーンズが果たすべき役割はさらに大きなものとなった。今こそ彼はその巨大なポテンシャルを存分に発揮できることを示さなければならない。グアルディオラの下で2年間トレーニングを積みプレーを重ねてきたストーンズは、スペイン人指揮官の構想する戦術構造に完全に適応した姿を見せることができるはずだ。

SCRIPTURE OF POSITIONAL FOOTBALL

10

アイメリク・ラポルテ

クラブにインパクトをもたらしたパス成功率92・7%

すでに見てきたように、グアルディオラがシティで用いるコンセプトにおいて最も重要な部分の一つは、ピッチ上の各エリア間でどのようにプレーを進めていくかという点だ。特に、DFからクリーンな形でボールを運べるようにすることが重要なミッションとなる。２０１８－19シーズンには、このエリアでボールを確実に保持する上で、ＣＢのアイメリク・ラポルテが重要な存在として台頭してきた。

フランス代表のラポルテは、２０１７－18シーズンの開幕前にシティの補強ターゲットとなっていた。だが、彼の当時の所属クラブだったアスレティック・ビルバオは、主力選手をなかなか売ろうとしないことで知られている。バスク地方出身の選手としか契約しないという、自らに課した制約を考えればその姿勢は理解できる。ラポルテほどの重要な選手の代役を見つけるのは非常に困難であることが予想されたため、結局シーズン前の移籍交渉が進展することはなかった。

一方で1月の移籍市場というものも、クラブが手頃な選手を見つけるには困難な時期であることは周知の通りだ。シーズン前半にチームの弱点を特定することができたとしても、他のクラブに対して有力選手を手放すよう説得するのはきわめて難しい。他クラブは他クラブで、チームの不足部分を補いつつシーズンの残り半分を戦っていかなければならないからだ。多くの場合、クラブの補強担当部門は未来を見据えて動いている。チームの各セクションについて長期計画を策定し、二つ先や三つ先の移籍市場までのプランを練っている。だが、1月の移籍市場ではそういった過程もよりルーズなものになりがちだ。シティは夏の時点ですでにラポルテを完全に調査し尽くしており、その後のシーズン前半戦を通して彼を追跡し続けていた。ビルバオは、ラポルテを失うことになりそうな状況に直面した時、彼の代役となりえる唯一のバスク人ＣＢとしてイニゴ・マルティネスに目をつけた。だが、残念ながら一つの小さな問題があった。マルティネスの契約にはスペインの法により必須とされる契約解除条項が設定されていたとはいえ、彼の所属するレアル・ソシエダはビルバオにとって宿敵であり、本人が移籍に乗り気ではなかったことだ。シティが夏にラポルテ獲得のチャンスを逃したのもそれが理由だった。

だが、シーズン前半戦が進んでいく中、ラポルテが印象的な活躍を見せ続ける一方で、シティはＣＢの選手層に弱点を抱えていることを正しく認識していた。それに加えてマルティネスはビルバオへの移籍の可能性に対する姿勢を軟化させていった。

これらの要因が絡み合った結果、シティは推定５７００万ポンドの取引でラポルテをマンチェスターに連れてくることに成功し、マルティネスは３２００万ポンドでビルバオへと移った。ビルバオにとっても大きな利益をもたらす取引だった。

シティでの最初の6カ月間でラポルテは順調に適応し、すぐにトップチームの重要な一員となることができた。だが、本当の意味で彼がシティに欠かせない存在として台頭したのは２０１８－19シーズンだった。左ＳＢのメンディが深刻な負傷で離脱を強いられたことで、ＣＢを本職としつつ、左ＳＢでもプレーできるラポルテのユーティリティ性はシティにとってきわめて重宝なものとなった。シティで初めて年間を通して戦ったシーズンの各種数値データも、ラポルテがクラブにもたらしたインパクトの大きさを物語る。パス成功率92・7%、前方へのパス成功率88・4%、ファイナルサードへのパス成功率88・5%という数字は、ボールポゼッション時のシティがディフェンシブサードからミドルサードへとクリーンにボールを運んでいく上で、彼がカギを握る存在であることを示している。クラブにとっておそらく最も重要なCBとなったラポルテは、空中戦の勝率についても58・5%という印象的な数字を残している。

ピッチの横幅全体をカバーできるユーティリティなCB&左SB

実際のところ、ラポルテはボールを扱えるDFだと評されるあまり、彼のプレーの守備面はしばしば軽視されがちである。足元のボールテクニックも、グアルディオラが落とし込むシステムの中でいつどのようにボールを前へ進めるべきであるかの理解度も優れているのは確かだが、彼は相手がカウンターアタックを繰り出そうとしてくる時に最初にボールへのチェックに行くDFでもある場合が多い。スペインサッカー界で育ったフランス人DFにしては、ラポルテはより伝統的なイングランド流のCB的な特徴を数多く有している。技術面や戦術面と同様に、フィジカル面でも良さを発揮する選手だ。

守備フェーズにおけるラポルテのプレーで特に印象的なのは、中央のエリアだけでなく、サイドのエリアで相手に対して孤立した状況でも同様に問題なく守れるという点だ。古いタイプのCBは、相手がサイドのエリアで素早く攻撃に転じる状況では守備に苦戦する場合が多かった。だが、SBがポジションから釣り出された場合、CBが横方向へスライドしてサイドのスペースを守備することが求められる。SBが前線でのプレーにより関与するようになった現代サッカーにおいては、CBがピッチの横幅全体をカバーできる能力はさらに重要となっている。こういった部分でもラポルテの戦術的柔軟性が活きてくる。伝統的なCBのポジションも補助的な左SBも問題なくこなす彼がピッチ上のどのエリアでも同じように守ることができるのは当然のことだ。

【アイメリク・ラポルテの取扱説明書】

1 パス&ドリブルでライン間を突破

ニコラス・オタメンディやコンパニといった選手がキャリアの終盤に近づき、両者ともに負傷の不安を抱える状況となったところでラポルテと契約を交わしたのは、例え移籍金が比較的高額であってもシティにとって賢明なビジネスとなった。

ラポルテのプレーに関して詳しく見ていく最初の点は、ボールポゼッション時に相手のラインを突破することができる能力だ。シティがボールを前方へ進めていく際に、これが重要な力となることはすでに見てきた通りだ。シティのDF陣が最終ラインからプレーを構築していく上で何よりも優先されるのは、より前方での起点を作り出すことができるように、相手の間を通すパスコースを見つけられる能力と自信を持っていなければならないということだ。

このコンセプトはすでに序章でも詳しく論じたものであり、ウォーカーやストーンズがそれぞれのエリアからこの仕事をこなす能力にも触れてきた。ボールを前へ運んでいく必要がある時、ラポルテもこれらのエリアでスムーズにプレーできるという事実は、シティが守備陣の選手のこの能力を重視していることを物語っている。練習場でもある程度、綿密に取り組んでいるプレーであることは間違いない。その結果として、ストーンズやウォーカーなどの選手も必要なコンセプトをすぐに身につけることができた。一方でラポルテは、クラブにやってきた最初の時点から、シティのシステムにほぼ完璧に適した選手だった。

図60では、ラポルテがDFラインの左側でボールを受ける状況を示している。デルフのいる左サイドに向けて横パスをさらに繋いでいく選択肢は、すぐ近くにいる相手選手により閉ざされている。だが、この相手選手は横方向へ移動したことで、守備ブロックの他の選手との繋がりを弱めてしまっている。その結果として、ラポルテがボールを持って自ら前進することができる経路がポッカリと空いている。前へのパスを出すことも、ボールを持って相手ラインの間を突破することもできるラポルテは、グアルディオラのチームが中央のエリアへボールを進めていく上での重要なピースとなる一人である。

2　堅実なパスの見極め

ボールを持っているCBに求められるのは、前方へのパスを狙いに行くことだ。だが、このポジションの選手にとっては、ボールを前のエリアへ入れることができる場合と、両サイドへパスを繋ぐ必要

【図60】

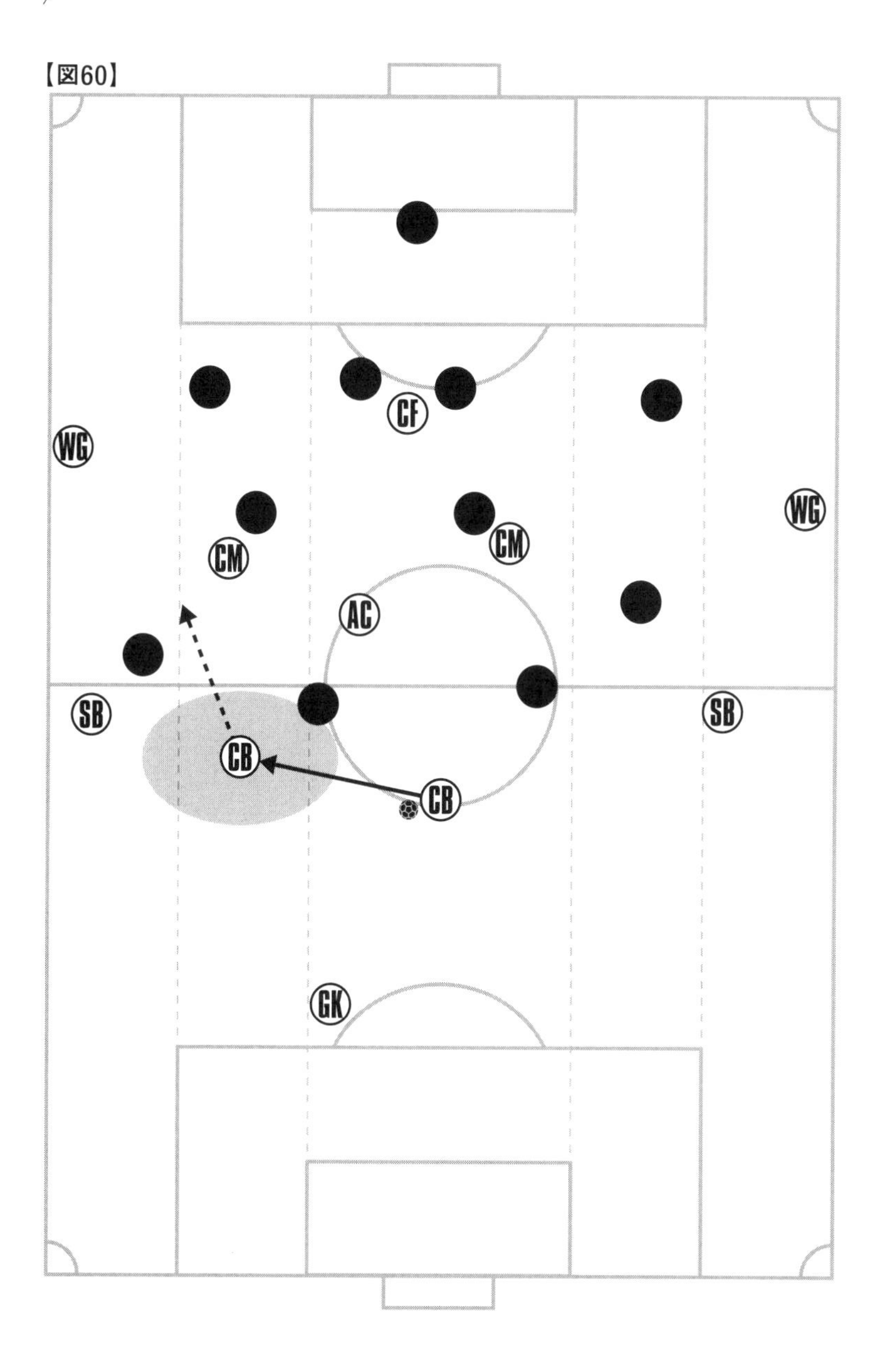

【図61】

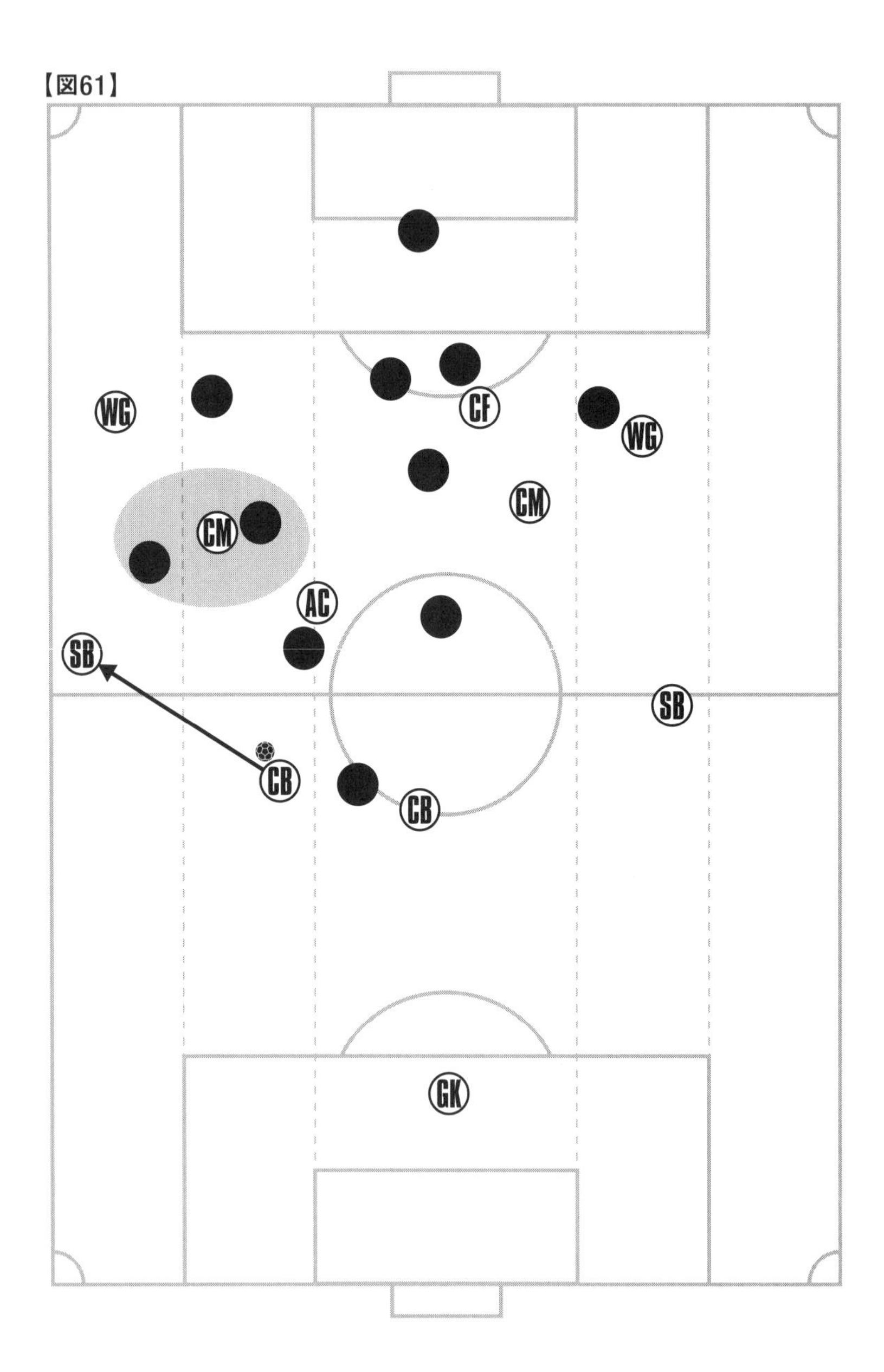

がある場合を見極めることが重要となる。

図61はそういった状況の例を示している。ラポルテがボールを持っており、右サイドへ戻すパスや、ハーフスペース内の前方へのパスは、相手チームのポジショニングによって切られている。ラポルテにまだ空いているパスコースは左サイドでフリーになっている左SBへの横パスだけだ。

ここで前方の「8番」の足元へと無理にパスを通そうとするような選手もいるだろう。受け手の選手がボールをコントロールし、プレッシャーを受けながらも次のパスを出すことができたとすれば、結果的にうまくいく場合もある。だが、やはりこういったパスの成功率は低いものであり、グアルディオラが好むボールの動かし方に適合するものではない。

ボールが左SBに出されれば、全体的な情勢が変わっていくのがよくわかる。相手の守備構造はボールに寄せるためスライドしていく。そうなった場合、そこでもう一度ボールをラポルテに戻すこともできる。今度はハーフスペース内の前方へのパスコースが開き、縦パスを通すことができるようになっているだろう。

3 左SBでの慎重なポジション

ラポルテをビルバオから獲得したのが、純粋にCBとしての補強であったことに疑いはない。その彼が左SBのポジションを任されることも多くなったのは、メンディなどの負傷と、デルフやジンチェンコにこのポジションでの経験がやや不足していた結果だ。前方の布陣との兼ね合いにより、このポジションには守備面でより堅実な選手が必要だとグアルディオラが判断する場面もあり、そこでラポルテが左SBに起用されることになる。

求められる役割はほとんど変わることはない。ボールを前進させ、攻撃フェーズで仕事をする一方で、守備フェーズにおいてはこれまで通り強固なブロックの一員としての役割を担い、相手がシティのペナルティーエリアに容易に侵入できないようにしなければならない。だが、すでに論じてきたように、グアルディオラの求める役割を選手がどのように実践するかは、選手個々の特性によって異なる部分もある。攻撃フェーズにおいて高い位置へ移動したり、ペナルティーエリアに向けてオーバーラップしたりといった動きをラポルテが見せることは多くはない。それよりも彼は、より慎重なポジションと角度を取り、自分の前方でボールを持っている選手にサポートを提供しようとする。

図62においてそれを示している。シティのCBがボールを持っている状況で、右サイドではウォーカーがハーフスペースの高い位置へと前進しているが、ラポルテは深いポジションを取り続けている。左サイドのタッチライン際でボールを受けたラポルテは、そこから前方へのプレーを試みていくことが可能となる。

同様の状況を**図63**にも示す。ここでもボールはDFラインからの横パスで出されてくる。両SBのポジションの違いは今回も明白であり、ウォーカーはすでに右サイドで高い位置へと移動している。左SBのラポルテは深いラインに残っており、空きスペースにいる彼に横パスでボールが渡される。

今回もボールを持った選手の優先事項に基づき、ラポルテはハーフスペース内にいる味方選手への縦パスを送る。シティはあっという間に前線に起点を作ることが可能となり、そこから相手のペナル

【図62】

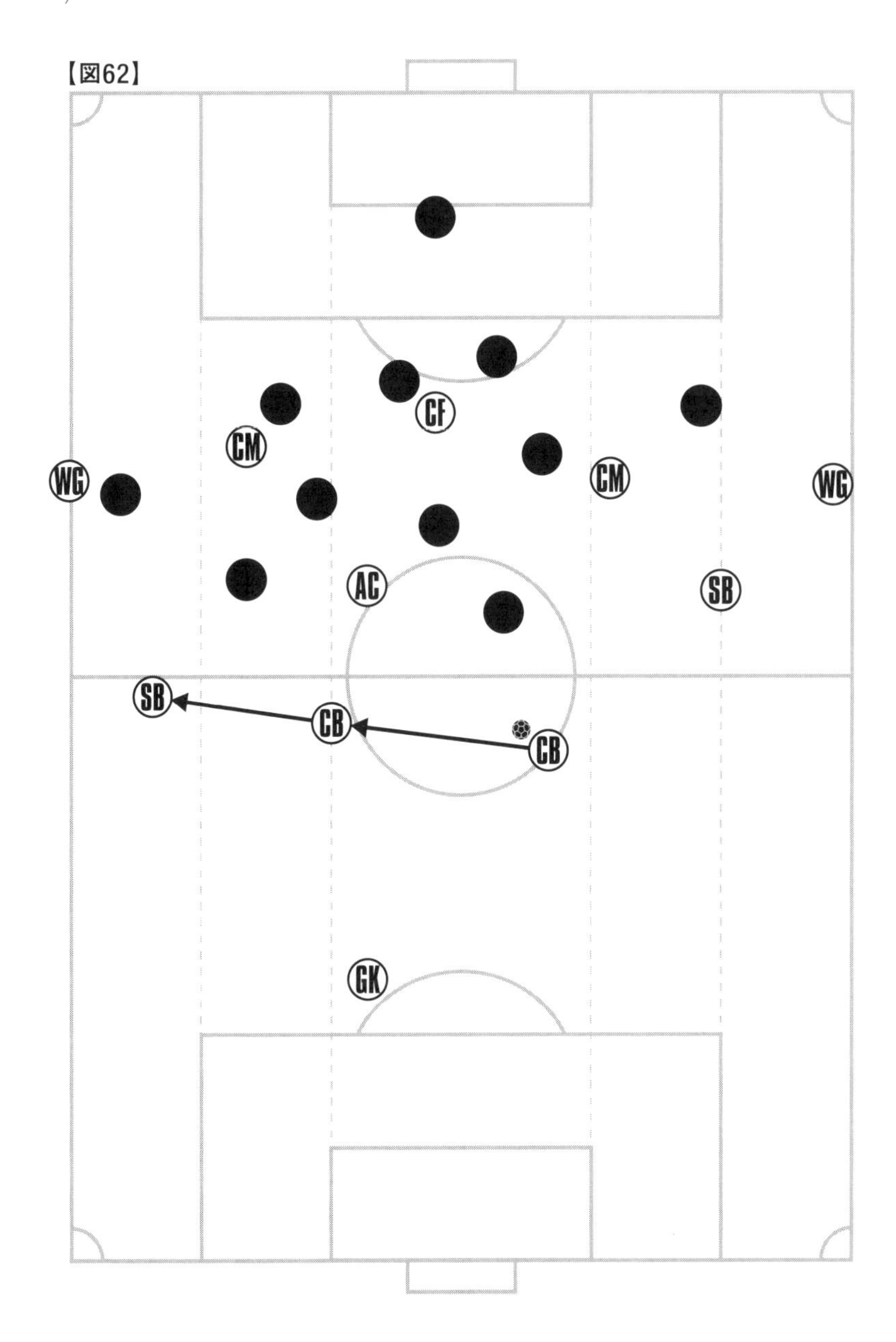

【図63】

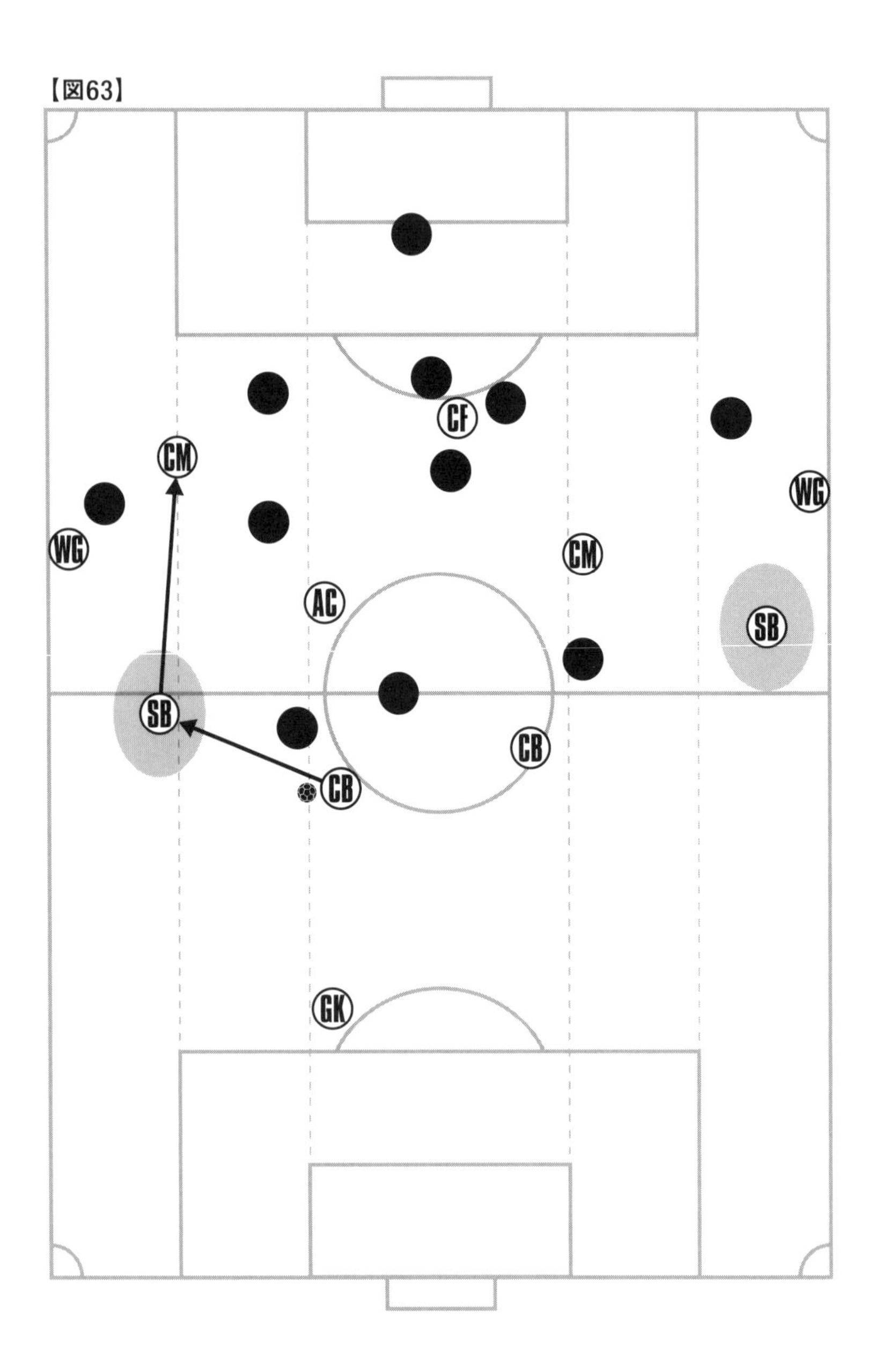

ティーエリアを脅かしていくことができる。

4 冷静な「プレス抵抗力」

ラポルテほど落ち着いてボールを扱うことができるCBは、欧州サッカー界を見渡しても他にほとんど例がない。このフランス人DFには狭いエリアでボールを受けても相手からのプレッシャーを逃れられる力がある。「プレス抵抗力」という言葉があるが、これは相手からのプレッシャーがかかる状況下で受けたボールを失わず、ドリブルであれパスであれシュートであれ、ポジティブなプレーを実行することができる能力を指す。より前方のエリアでプレーする選手に対して用いられることが多い言葉ではあるが、プレッシャーにさらされている中で冷静さを見せるラポルテにも当てはまる言葉だろう。

図64はその例を示している。エデルソンからボールを受けたラポルテはすぐにプレッシャーに晒される。２人の相手選手がボールに向けて前方へ詰め寄り、ラポルテが前へ出すパスを阻もうとしている。だが、ラポルテはボールを失うことなく、より前のポジションにいる味方選手へのパスコースを見つけ出すことができる。

ラポルテにはインテリジェントなパスを出す力や、ボールを持っている選手をサポートするポジション取りをする力がある。だが、忘れてはならないのは相手の突破を阻み、ゴールチャンスを作らせないようにすることこそが、ＣＢの最も重要な仕事だということだ。

【図64】

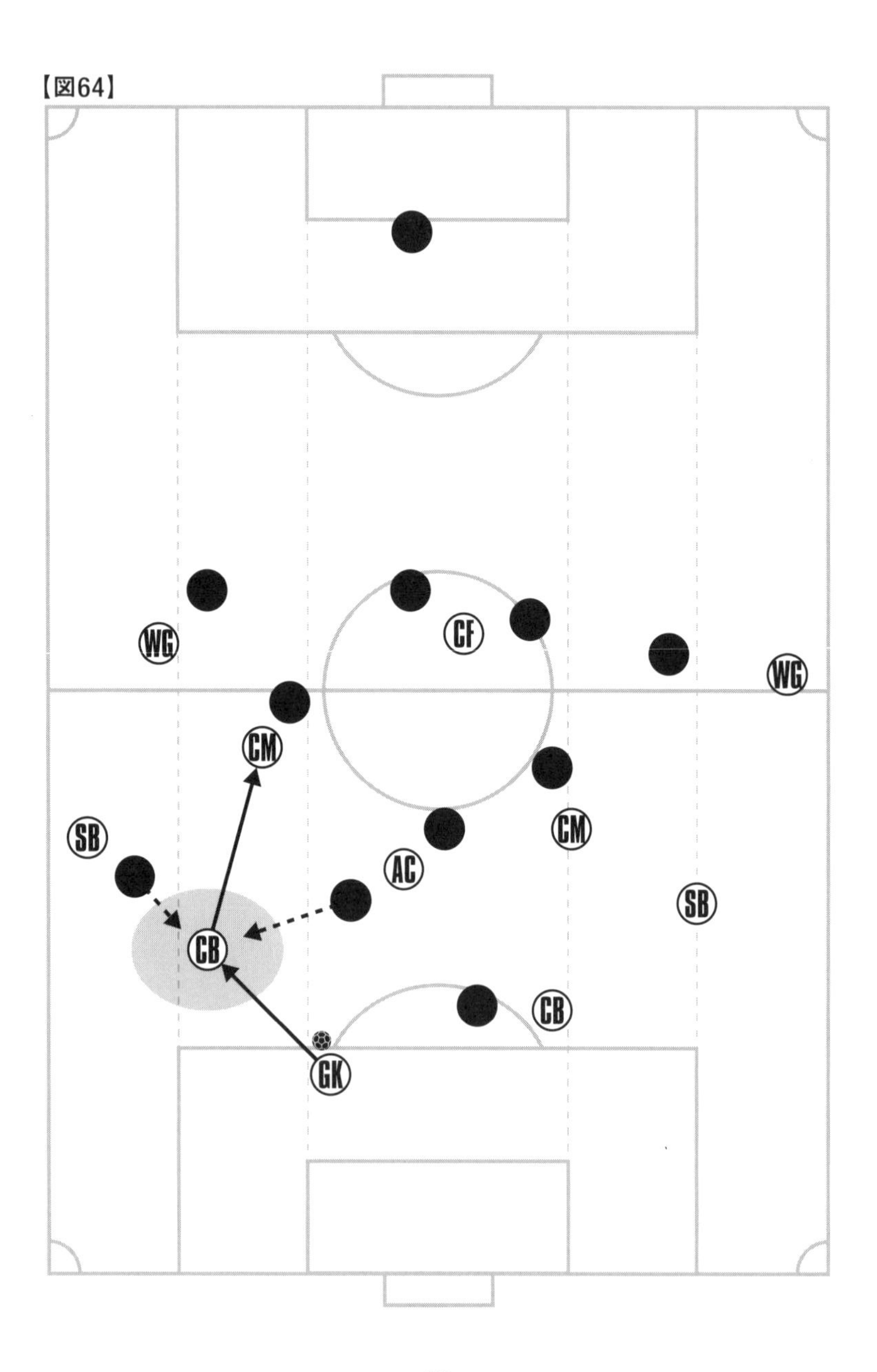

5　ライン裏を潰すスピード

シティは攻撃フェーズのサポートのため、DFラインを高く押し上げている。攻撃から守備へと移行する際には、（すでに見てきたように）シティはゲーゲンプレッシングをかけに行くことが多いが、相手がシティの守備陣を飛び越える形でダイレクトなパスを用いてくるリスクもやはりある。**図65**はそういった状況の例を示している。相手チームがシティ守備陣を飛び越えるパスを出してくると、ラポルテはこれに反応して後退し、ラインの裏に空いたスペースを潰しに行かなければならない。彼にはロングボールに対してスペースを埋めて先にボールに追いつけるだけのスピードがある。これまでにも論じてきた通り、サイドのエリアで孤立させられた状態でも脅威に対処し、問題なく守ることができる選手だ。

同様の状況を**図66**にも示す。相手は後方から前方への素早いトランジションを試みようとしている。ここでもシティの左SBはチームがボールを失った時点で高い位置に残ってしまっており、相手はその空きスペースを狙ってシティのDFラインの裏へ入り込んでこようとする。

だが、今回もラポルテがスピードとプレーを先読みする力を存分に発揮し、素早く後方へ戻ってボールをリカバリーし、シティはポゼッションを奪い返すことができる。このスピードのおかげでグアルディオラは、相手が素早い攻守の切り替えから1本のロングパスを狙ってくる可能性を恐れることなく、DFラインをより高いエリアへと押し上げさせることが可能となっている。

ラポルテと契約を交わしたことは、過去2シーズンのシティの歴史を方向づける分水嶺となる瞬間

【図65】

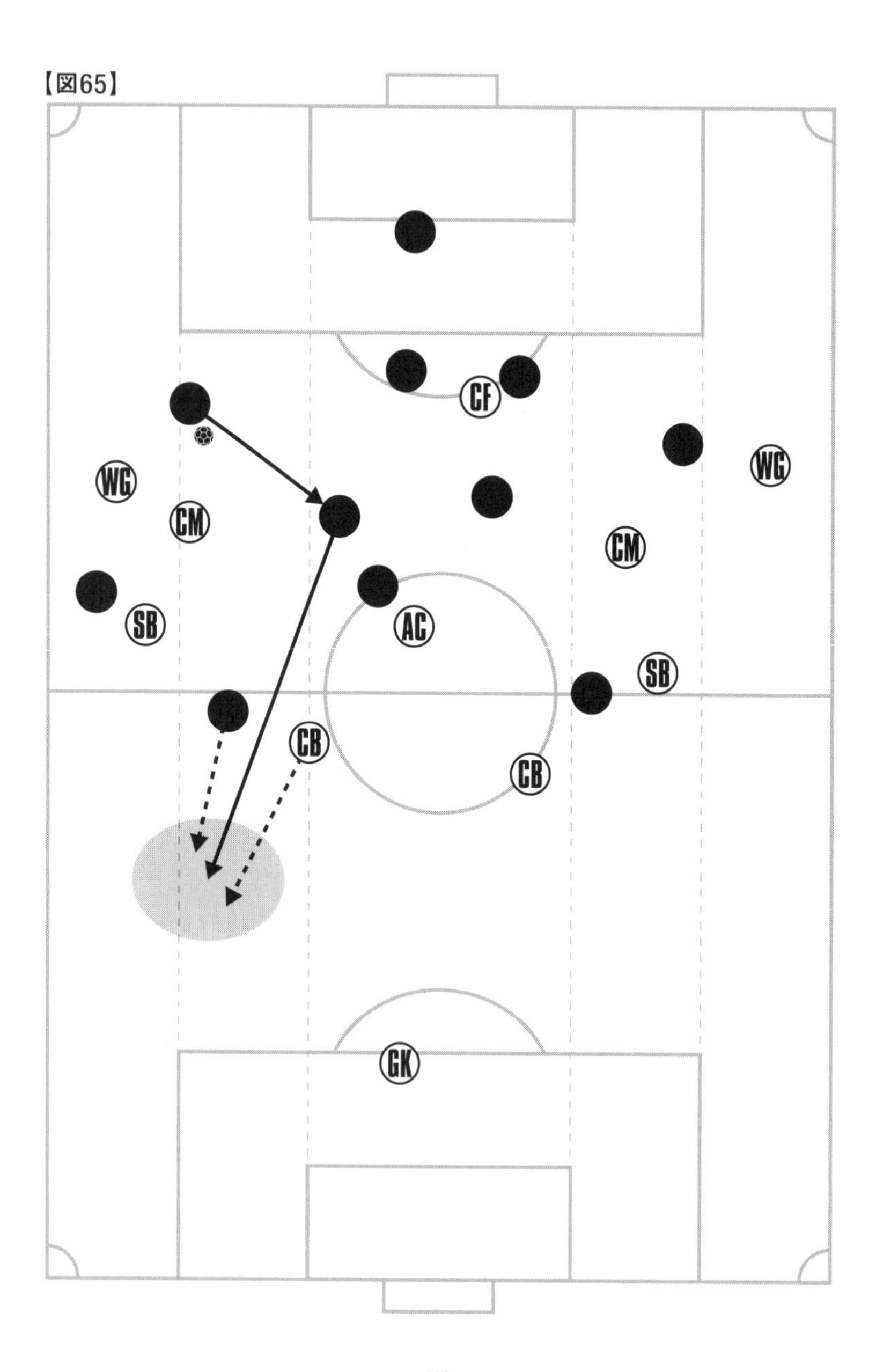

【図66】

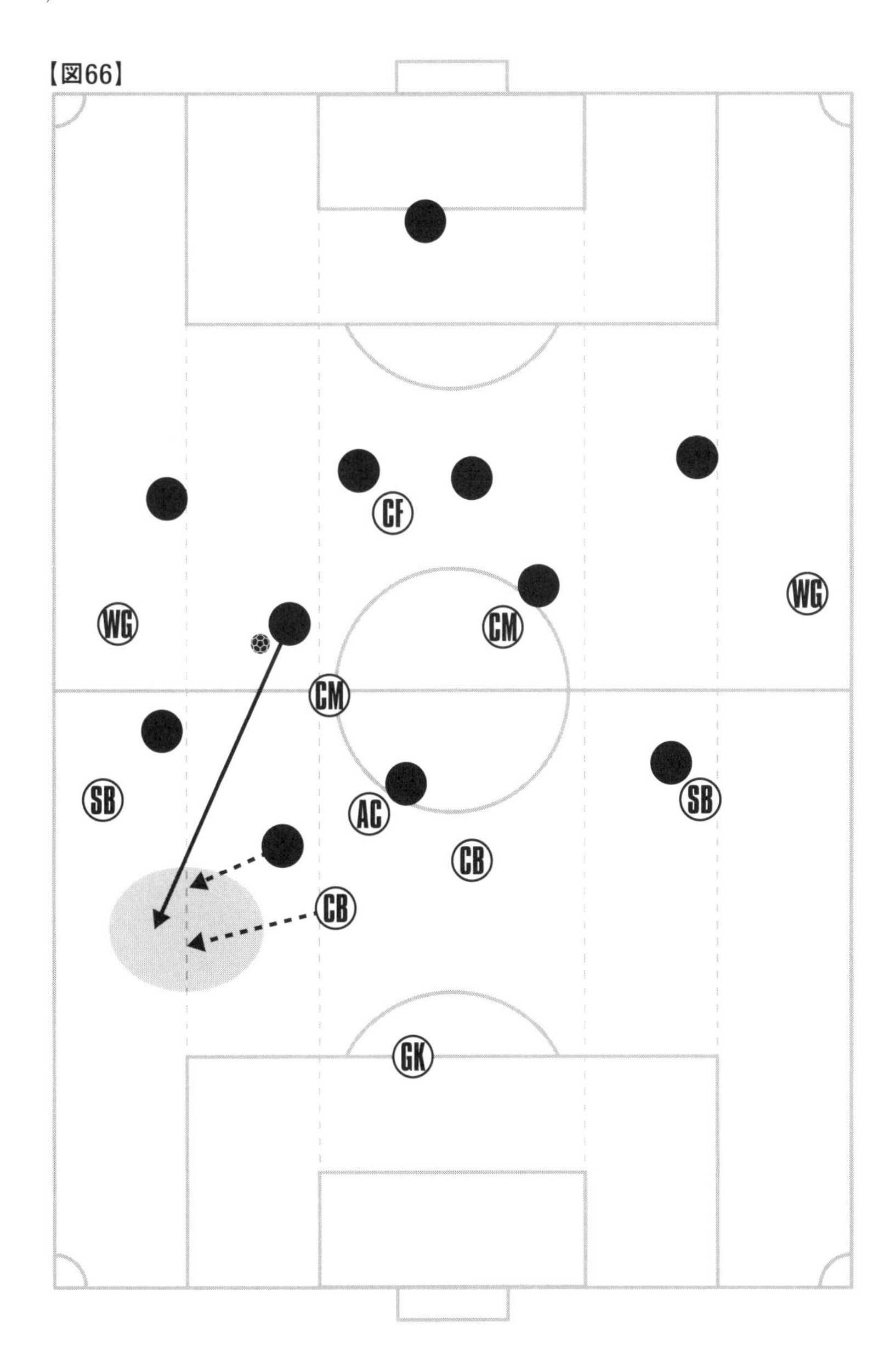

だったように感じられる。彼の加入によりグアルディオラは、左ＳＢであれＣＢであれ、守備構造の中で様々に異なる役割を担うことができるピースを手に入れた。あっという間にトップチームに欠かせない存在となったことがラポルテの重要性を示している。素晴らしいパサーであるだけでなく、守備フェーズにおける理解力と実行力にも秀でる彼は、グアルディオラのゲームモデルを機能させる守備のオールラウンドプレーヤーだ。

SCRIPTURE OF POSITIONAL FOOTBALL

11

ダヴィド・シルヴァ

「8番」と「10番」のハイブリッドに近い役割を創造的にこなすCM

シティが長い歴史と伝統を持つクラブであることは間違いない。このクラブのファンが力説したがるように、オーナー交代でサッカー界屈指の裕福なクラブに変貌した2008年よりもずっと以前から、もちろんシティは存在していた。クラブに次々と災難が降りかかり、イングランド3部リーグでの戦いを強いられることさえあったのも、それほど遠い過去のことではない。このクラブの歴史的意義についてはぜひとも詳しく紹介したいところではあるが、過去2シーズンのみにフォーカスを当てるのが本書のテーマであることは忘れてはならないだろう。

2008年にアブダビ・ユナイテッド・グループがオーナーとなって以来、シティの最も象徴的な存在だった選手といえばダヴィド・シルヴァをおいて他にないだろう。ヴァレンシアの下部組織で育った彼は、ダヴィド・ヴィジャやジョルディ・アルバ、ファン・マタらも在籍していたチームで頭角を現してきた。

彼の創造性がチャンスを生み出し、ヴィジャがそれを決めるという場面が何度も見られ、ヴァレンシアは欧州で最も見応えのある若いチームの一つとなっていた。2010年にはD・シルヴァはヴァレンシアを離れてシティのプロジェクトに参加することに合意した。推定2500万ポンドという移籍金は、あとから考えればとてつもない安さだった。同じような補強を現在実行しようとすれば、おそらくシティは少なくともこの3倍の金額を支払わなければならないだろう。

この取引がシティにもたらした利益は計り知れない。確かにD・シルヴァはクラブから高額の報酬を受け取っており、移籍金も含めた8年間の総出費額はかなりのものではある。だが、その見返りとしてD・シルヴァがシティに提供したものには金額以上の価値があった。単にゴールやアシスト、チャンスメークといった部分だけではない。D・シルヴァはいつもこのチームの心臓としてプレーしてきた。ピッチ上では試合を作り、ピッチ外でも大きな影響力を示し続けた。

シティのメンバー全員にとってD・シルヴァがどのような存在であるかが見て取れたのは、2017年に彼の息子が早産で生まれた時だ。グアルディオラはD・シルヴァに、試合にいつ出場していつ出場しないのか、いつ練習に参加するのかを選択する自由を与え、可能な限り長い時間を家族とともに過ごすように促した。幸い危機を脱したD・シルヴァの息子は、チーム全体の団結力の象徴的存在となった。この時期にはチームが一丸となってD・シルヴァをサポートし、D・シルヴァのためにすべての試合に勝ち続けた。

シティでの在籍期間中に監督が交代していく中で、D・シルヴァの演じる役割も変化してきた。ロベルト・マンチーニ体制とマヌエル・ペジェグリーニ体制では、彼は伝統的な「10番」として、あるいはサイドのポジションでのプレーメーカーとして起用されることがほとんどだった。だが、グアルディオラがチームの指揮を引き継ぐと、D・シルヴァに求められる役割には明確な変化が見られた。4－3－3システムの中で、彼のポジションは中盤センターに位置する2人の「8番」の一角にほぼ固定された。

グアルディオラの率いるシティにおいて、「8番」と「10番」のハイブリッドに近い役割となることのポジションの重要性についてはすでに見てきた通りだ。特にD・シルヴァに対しては、チームがボールを保持している時にはかなり高い位置でプレーすることが求められる。実際にシティが攻撃を仕掛ける際には、ラインの間でボールを受けて相手をかき回すことができるように、D・シルヴァが左側のハーフスペースにポジション取りする場面がよく見られる。

狭いエリア内でペナルティーエリアに至る道筋を作り出す能力

D・シルヴァがチームにもたらすものは単純にゴールやアシストだけではない。２０１７－18シーズンのプレミアリーグで彼が記録した9得点、10アシストという数字は、２０１８－19シーズンには6得点、７アシストに減少した。だが、むしろ重要なのは、相手のタイトでコンパクトな守備構造の中にスペースを見つけ、狭いエリア内でプレーしつつ、ペナルティーエリアに至る道筋を作り出すことができる彼の能力だ。このことは、過去2シーズンにD・シルヴァが記録した80・５％および76・2％というドリブル成功率にも明確に現れている。ファイナルサードへのパス成功率とペナルティーエリア内へのパス成功率に関しても同じことが言える。２０１７－18シーズンにはファイナルサードへのパス成功率87％、ペナルティーエリア内へのパス成功率69・２％を記録。２０１８－19シーズンにはそれぞれ83・８％および71・３％という数字を残した。

２０１９－20シーズンに34歳となるD・シルヴァの背後では、フォーデンなどの選手がトップチームでの出場機会増加のチャンスを虎視眈々と窺っている。純粋にフィジカル的な観点から言えば、D・シルヴァが下り坂にあることは間違いない。90分間を通して走り続けることはもうできないだけに、トップチームでの稼働率は慎重に調整していく必要があるだろう。だが、ボールを扱う技術や試合のテンポや流れをコントロールする能力という点では、シティのチーム内はもちろん、欧州サッカー全体でもまだまだD・シルヴァに匹敵するほどの選手はほとんどいない。

D・シルヴァがシティのトップチームでの役割低下を受け入れるのか、それとも最後の大きな移籍に心を動かされるのかはまだわからない。中国や中東が移籍先の候補だとも噂されている。D・シルヴァにはいまやマンチェスターの町やグアルディオラとの強い結びつきがあり、悲願のチャンピオンズリーグ制覇を目指していくクラブに残ることを選ぶ可能性も十分にある。ピッチ上を走り回る力には衰えの兆候が見られるとしても、戦術面、技術面でのD・シルヴァのクオリティの高さや、スペースの扱い方についての理解度に疑問を差し挟む余地はない。今後の移籍市場でも、こういった能力を補うことができる後継者をシティが見つけ出すのは容易なことではないだろう。

【ダヴィド・シルヴァの取扱説明書】

1　ハーフスペースでの起点

D・シルヴァのシティでの起用法の最も重要な部分は彼のポジショニングにある。もはや単なる「10番」ではなくなった彼は、2人のCMの一角としてプレーするが、その両者の役割は微妙に異なる場合が多い。攻撃フェーズのほとんどの時間に、D・シルヴァはハーフスペース内、あるいは左サイドのエリアにポジション取りをしている。

図67では、かつてD・シルヴァが務めていた「10番」のポジションと、現在のポジションの違いを示している。その相違点ははっきりと見て取れるはずだ。D・シルヴァが中央のエリアに位置していた場合、シティのDFラインにあるボールとは断絶された状態となっていた。だが、ハーフスペースにいれば空きスペースを利用するのに完璧な位置取りとなり、ボールを前方の起点へと進められるチャンスを提供することができる。

この小さな動きだけで、D・シルヴァはチームにスペースを作り出すとともに、相手チームに対してはそのスペースに入り込んだ彼に対応する動きを強いることができる。これが連鎖反応を引き起こし、相手チームの守備構造の別のエリアにスペースが生まれる。シティはそのスペースを狙うことができる。

ポジショニングと動き方にインテリジェンスを発揮するD・シルヴァは、ボールの位置とWGのポジショニングに応じて、ハーフスペースとタッチライン際のエリアの間を漂う動きを見せることも多い。WGがサイドのスペースに開くと、D・シルヴァはハーフスペースにとどまる。WGがハーフスペースに入り込んでくればD・シルヴァは外へ開く。

こういった動きは練習の中であらかじめ構築され教え込まれているものであり、選手は各エリア間で動いてポジションをローテーションさせる。ローテーションの判断基準はボールの位置、チームメートのポジション、相手選手のポジションの順番であり、常にボールが最優先される。繰り返しになるが、シティの選手には毎回の試合中に、膨大な量の戦術的情報を処理する力が求められていることがわかる。

【図67】

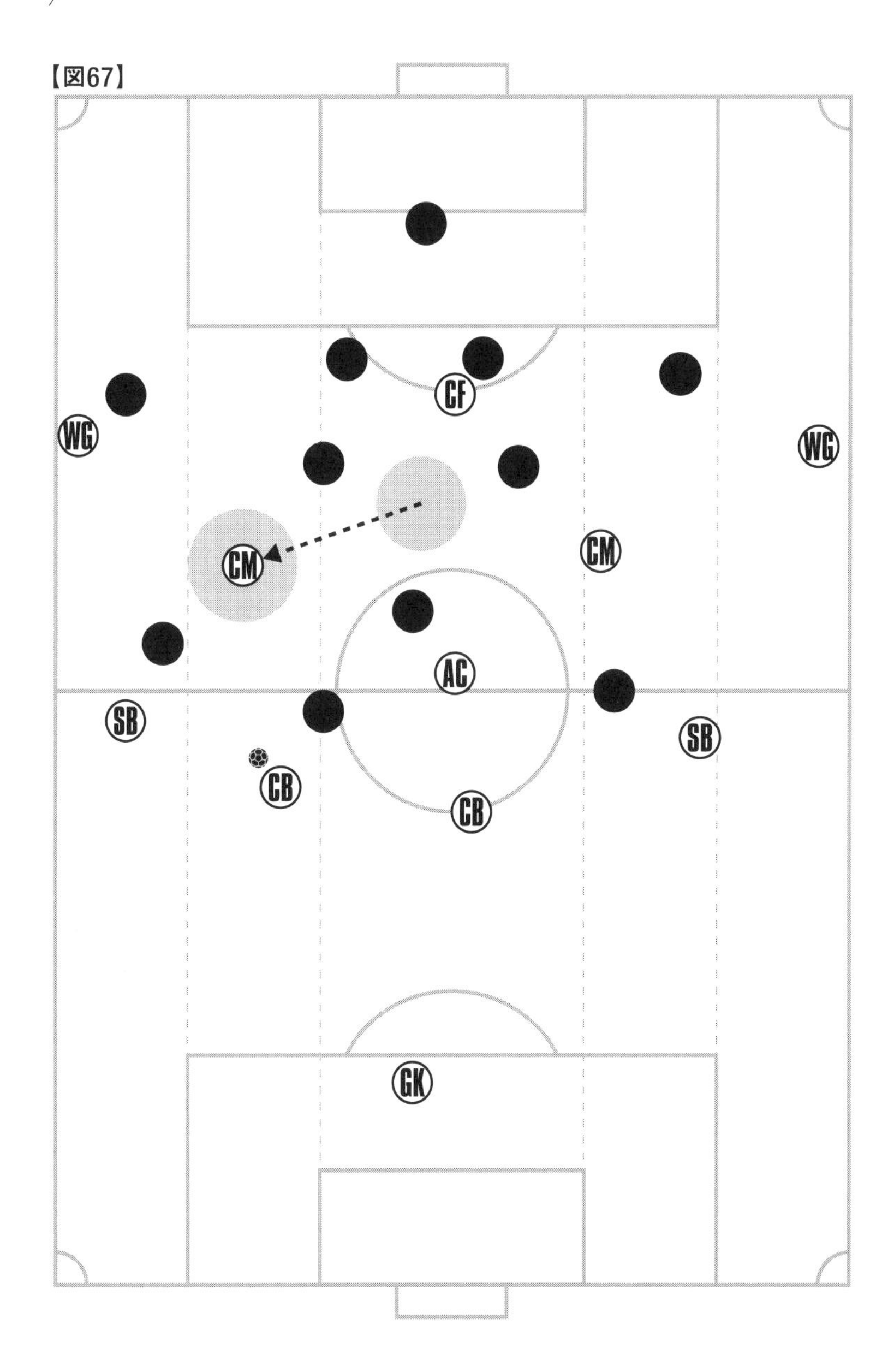

2　高い位置で経由点を提供

図68も、攻撃フェーズにおいてD・シルヴァが取るポジションの一つを、もう一人の「8番」のポジションとともに示している。ボールは左SBの位置にあり、相手の守備ブロックのポジショニングは、シティが中央のエリアへと容易にボールを戻すことができるようなスペースを潰そうとするものとなっている。D・シルヴァは左サイドのエリアと左側のハーフスペースの中間のライン上にポジションを取っており、左WGはタッチライン際に張り付いている。もう一人の「8番」はここではデ・ブルイネであり、中央のポジションに位置している。ボールをファイナルサードに向けて前進させていく中で、左から右へサイドを変える際の経由点を提供することが彼の役割となる。反対側のD・シルヴァは、ボールを左サイドから前進させることを可能とするためこの位置にいる。

ボールを持っている選手には2つの明確な選択肢があるが、どちらを選んだとしても、D・シルヴァが空きスペースでボールを受けるという同じ結果に繋がる。ボールを直接D・シルヴァに入れて高い位置での起点を作り、そこからプレーを展開していく形が一つ。あるいはD・シルヴァをスキップする形で左WGにボールを入れることもできるが、パスを受けたCFはそこからD・シルヴァへと折り返し、D・シルヴァからスルーパスが出てくることを期待しつつ、すぐに斜め前方向へ走り込む動きを狙うことになる。

シティがファイナルサードへプレーを進めようとする際にポイントとなるのは、最後の一人のDFの向こう側へとボールを通し、アタッカーがゴールを狙えるチャンスとなる形でボールを受けられる

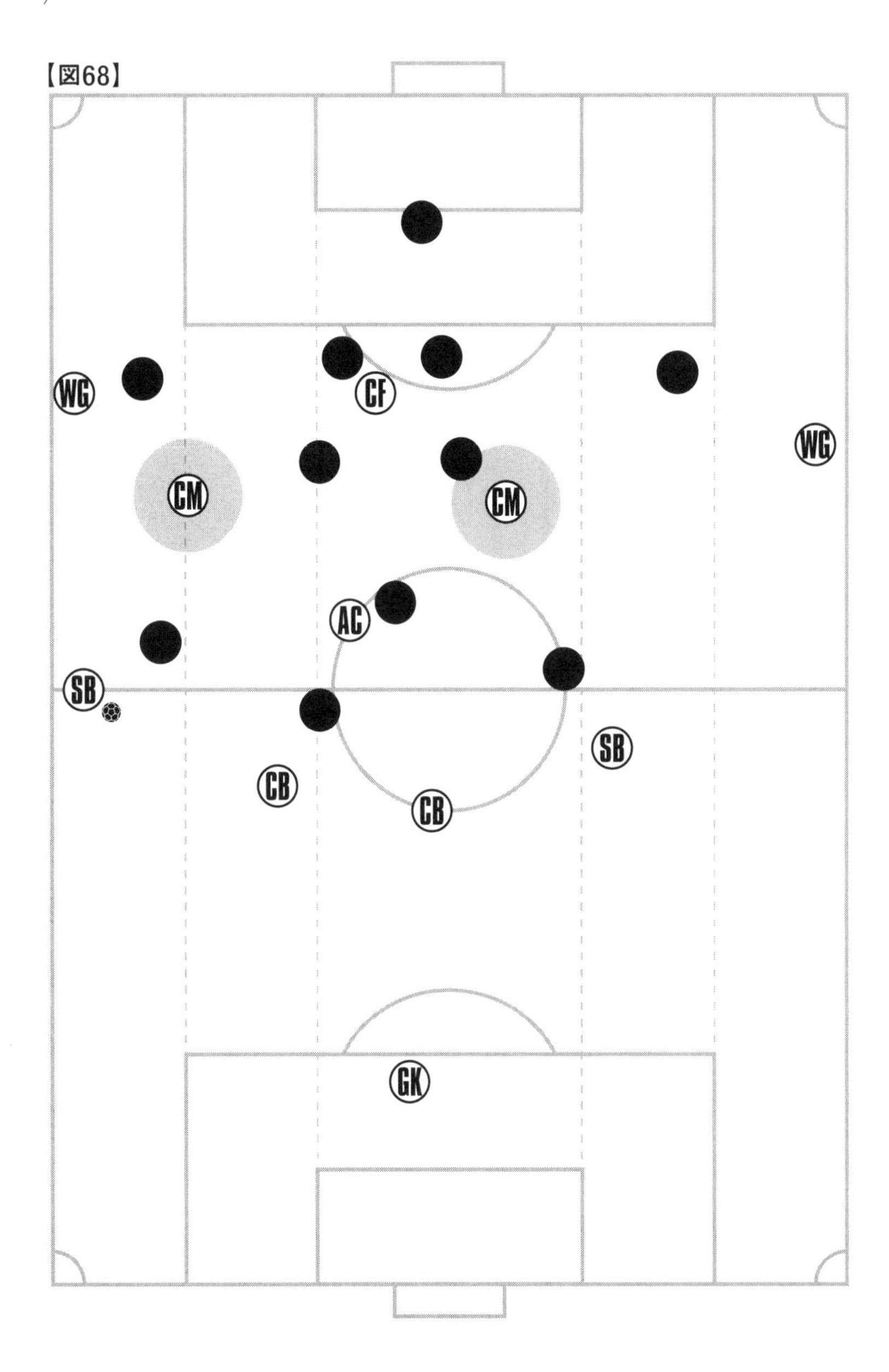
【図68】
WG
CF
WG
CM
CM
AC
SB
SB
CB
CB
GK

ようにすることだ。空きスペースを見つけ、ボールを受け、鋭いスルーパスを通す能力を持つD・シルヴァがまさに得意とする領域である。

3　守備ブロック間でのボール受け

シティがボールを前へ進めようとする時、D・シルヴァは右側の「8番」以上に、守備陣の選手と連携が取れる状態を維持しようとしている。シティのDFが相手からのプレッシャーを受けており、相手守備陣の間や裏側のスペースへ縦パスを通すコースを見つけられないことも当然ながらある。すでに見てきたように、最終ラインで横パスでボールを回し、各選手が前方へのパス出しの機会を探るということも可能ではある。だが、相手が十分に素早い横スライドで対応可能な場合、そういったチャンスも潰されてしまうかもしれない。

そこでD・シルヴァの戦術的インテリジェンスが活きてくる。**図69**ではそういった状況を示しており、DFの選手は前へボールを出すのに苦戦している。この状況を認識したD・シルヴァは相手の守備ブロックの間にポジションを下げ、ブロックの前でボールを受けられるようにする。ボールを受けたD・シルヴァには、振り向いて相手のブロックのライン間を突破できるだけの個人能力が備わっている。相手にプレッシャーのかかる状況をすぐに作り出し、シティがボールを前へ進めることを可能とする。

図70でも同様に、D・シルヴァが賢い動きをすることで、相手のプレスを回避してボールを進める

【図69】

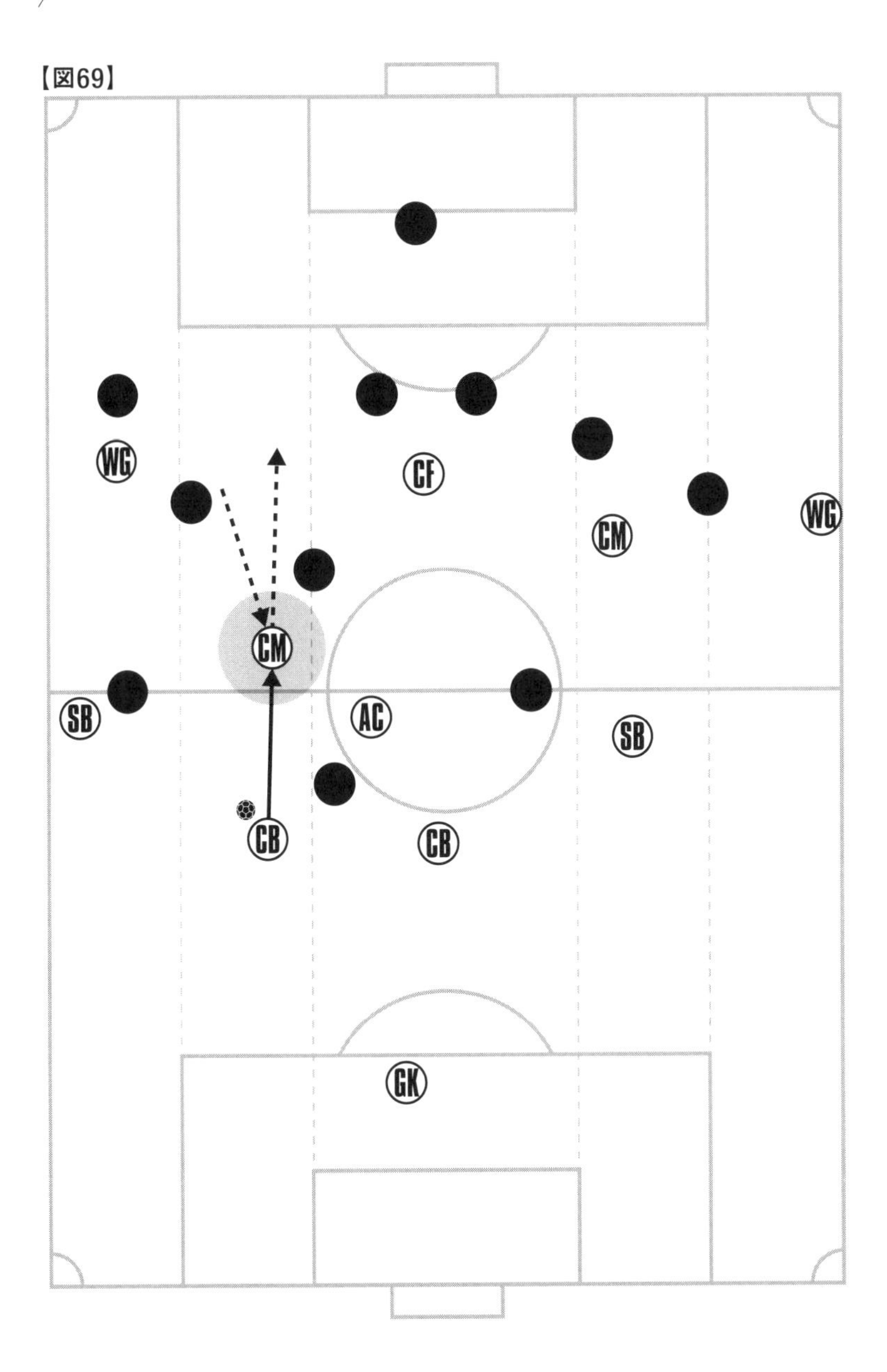

ことを可能としている。今回はフェルナンジーニョがボールを持った状況からスタートし、そこに相手選手一人がプレッシャーをかけてミスを誘おうとしている。

プレスをかけている相手選手は同時にパスコースも切り、D・シルヴァへの縦パスを阻んでいる。ここでも再び、D・シルヴァのインテリジェンスと、彼に与えられた動き方の自由度が効いてくる。フェルナンジーニョがプレッシャーを受けていることを見て取ったD・シルヴァは、ハーフスペースへと斜め方向への短い移動を行う。これで彼はプレスをかけている相手選手のカバー範囲から逃れ、フェルナンジーニョは難なくプレスを回避することができる。ハーフスペースでボールを受けると、前方にはボールを出せる空きスペースがあり、D・シルヴァはDFラインの裏へのパスを出してWGを走り込ませる。

こういった動きは複雑なものでもなければ難しいものでもない。だが、きわめて効果的な動きだ。シティの選手の動き方を規定しているルールを思いだしてみれば、ここで行われている意思決定の全体像を理解することができる。D・シルヴァはまずボールとの関係性によるポジション取りをしており、自由にパスを受けてボールを前へと進めることができる。2番目としてはチームメートの位置に応じたポジションを取り、ボールをファイナルサードへ進める助けとなれるように、一つ前のラインに入っている。3番目に、彼は相手に応じたポジション取りをしている。プレスをかける相手選手にパスコースを切られていることを認識し、ボールを進められるように小さな動きを行う。チームメートにパスコースの選択肢を提供しつつ、相手のブロックからは逃れられる位置となる。

【図70】

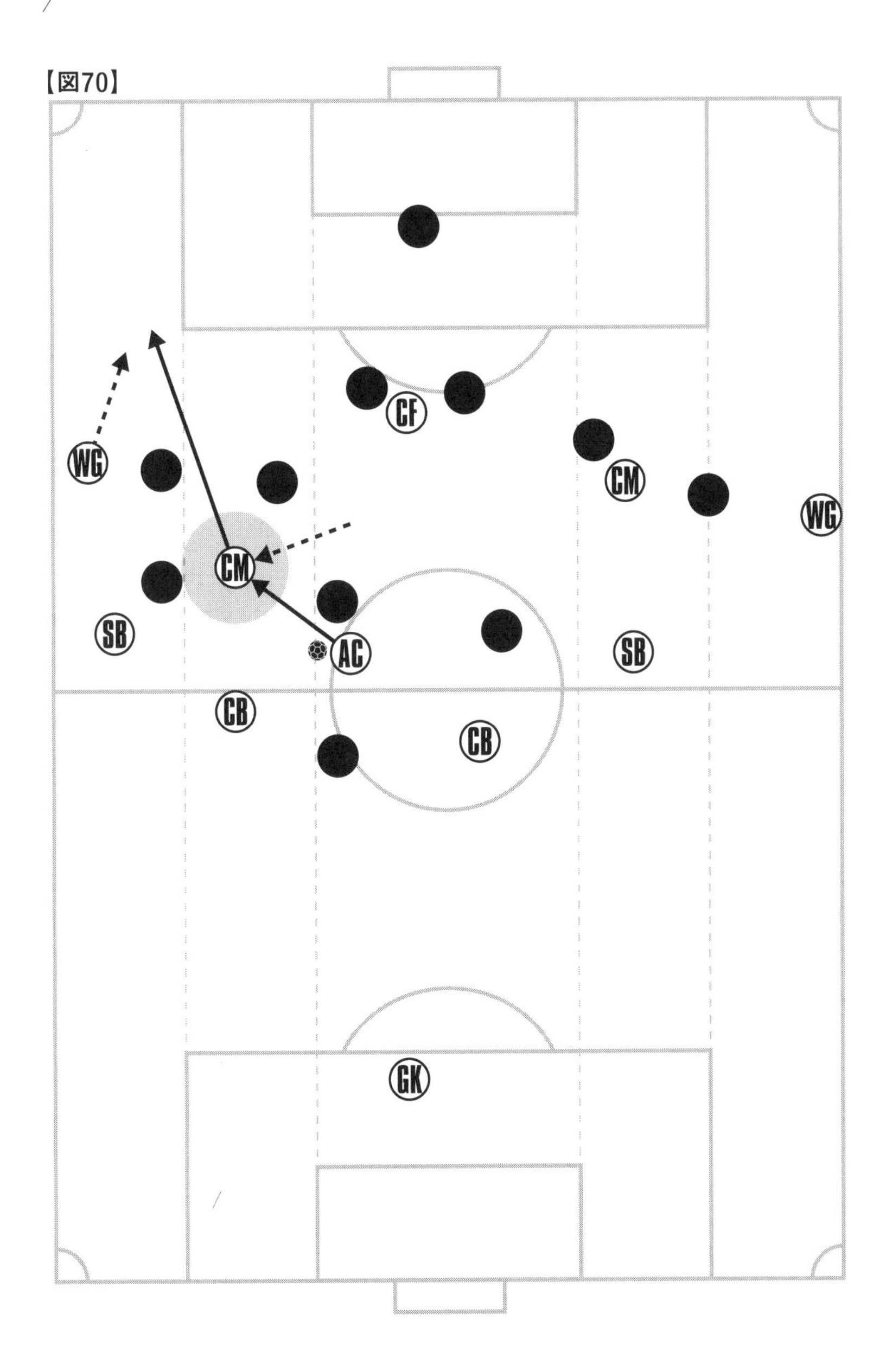

4 DFライン裏へのパス

シティにおいてD・シルヴァがファイナルサードで、そして、それ以上にペナルティーエリア内やエリア周辺で演じる役割についても理解しておく必要がある。スペースと角度の使い方を熟知するD・シルヴァは、ラストパス、あるいはラストパスに繋がるボールを出す部分においてキープレーヤーの一人となっている。シティがまったく同じような形からゴールを決める場面を、我々はもう何度も目にしてきた。本書の読者であれば、どのようなゴールのことを指しているかおわかりだろう。相手の守備選手2人の間を通すパスを出し、シティの選手がペナルティーエリア内に走り込む。ボールを受けた選手はゴール前を横切る低く強烈なボールを送り、あとは別の選手がネットに押し込むだけだ。相手チームもこういう形の危険度は十分に認識しているはずだが、シティがこの動きを使ってくると予想できることと、それを阻止できることとはまったくの別問題である。

シティがこういったプレーを実現できる理由は、やはりシンプルなものだ。あらかじめ設定された通りの動きを実行しているのであり、このエリアへのボールの展開を技術面で完璧に遂行している。そして、すべての動きの中心でカギを握る存在となっているのがD・シルヴァだ。

図71では相手チームが深く引いてブロックを作り、ペナルティーエリアの守備を固めようとしている。中央のエリアとハーフスペースの境界線上に位置するD・シルヴァは、コンパクトなブロックの中に小さな空きスペースを見つけたところだ。そこにボールが供給されると、まさにD・シルヴァの真骨頂の見せ所となる。D・シルヴァがボールを受けた瞬間に、シティの前線の選手が動き始める。

【図71】

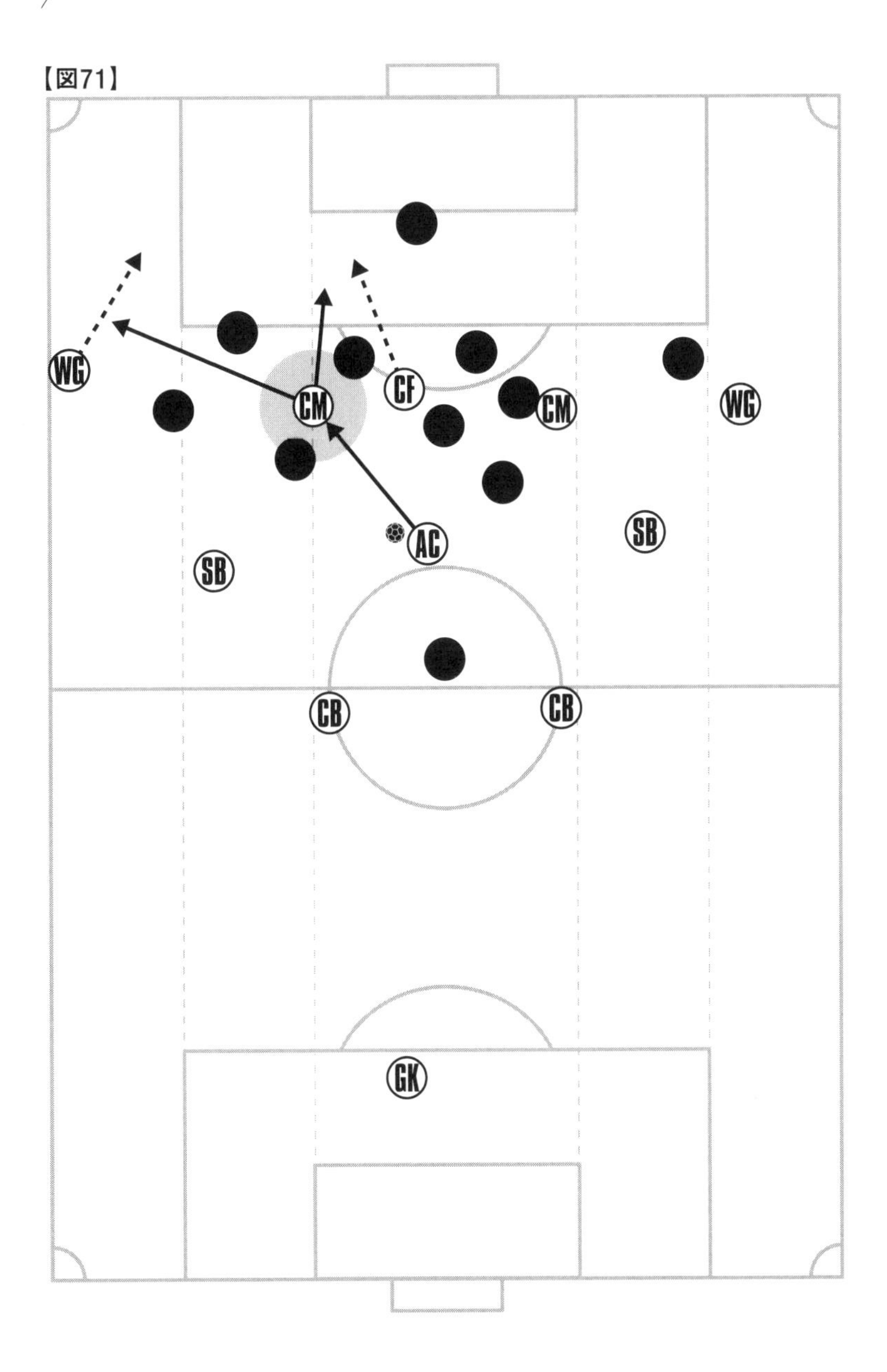

左ＷＧはペナルティーエリア内へと斜めに走り込み、ＣＦもマーカーを振り切る動きを見せる。どちらの選手も、ボールを持ったＤ・シルヴァにはＤＦラインの裏へパスを通してくる力があるとわかっているからだ。

5 ギャップを突く短走

ペナルティーエリア内や周辺に入り込むパスの重要な経由点となるだけでなく、Ｄ・シルヴァは自らスペースに走り込んでペナルティーエリア内の相手守備ブロックを崩すことができる選手としても機能している。

図72にその動きを示す。左ＳＢでプレーするラポルテが、ハーフスペース内で「４番」と同じライン上にポジション取りをしている。相手チームは深く引いてコンパクトな陣形を築いており、Ｄ・シルヴァはＣＦすぐ近くの中央のポジションに位置している。Ｄ・シルヴァはボールの位置を見てパスコースを意識し、２人の守備選手間のギャップに向けて短く鋭く走り込む動きを見せる。この動きによってパスを引き出し、シティは深い位置からコンパクトなブロックを突破してゴールチャンスを作り出すことができる。今回もＤ・シルヴァがスペースの使い方を理解していることが、この形を実現する上でのカギとなっている。

Ｄ・シルヴァは純粋にリーダーシップや精神面においてもシティにとって間違いなく重要な存在だが、攻撃フェーズにおける受け手としての重要性も見逃すわけにはいかない。彼はおそらく他の誰よ

【図72】

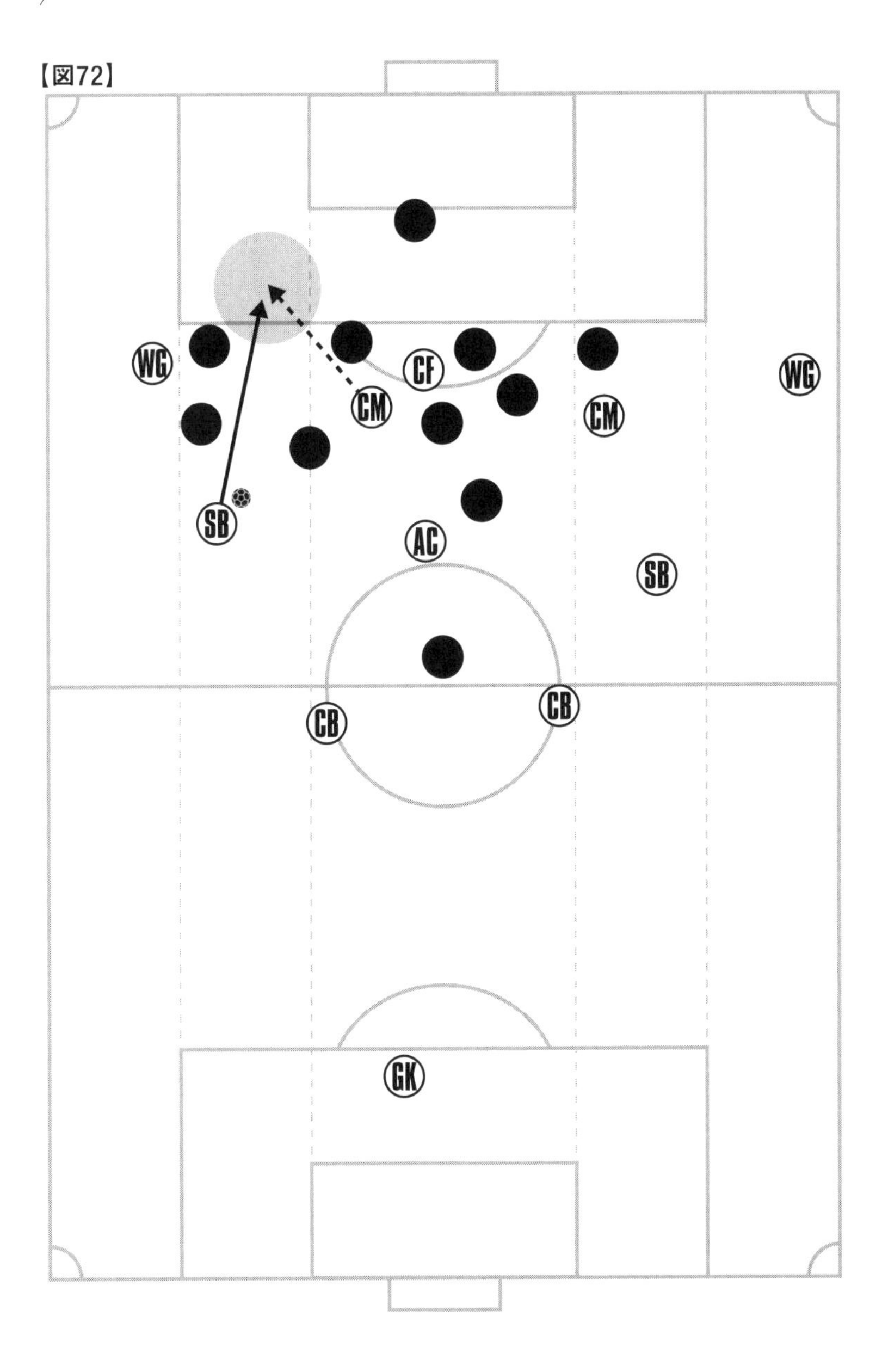

りも、ピッチ上で監督のゲームモデルを理解し解釈することができる。いつどのようなポジション取りをすれば相手に対して最大限の脅威を引き起こすことができるかを理解している選手であり、好調時のＤ・シルヴァを止めるのはほとんど不可能だ。Ｄ・シルヴァのトップチームでの出場時間は今後減少していくかもしれないが、もしそうなったとしても、ピッチ内外の両方でチームにとって重要な存在であることに変わりはないだろう。

SCRIPTURE OF POSITIONAL FOOTBALL

12

ケヴィン・デ・ブルイネ

モウリーニョが率いるチェルシーには居場所がなかった

特にトップレベルのサッカー界では、過去を振り返ってみることは非常に面白い。必要とされるクオリティを備えていないと評価され、あるクラブに見限られたような選手が、別のクラブで同じリーグに戻ってくると突然のようにポテンシャルを最大限に解き放つようなケースは数え切れないほどあった。だが、そういった多数の例の中でも、ベルギー代表MFケヴィン・デ・ブルイネのシティでの復活は他とは比べ物にならないほど劇的であったと言える。

育成に定評のある母国ベルギーのヘンクの下部組織で育ったデ・ブルイネは、早い段階から同世代屈指のポテンシャルを有したタレントとして注目を集めていた。ヘンクでトップチームに上り詰めると、2010－11シーズンにはジュピラープロリーグ優勝メンバーの一員となった。右サイドでも中央でも同様の活躍を見せたこのシーズンの彼のパフォーマンスと創造性は、欧州サッカー界のいくつかのトップクラブからの関心を引きつけ、翌シーズン終了後にはチェルシーへの移籍が合意に達した。

ブルーズのトップチームでプレーする前に、デ・ブルイネはレンタルの形でブンデスリーガのヴェルダー・ブレーメンへ送り出される。このステップアップにも問題なく適応し、2012－13シーズンを通して印象的な活躍を見せた彼は、イングランドに戻ってチェルシーの一員としてプレーしていくことになると期待されていた。

だが、スタンフォード・ブリッジでは、デ・ブルイネはトップチームのサッカーにほとんど参加することができなかった。当時の監督は他ならぬジョゼ・モウリーニョだった。彼は監督としてのキャリアを通して、若手選手を積極的に起用して成長させようとする姿勢をまったく見せたことがない。この時期のチェルシーも、トップチームのメンバーはほとんどが実績のある国際レベルの選手で占められており、技術よりもフィジカルに重点が置かれていた。もちろん能力の高い選手ばかりではあったが、その2つの要素を両立させる力が求められていた。そこにデ・ブルイネの居場所がないことは明らかだった。

デ・ブルイネは遠慮のないタイプであり、確固たる自信を持った選手として知られている。これらの条件が揃った結果として、デ・ブルイネはモウリーニョに食ってかかり、なぜ自分がメンバーに入れないのか、プレー時間を増やすには何をするべきなのか、答えを求めた。選手と監督としての関係は緊迫化し、緊張感が張り詰めていく。この若いMFに関して記者会見でメディアから質問を受けた際にも、モウリーニョはうまく対応することができなかった。

こういった監督との会話が、デ・ブルイネがチームでの出場機会を獲得する結果に繋がらなかったのはむしろ当然だろう。成長を続けるためにプレーできる環境が必要だと考えたデ・ブルイネはチェルシーからの移籍を検討し始めることになる。その希望は、推定2000万ポンドの移籍金でヴォルフスブルクへ完全移籍してブンデスリーガに復帰するという形で叶えられることになった。彼にとってすべてのピースが揃ったのはこの時だったように感じられる。デ・ブルイネはついに、長らく期待され続けていたポテンシャルを発揮し始めた。1月の移籍市場で加入した彼はシーズン後半戦を通して新たなクラブに順応すると、2014－15シーズンの開幕時にはより完成された新たな選手として生まれ変わったかのようだった。このシーズンの終わりまでに16ゴールを挙げ、驚異の27アシストを記録し、ドイツの年間最優秀選手に選出された。チェルシーで苦戦を強いられたデ・ブルイネは若いチームであるヴォルフスブルクのリーダーとなっていた。このパフォーマンスにより再び多くのトップクラブからの関心を引きつけ、6800万ポンドでシティへの移籍が決定。安易に彼を手放したことがいかに大きな間違いであったかをモウリーニョに見せつけるチャンスを得られることになった。

ハーフスペースだけでなくタッチライン際や中央エリアを活用する動的なCM

2016年にグアルディオラがチームの指揮を引き継いだ頃には、デ・ブルイネはすでにトップチームの主力として定着しており、欧州サッカー界でもトップレベルの若手選手の一人となっていた。だが、その時点でもまだ彼が新たな指揮官の下で爆発的なパフォーマンスと結果を発揮することを十分に予測できていた者はわずかだった。デ・ブルイネが主に起用されるのは右側の「8番」のポジション。グアルディオラのチームにおいては非常にハイブリッド的なポジションであり、ポゼッション時には2人のCMがどちらも伝統的な「10番」のようにプレーすることはこれまでの章ですでに見てきた通りだ。

だが、通常D・シルヴァが務める左サイドのパートナーが左のハーフスペースを積極的に使おうとする一方で、デ・ブルイネはより動的なオプションとなり、ハーフスペースだけでなく右のタッチライン際や中央エリアのスペースも活用する。彼の能力とパス範囲の広さはおそらく世界のサッカー界でも右に出る者がいないほどだ。サイドのスペースから回転をかけたボールを通してアシストするプレーも、ピッチ中央を突破して相手ペナルティーエリア周辺でチームメートと連携するプレーも同じくらい容易にこなしてしまう。シティが守備から攻撃へ素早いトランジションを行う際にもデ・ブルイネがその中心となる場面がよく見られる。シティ陣内から相手陣内へ素早くボールを運ぶプレーは非常に得意としている。ピッチ上のどのエリアでもスピードを落とさずボールを扱うことができる彼の能力により、相手がシティの速攻に適切に対処するのはもはや非常に困難となっている。

【ケヴィン・デ・ブルイネの取扱説明書】

1　空きスペースへの横移動

前章においては、左側のCMとしてD・シルヴァがある一定のスペースを占める動きのタイプについて論じた。だがデ・ブルイネのコンディションがいい時の様子は少々異なっている。D・シルヴァはハーフスペースとサイドのエリアでのプレーを好んでいるが、デ・ブルイネは中央エリアから右側のハーフスペース、さらに右サイドに至るまでのスペースを使う動きが見られる。攻撃フェーズにおいて選手がポジショニングを判断する際、考慮すべき基準としてグアルディオラが求めていることをもう一度思いだしてみよう。デ・ブルイネのような選手がファイナルサードやその周辺で空きスペースに出入りする動きをする時も、まず考えるのはボール、次にシティの他の選手、それから相手選手の位置となる。

図73にその例を示す。ボールは右側のCBが保持しており、右WGはタッチライン際のワイドな位

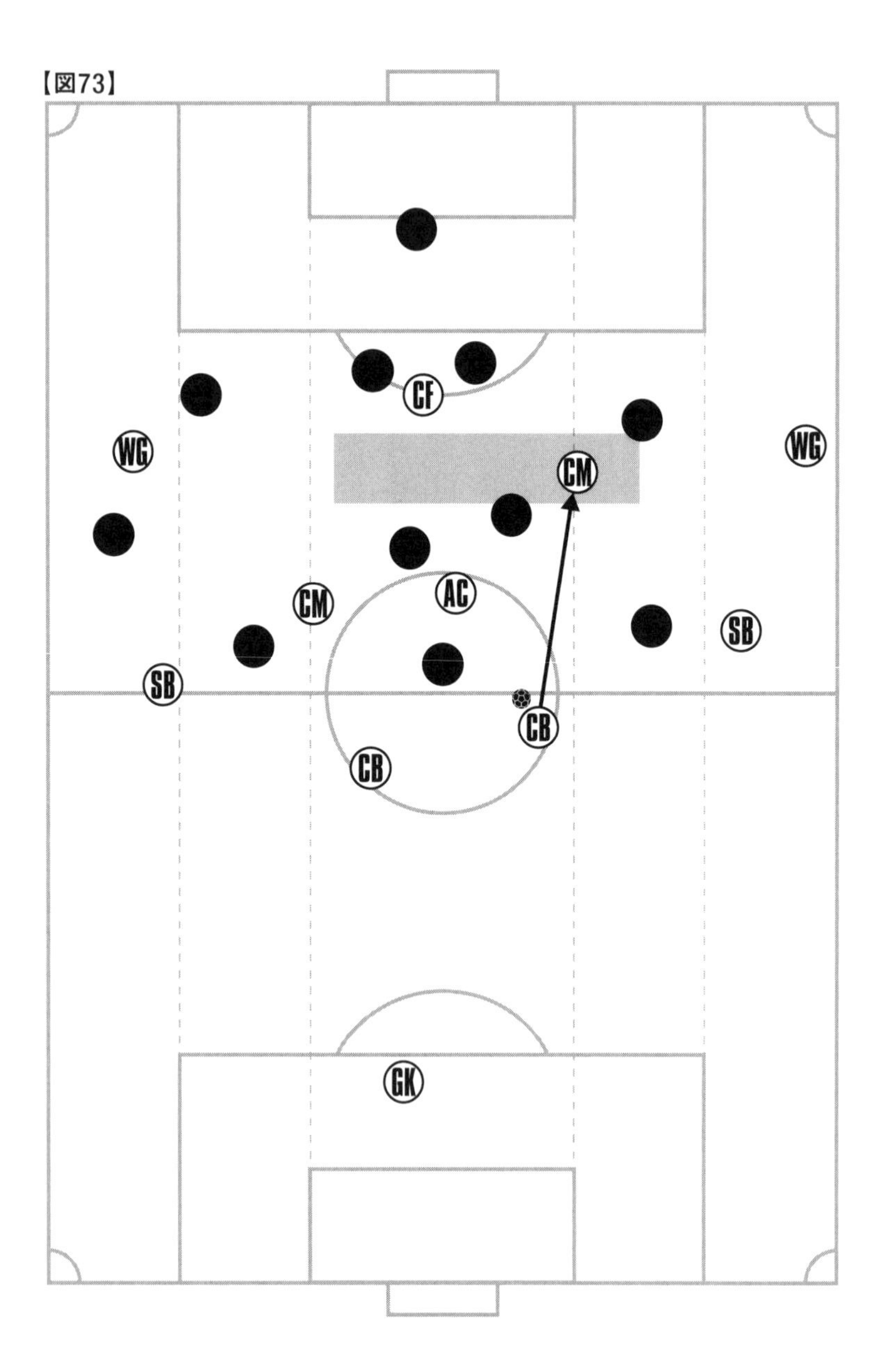

【図73】

置に張っている。ここでデ・ブルイネは、中央あるいはハーフスペースにポジションを取ろうとする。その狙いは、デ・ブルイネと右WGの間にいる相手選手を、一旦無人地帯に放り込むことだ。相手DFがサイドへ移動すればデ・ブルイネがプレーできるスペースは広がる。相手がポジションを絞ってデ・ブルイネをカバーしてくれれば、右サイドへのパスコースがフリーになる。シティの選手がファイナルサードで見せる動きやポジショニングの多くは、相手に対してこういった選択を強いることを意図している。

図74も同様のケースであり、シティはファイナルサードに向けてボールを前進させようとしている。相手のポジショニングとボールが位置するエリアを踏まえ、今回はデ・ブルイネは右側のハーフスペースから中央のエリアへと横移動してボールを受けようとしている。ボールを受けたデ・ブルイネは5人の相手選手に囲まれた空きスペースに位置する状況となる。この選手はプレスをかけに行くのか、守備陣形を維持して引いたままにするのかを選択しなければならない。

今回もシンプルなパスとデ・ブルイネのポジショニングによって、シティは相手が楽にプレーすることができない状況を作り出そうとしている。守備側の選手は決断を迫られることになり、シティがペナルティーエリア内へ侵入することができるかどうかはその決断の結果次第となるかもしれない。

2 DFラインを横切る低く長いパス

デ・ブルイネに対処する相手チームが抱えざるをえない問題は、彼が多彩な手段を用いて急所を突

【図74】

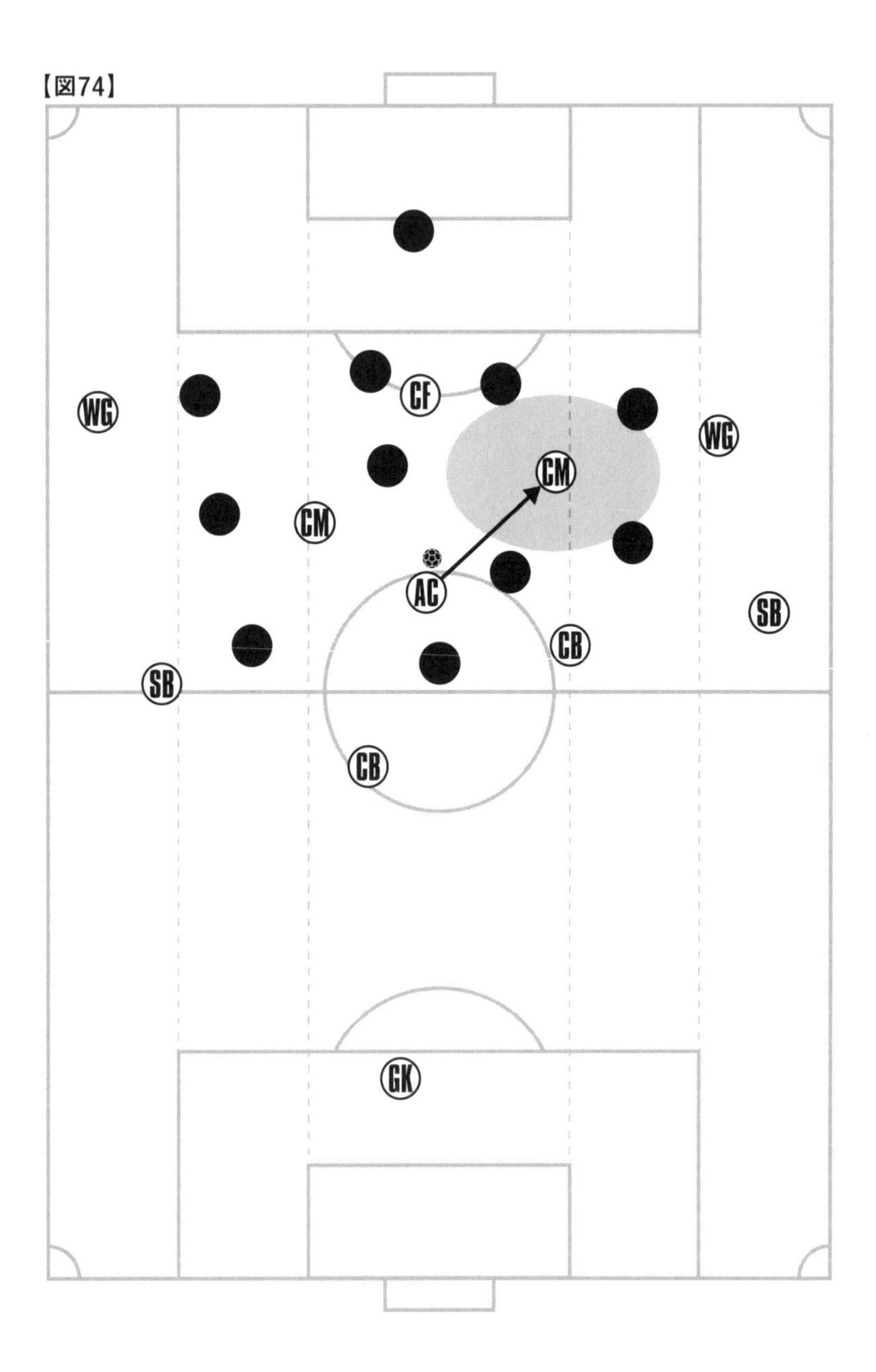

いてくることだ。プレスをかけに行ったとすれば、1対1での突破やチームメートとの素早い連携によりそのプレッシャーを回避されてしまう。プレスをかけずにスペースを与えてしまうと、彼はサッカー界でもおそらくトップクラスのロングパス能力を発揮してくる。ボールを持つデ・ブルイネにチェックに行かなければ、守備構造に空いたスペースをあっさりと見つけられ、そこを利用されてしまう可能性が非常に高くなる。

その例を**図75**に示す。デ・ブルイネが右側のハーフスペースでボールを持つと、相手チームはラインを下げ、デ・ブルイネがペナルティーエリア内へスルーパスを通すために必要となるスペースを消そうとしている。だが、その結果として時間を与えられたデ・ブルイネは、左サイドに空いたスペースを見つけ出すことが可能となり、相手DFラインの目の前を横切る低く長いパスでそのスペースへとボールを通してしまう。

3 完璧なサイドチェンジ

ピッチを横切る形であれ、前方のエリアへのパスコースを通す形であれ、デ・ブルイネはこの低く長いパスを非常に得意としている。彼が並外れたパス範囲の広さを誇る最大の理由の一つは、ボールをヒットする際の技術にある。こういったサイドチェンジのプレーでは特にそれが顕著に表れ、パスの長さだけでなく威力や回転までも完璧なボールが供給される。

このロングパス能力は、デ・ブルイネがタッチライン際のエリアでボールを持った際にも発揮され

【図75】

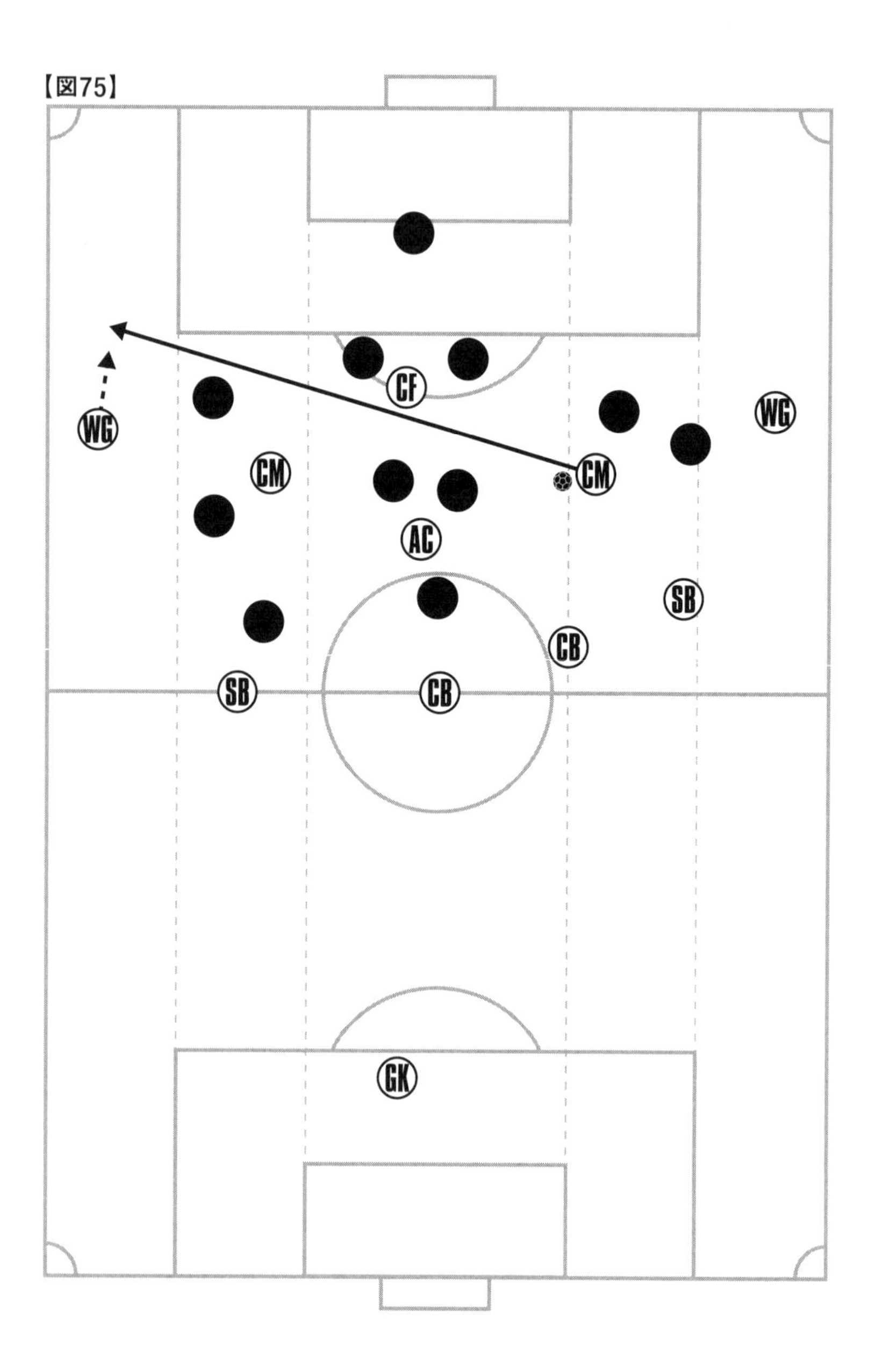

る。ペナルティーエリア内への低く長いパスや、ムチのようにしなるパスは絶品だ。こういったパスを出す上での考え方は、彼がより密集した中央のエリアでプレーする場合と変わらず、ボールをスペースに送り込むことだ。ここではゴール前のスペースとなる。チームメートはそのボールに合わせて前へ走り込み、得点チャンスを迎えることができる。

こういったプレーの例を**図76**に示す。ワイドなスペースに張ったデ・ブルイネがボールを受けた時点では、CFも左WGも比較的低い位置にいるため、相手にとってはさほど危険が差し迫っているようには感じられない。だが、デ・ブルイネのパス能力をもってすれば、カーブとスピンをかけたボールがDFラインの裏のスペースを横切る形で難なく通されてしまう。デ・ブルイネがボールを持つと、左WGであるサネはすぐに動き出し、DFラインの裏へと走り込む。エリア内でボールを受ければ決定的なゴールチャンスを迎えることができる。

4　ペナルティーエリア付近から放つシュート

デ・ブルイネのボールの蹴り方と、そのキックがシティにもたらす恩恵については本章ですでに強調してきた通りだが、これは彼がロングレンジからゴールを狙うプレーの脅威度にも繋がる。特にペナルティーエリア付近から放つシュートだ。

だが、デ・ブルイネがこのエリアから試合を動かすプレーを見せるためには、彼が空きスペースでボールを受けられるような戦術構造をシティが構築することが必要となる。**図77**ではそういったプ

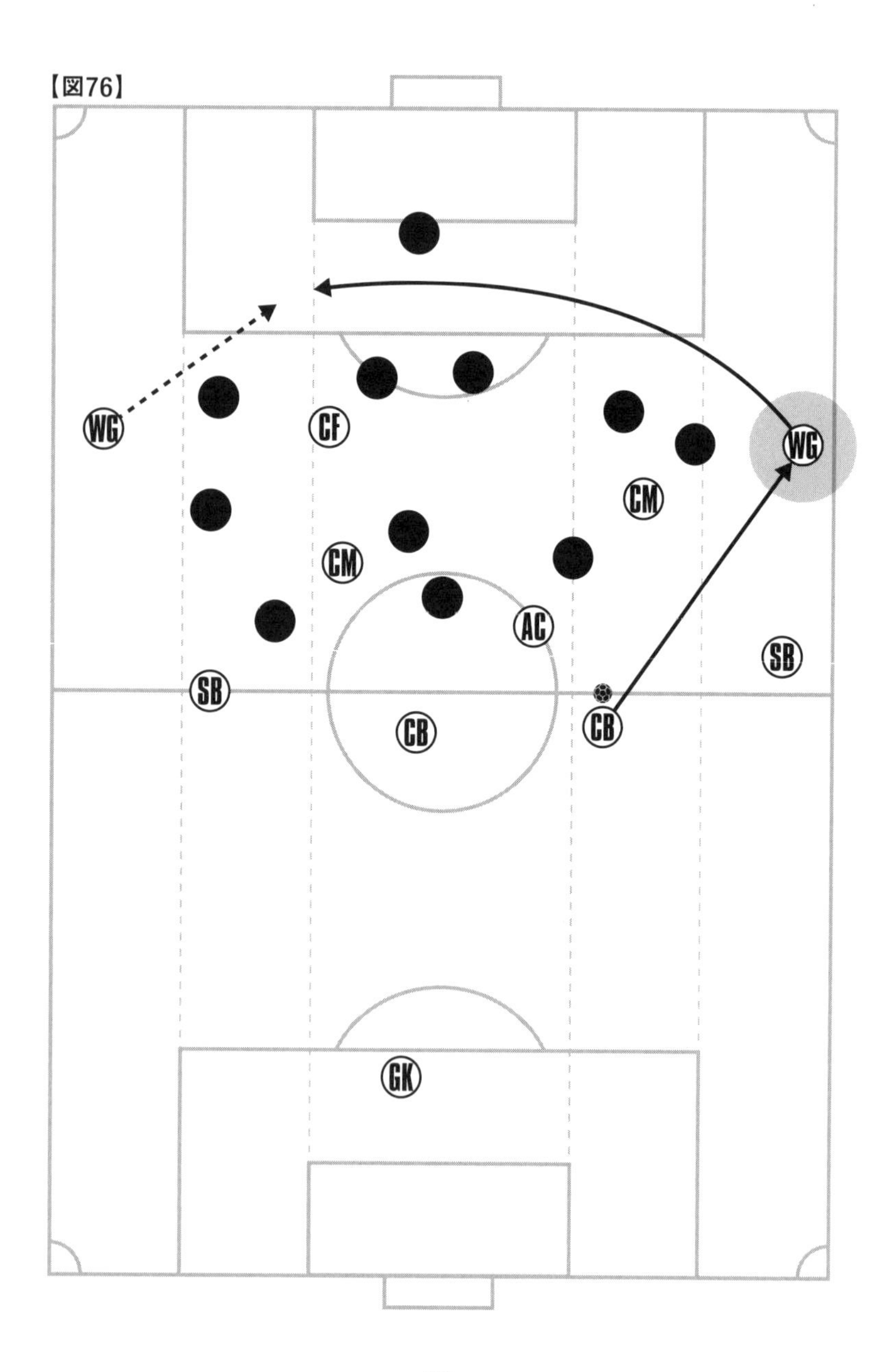

【図76】

【図77】

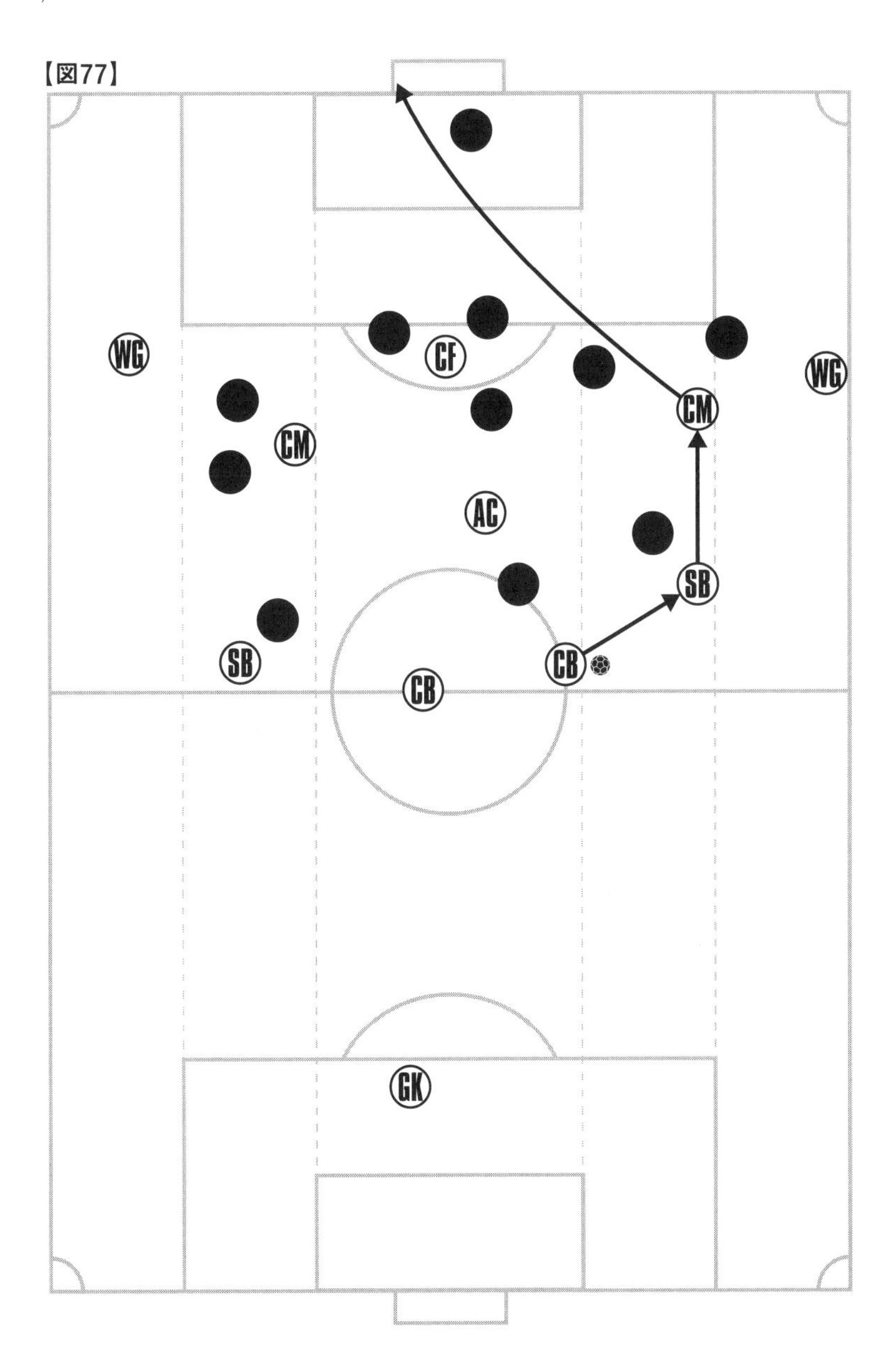

レーの例を示している。まずは、デ・ブルイネがハーフスペースでボールを受けた際のポジション取りを見てほしい。次にタッチライン際ギリギリに張り付いているWG、そして最後に相手DFに目を向ければ、2人の間で板挟みにされてしまっていることがわかる。このシーンでもやはり、サイドからの脅威が存在するため、DFはデ・ブルイネへのパスコースをカバーするような動きを取ることができない。

ストーンズからウォーカーを経てデ・ブルイネにボールが進められると、彼はスペースでボールを持つことができる。デ・ブルイネがペナルティーエリア内やその付近でまさに危険な存在となるのはここからだ。他の選手とワンツーなどの連携を取ることもでき、DFラインの裏へボールを通すこともできる。さらにこのエリアからきわめて正確なシュートも打ってくる。今回の例では、ボールを受けたデ・ブルイネにはスペースがあるため、ゴール前を横切るシュートを打ち込むことが可能だった。

図78も同様の状況であり、今回、デ・ブルイネは中央のエリアにポジションを取っている。右SBのウォーカーからパスが入ると、彼はまたしても空きスペースに入り込んでボールを受けた形となる。CFの後ろでボールを持ったデ・ブルイネのすぐ近くに迫っている守備選手は誰もいない状況だ。

ここでもボールを受けたあとのプレーには複数の選択肢がある。CFのアグエロと連携することも、自らゴールを狙うこともできる。シュートを選択したデ・ブルイネはペナルティーエリア外からゴールを奪うことができた。

【図78】

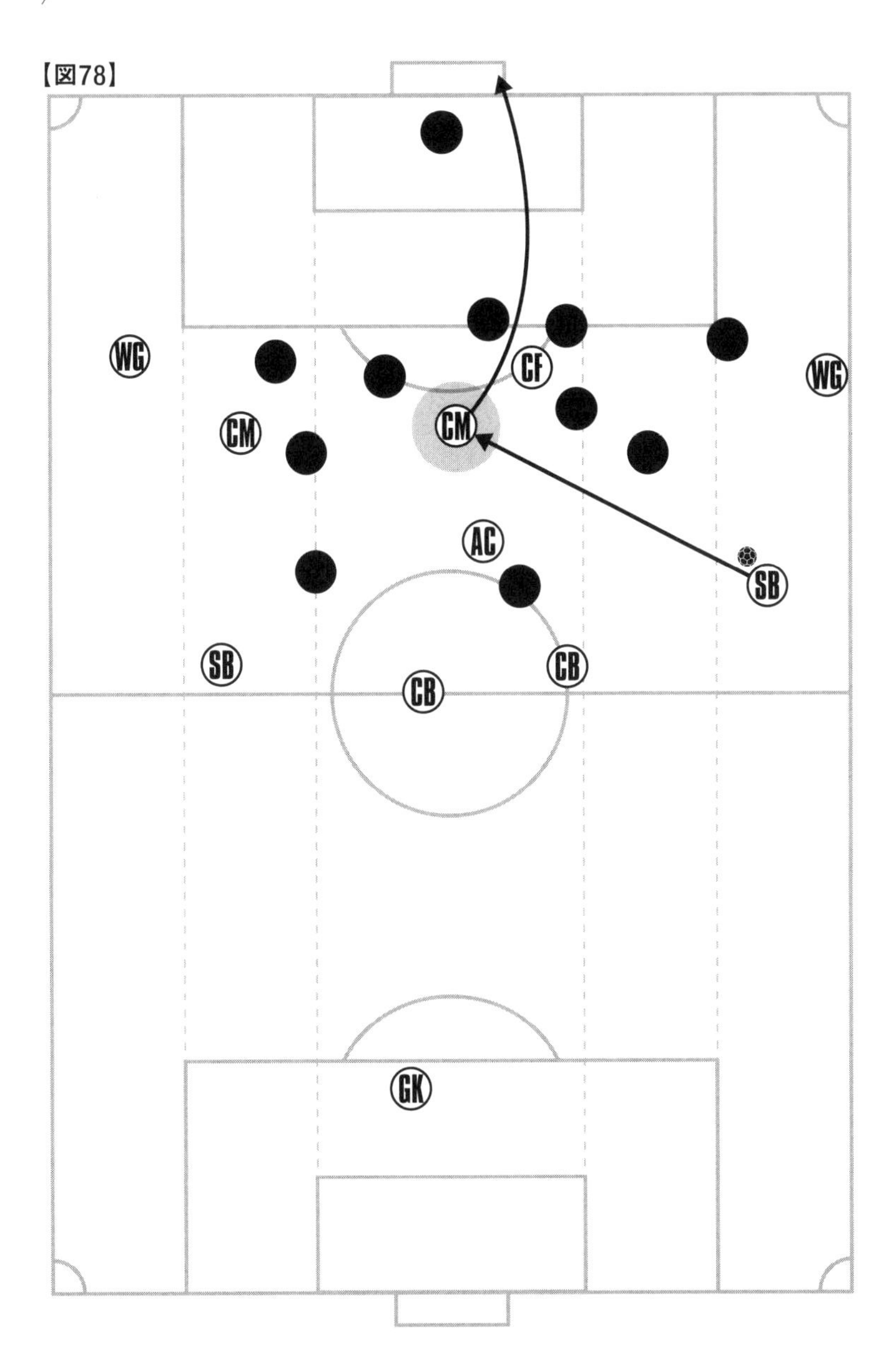

5 素早いコンビネーションの起点

デ・ブルイネに関して最後に示す例は、彼がファイナルサード内やその周辺でボールを持ったあと、素早いコンビネーションでチームメートを相手守備ラインの裏へと抜け出させる形だ。

すでに以前の章でも、グアルディオラがシティに導入したゲームモデルにおいて、オーバーロードが中心的な概念の一つとなっていることを紹介してきた。この例でも再びその概念が絡んでくる。右WGのB・シウヴァと、右サイドの深いエリアのスペースに位置するウォーカーがデ・ブルイネと連携し、同サイドを守る2人のDFに対してオーバーロードを作り出そうとしている。

ボールがB・シウヴァから内側のデ・ブルイネへパスされても、2人の守備選手は動かない。まだ脅威が目前に迫っているとは考えていないためだ。だが、ここでウォーカーが遅れて駆け上がり、2人の守備選手の間を抜けていくと、デ・ブルイネはそこにスルーパスを滑り込ませ、ウォーカーをDFラインの裏へと抜け出させる（**図79**）。ほんの数秒間で実行されるこの素早いコンビネーションはきわめて効果的なものだ。

シティのメンバー全体に目を向けてみると、ある程度似ているように感じられる選手もいる。例えばスターリングをマフレズに、ストーンズをオタメンディに入れ替えてみても、クオリティが大きく落ち込むことはない。しかし、デ・ブルイネに関しては別だ。彼のプレースタイルは独特であり、だからこそグアルディオラにとって非常に価値のある存在となっている。ファイナルサードでの創造性やロングレンジからの脅威により、相手選手にとっては守るのがきわめて難しい。

【図79】

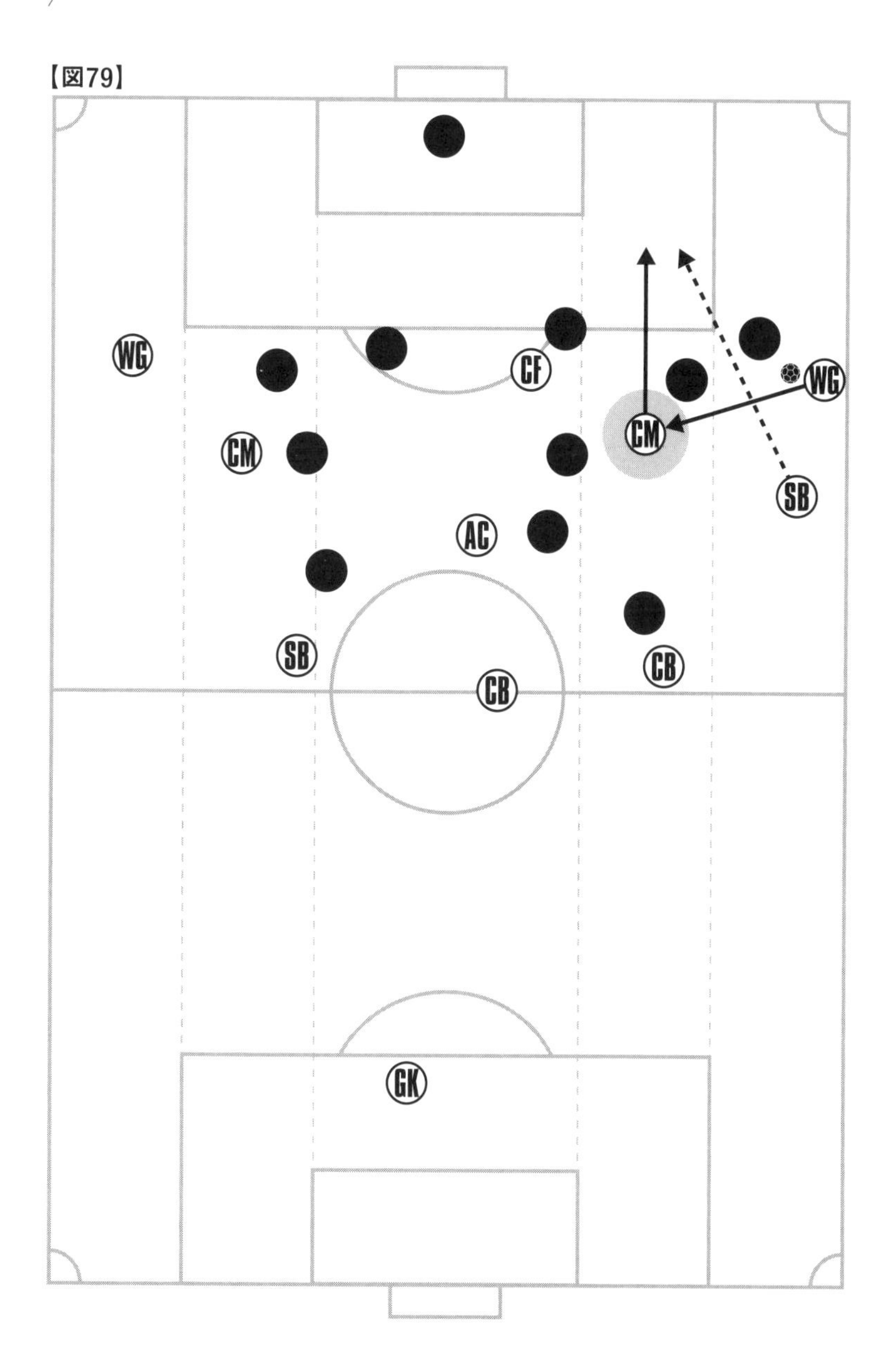

だが、2018‐19シーズンには、デ・ブルイネが負傷のため欠場を余儀なくされた試合も多かった。シティが3冠達成のシーズンからさらに上積みを加え、チャンピオンズリーグ優勝にも本格的に挑戦していきたいのであれば、このベルギー代表MFが体調を維持して重要な役割を担い続けることが不可欠だろう。

SCRIPTURE OF POSITIONAL FOOTBALL

13

レロイ・サネ

父親は元セネガル代表で母親は五輪に出場した新体操選手

若い選手の成長の過程を見ていると、まるであらかじめ成功が定められていたかのように感じられるケースもある。シティとドイツ代表のWGであるレロイ・サネはまさにその典型例だった。彼の父親は元セネガル代表サッカー選手のスレイマン・サネであり、母親はドイツ代表として五輪に出場した新体操選手のレギーナ・ヴェーバー。サネの兄弟の他の2人も、レロイほどのレベルではなくともプロサッカー選手としてプレーした。とはいえ、レロイがここまで歩んできたキャリアは、決して単純な一本道だったわけではない。

彼がまず所属していたのは父親の古巣の一つでもあるヴァッテンシャイトだった。大きなポテンシャルを有した有望選手としてすぐに見い出され、ドイツのルール地方で最も評価の高い育成組織を持つクラブであるシャルケと契約を交わすことになった。サネはここから比較的順調に成長していく……と予想するのが普通かもしれない。彼自身の才能とシャルケの指導力や設備を考えれば、トップチームの選手として育て上げられるはずだ、と。

だが、この若きアタッカーは一旦シャルケを離れ、バイヤー・レヴァークーゼンに加入することになる。そこで3年間を過ごしたあとシャルケへと戻った。2016年にはドイツを離れ、最大で推定4650万ポンドに到達するとされる移籍金でシティに加入した。シティにはすぐに強烈なインパクトをもたらし、スピードとバランス、技術力を兼ね備えた彼は、対戦するDFにとって厄介な相手となった。

サネはそのキャリアの中で、少々扱いにくいタイプの選手と見なされたこともあった。２０１８年ワールドカップを戦うドイツ代表メンバーから落選したこともその一例であり、そのような兆候は彼のキャリア初期にも見て取ることができた。２０１８－19シーズン中にサネがシティでなかなか安定した出場時間を得られなくなった理由も、ある程度はそういった部分にあると言えるかもしれない。グアルディオラはサネの見せる姿勢を快く思っていないのではないか。そういう印象が確かにあった。

だが、この点を別にすればサネには驚異的な才能があり、きわめて効果的なプレーができる選手であることに異論を唱える者は誰一人いないだろう。ほぼ左ＷＧのポジションのみでプレーする彼の好調時の攻撃はまさに手に負えないものであり、ファイナルサードに鋭く侵入する動きを繰り返しては相手のペナルティーエリアを脅かし続ける。２０１７－18シーズンにはプレミアリーグだけで10得点、13アシストを記録してみせた。その翌年には、少なくともアシストの面ではやや数字が落ち込む結果となり、10得点を挙げたもののアシストは８回にとどまった。

だが、数字上の成績低下はパフォーマンスを落としたというよりも、出場時間自体が減少した結果だと考えるべきだろう。２０１７－18シーズンにはプレミアリーグで合計２６１５分間プレーしていたサネだが、２０１８－19シーズンは１９８４分間の出場にとどまった。７試合あまりに相当する６３１分間の減少である。

上記の成績から単純に考えれば、サネはどちらのシーズンも変わることなく攻撃面で十分な脅威となっていたことがわかる。従って、彼がこれほど大幅に出場時間を失った理由としては、公にされていない別の問題があったと考えるのが論理的な帰結ということになる。右ＷＧや中央でのプレーの方が得意なスターリングや、CFを本職とするガブリエウ・ジェズスが、左WGとしてサネより優先的に起用されることもあった。

「スペース理解力」が加わった超高速左WG

イングランドに渡ってシティに加入して以来、サネが選手として成長と発展を遂げてきたことに疑いの余地はない。以前の彼は、爆発的なスピードを頼りに、相手DFを強引に抜き去ってDFラインの裏のスペースへ侵入していた。だが、グアルディオラの率いるシティでは、スペースに関する理解力やその使い方にも、ペナルティーエリア内や周辺の狭いスペースで素早いパスのコンビネーションを用いてプレーする能力にも、目覚ましい向上が見て取れた。好調時のサネが自信を持ってプレーできればきわめて危険な存在となる。強烈で正確なシュートという武器もあり、ロングレンジからのFKを蹴ることもできる。2018－19シーズンのチャンピオンズリーグでも彼のFKは、シティが古巣シャルケを破って勝ち進む力となった。敏捷性とゴールへ向かう姿勢を持った彼は、シティがゴール前のエデルソンによるスローから素早くボールを出して繰り出すカウンターアタックにも欠かせない存在である。

2018－19シーズンの終了を迎え、本書執筆時点でサネが置かれた状況は、現代のサッカー界を取り巻くある種の問題をよく表している。昨シーズンのサネに関する話はほとんどがネガティブなものばかりだった。2018年ワールドカップのメンバーからは落選したが、ロシア大会でのドイツ代表には明らかに彼が必要だったと感じられた。サネはシティでも安定した出場機会を得るのに苦戦する時期が続いた。現時点では、サネは他のクラブに売却され、おそらくはドイツに戻ることになると予想する者が多い。シティは彼を売却したあと、まだ無名ではあるが同程度レベルのWGを獲得することになるだろう、との予想だ。

だが、サネがもしシティではなく、今もブンデスリーガのシャルケでプレーする選手だったとすればどうだろうか。前述の基準をそのまま適用し、過去2シーズンに彼が記録したゴール数とアシスト数を考えてみよう。シティにとってもファンにとっても、左WGのポジションに欠員ができたとすれば、ぜひとも代役として獲得したいと思えるような結果を残した選手だということになる。それならば結局、シティはサネをそのまま残しておくのが一番だろう。新たな左WGの選手にすべての戦術情報を教え込まなければならない練習時間の節約にもなる。サネならすでにシティのシステムで求められる仕事を完全に習得している。

【レロイ・サネの取扱説明書】

1　圧倒的なスピード

急加速してスペースへと走り込むサネが、WGとしてきわめて危険な選手であることに疑いはない。10メートルから20メートルほどの距離でのスピードにかけては、世界のサッカー界でも彼に対抗できる選手はほとんどいない。シティが素早く攻撃に転じる際にはこのスピードをオプションの一つとして活用し、サイドのエリアにサネを走らせることができる。

図80ではその動きを示している。シティは自陣内でボールを奪い返したところだ。相手側もシティの陣形が整う前に素早いパスを狙ってきたところだったため、相手の陣形やシステムもある程度流動的となっている。攻撃に転じ始めたシティは、ラポルテがボールを持つと、相手の右SBとCBの間の隙間へとボールを通す。

相手チームがこういったエリアでサネに対して守備をする際に問題となるのは、彼は少し遅れて走り出したとしても止められないことだ。サネほどのスピードがあれば、守備側の選手にスタート時点で一歩や二歩先行を許したとしても、そこから追いつくどころか、容易に追い抜いてゴールへ向かっていくことができる。

図81も同様の状況である。今回は中央のエリアでフェルナンジーニョがボールを持ち、シティがポゼッションを握る時間帯が続いている。シティは攻撃時のポジション取りを完了しており、相手は比較的コンパクトなブロックを形成している。

左サイドに位置するサネのポジショニングを見てみよう。タッチライン際にいる彼に対し、直接の相手となる守備側の選手は内側に絞ったポジションを取り、サネとは約5メートルほどの間隔を空けている。だが、DFがこの位置で守っているにもかかわらず、その内側を通すパスが送られる。相手は有利なポジションにいたはずだったが、それでもサネはペナルティーエリア内への競争を制して先にボールに追いついてしまう。

サネもスターリングも素晴らしいスピードを持った選手だが、サイドのエリアの選択肢としてシ

【図80】

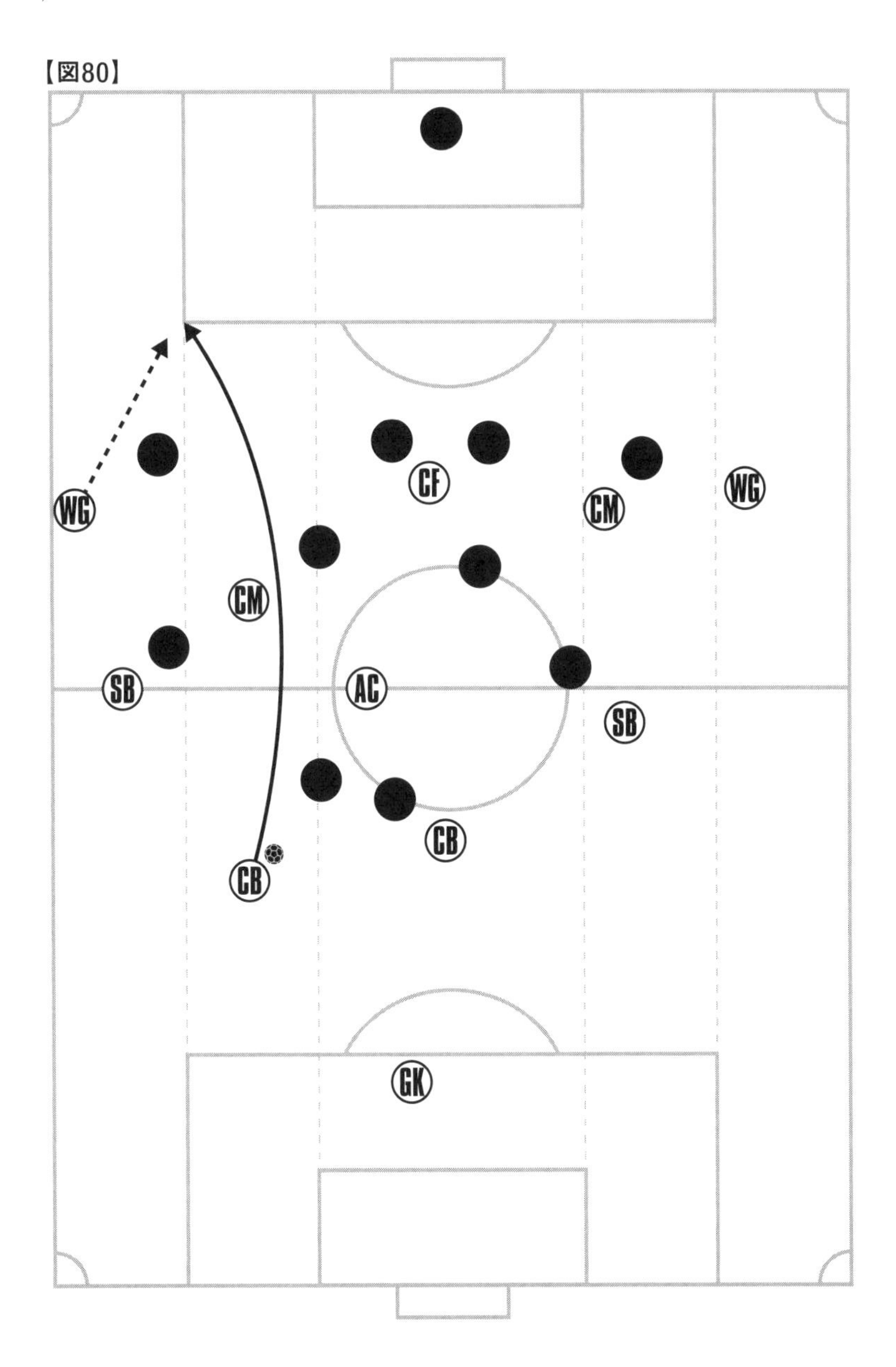

【図81】

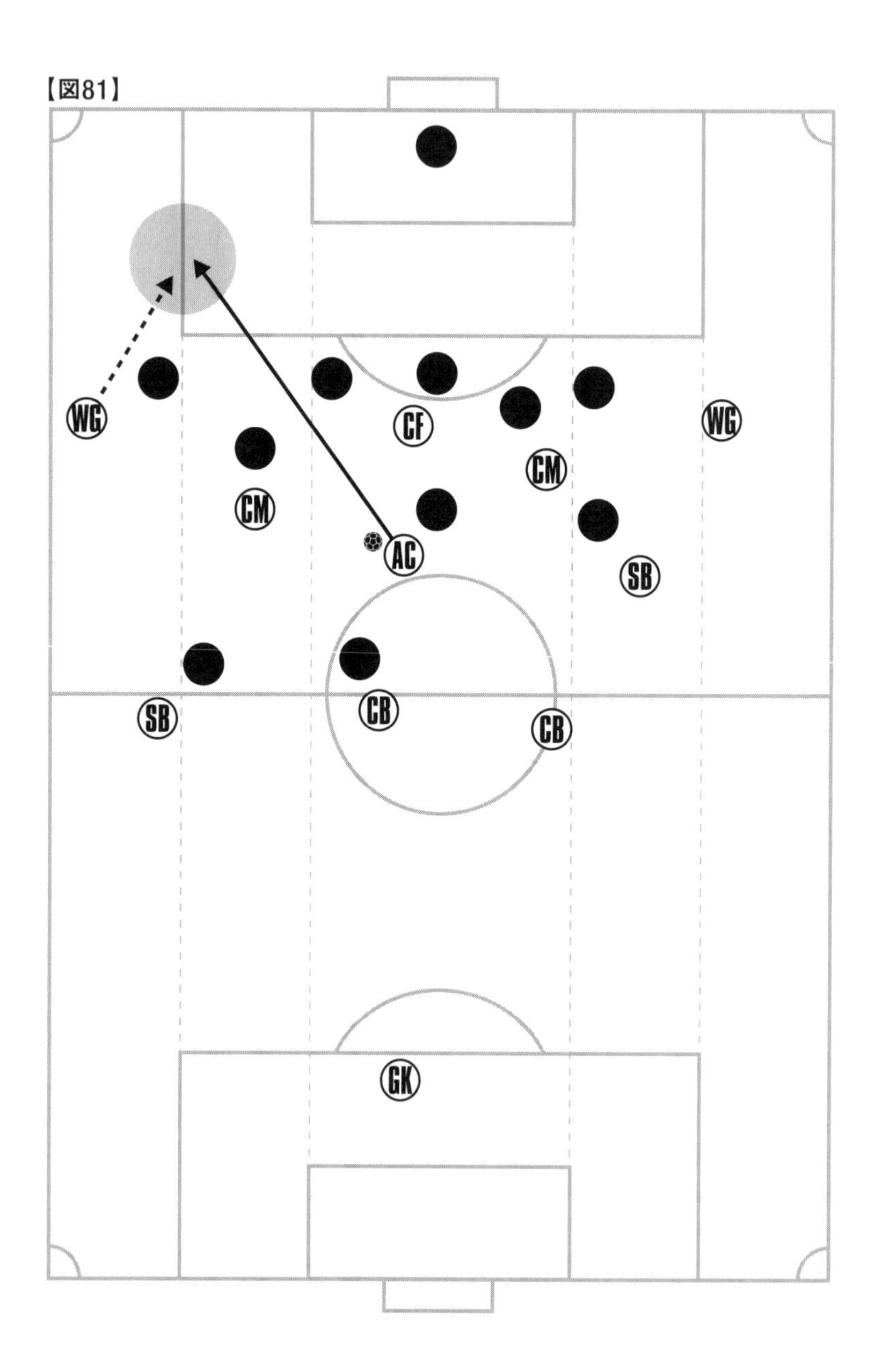

ティが揃えているその他の選手はこの2人ほど速いわけではない。B・シウヴァにもジェズスにもマフレズにもそれぞれ別の長所があるが、圧倒的なスピードを持った選手ではない。シティの戦術構造全体の中で、サネのようにDFラインの裏側を脅かす能力を持った選手がいれば、相手は中央のエリアのスペースを消すため、DFラインを高く押し上げるという対応が取れなくなる。ラインを深くせざるをえないが、そうするとシティの他の選手、特に2人の「8番」が利用できるスペースを与えることになってしまう。

2 ワンツーからの裏抜け

シティがファイナルサード内やその付近で短いパスのコンビネーションを用いる場合にもスピードは効いてくる。すでに言及した通り、シティは同じ形でのゴールを何度も何度も決めている。DFラインの裏へボールが通されると、WGが斜めに走り込んでボールに追いつき、ペナルティーエリアに侵入してゴール前を横切るクロスを入れる形だ。このペナルティーエリアに走り込んでボールを受ける選手は、サネであることが非常に多い。

図82では、サネのスピードをDFラインの裏側へと解き放つためにシティが用いるコンビネーションの形の一つを示している。ボールはハーフスペースのD・シルヴァから左SBのメンディへと繋がれ、そこからの縦パスでサネがまず一度ボールを受ける。相手の右SBはサネに対して密着しすぎており、アグエロとの簡単なワンツーを用いることでサネを走らせるスルーパスが通される。

【図82】

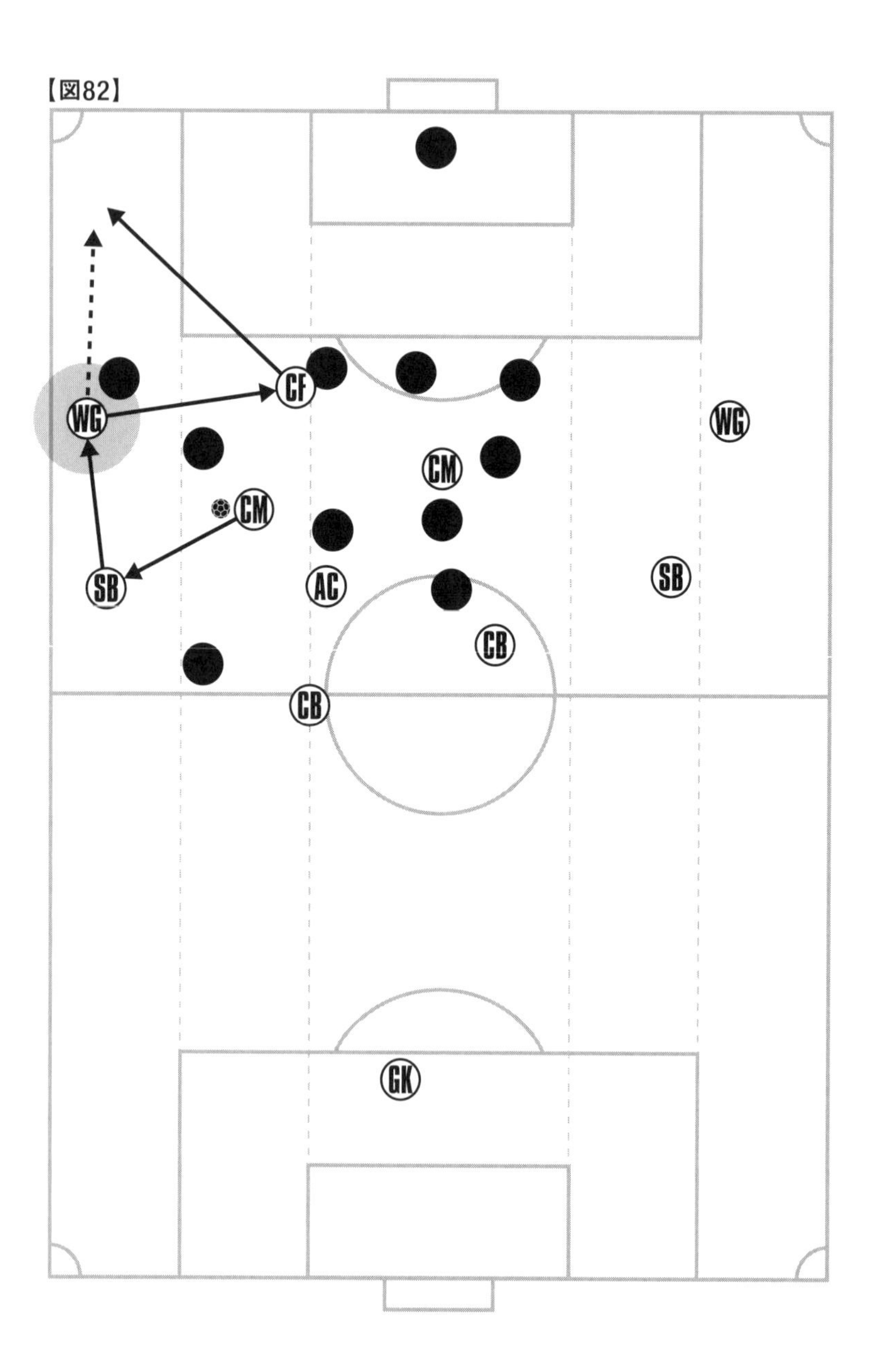

このパスワークのコンビネーションはオーバーロードのコンセプトを用いており、このエリアで相手の守備選手2人（CBとSB）が対応不可能なマッチアップを作り出している。このコンビネーションが素早く実行されれば、オーバーロードに追い込まれた2人をサポートするため、相手チームが守備陣をスライドさせるのも非常に困難となる。

図83も同様の状況で、ショートパスのコンビネーションから、最後は左WGのサネが相手DFラインの裏へ抜け出す形となっている。今回のコンビネーションはより単純なものだ。ボールは左SBのジンチェンコから、ハーフスペースにいるD・シルヴァへと送られる。D・シルヴァはそこから、右SBとCBの隙間に比較的シンプルなスルーパスを通し、サネをラインの裏へ抜け出させることができる。

シティのゲームモデルにおいて用いられる多くのコンセプトに共通することだが、このパスのコンビネーションもそれほど複雑なものではない。それではなぜ、相手は簡単には止められないのだろうか？　その理由の大部分はシティがプレーするテンポにある。ペナルティーエリア周辺で用いられるこのようなコンビネーションは、空いたスペースを活用するため、短く鋭いパスを素早く繋いで実行される場合が多い。だが、そのエリアに入る以前の段階では、シティは意図的にプレーをスローダウンさせ、より遅めのパスを繋いでいる場面がしばしば見られる。そこから再びテンポを一気に加速させていく。

この緩急の切り替えは、相手を定位置から引き出すように仕向けた上で、ピッチ前方のエリアに到達したところでスピードを上げてバランスを修正させないことを意図している。

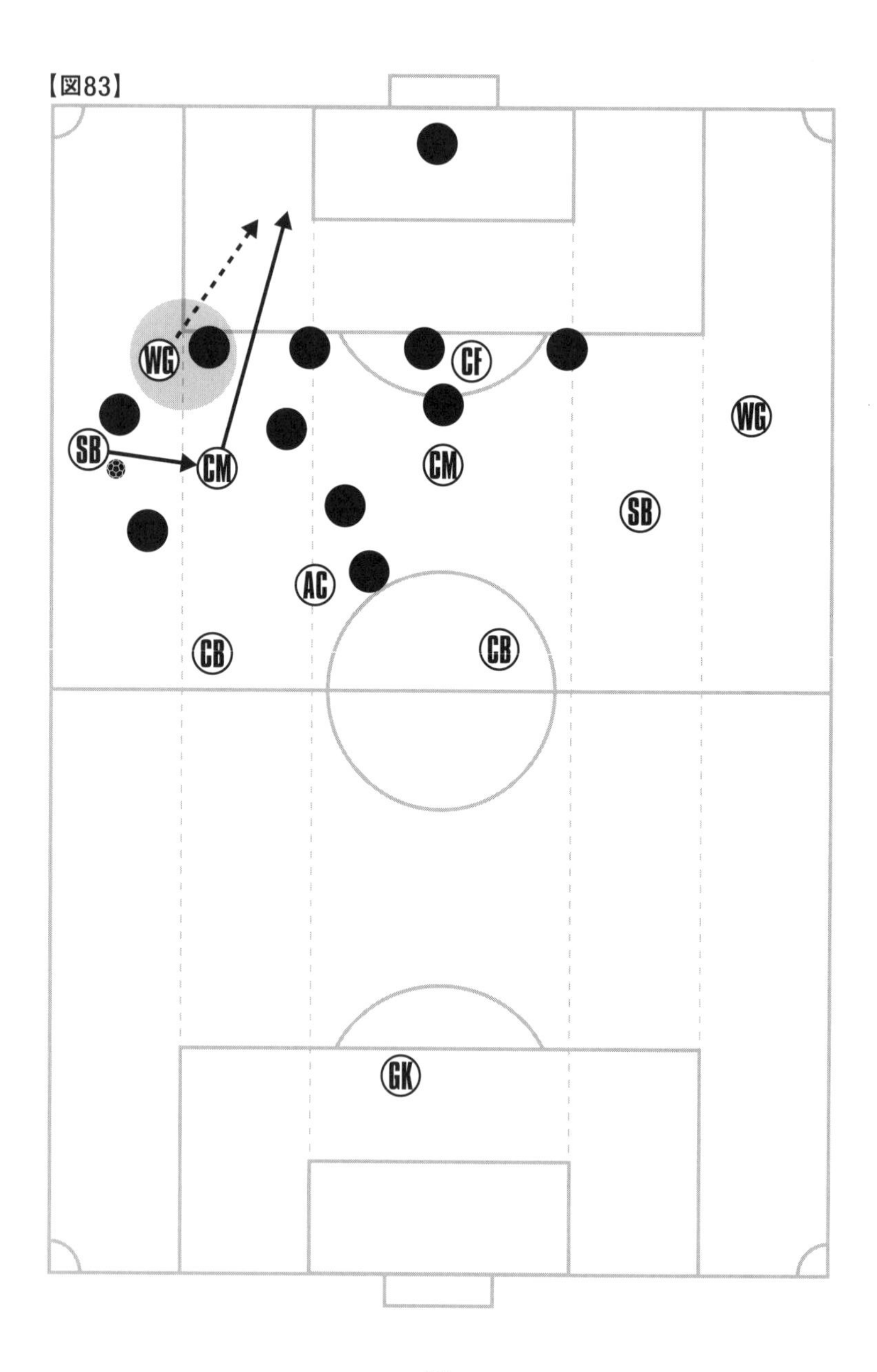

【図83】

3　前方エリア侵入後のラストパス

サネがサイドのエリアでスペースを利用し、自分自身、チームメートのゴールチャンスに繋がるようなポジションに入り込もうとするプレーをこれまで解説してきた。彼が発揮するスピードに目を奪われてしまうのも当然かもしれない。だが、前方のエリアに侵入した彼のボールを扱う能力も見落とせない。サネは優れたゴールスコアラーでもあり、斜めのラインからゴールに向けて抜け出した時には、GKの目の前を横切るような低く直線的なシュートを好んで用いる。パスの角度やパスコースも理解しており、ファイナルサードに入り込みつつ、自信を持ってプレーすることができる。

図84は、本章も含めてすでに何度も論じてきた動きの形を示している。DFラインの裏へ抜け出したサネのスピードとパワーを食い止められる相手はほとんどいない。こういったエリアから彼自身がゴールに向けた引き金を引くケースもあるが、より頻繁に見られるのはチームメートにラストパスを送る形だ。シティの選手はこの形からゴールを奪うことを心から楽しんでいるかのようであり、相手チームはこのパスワークに対してまったくの無力とされてしまう。サネがDFラインの裏へと抜け出し、CFはニアポストへ飛び込む。逆サイドのWGは同じ角度からファーポストを狙いに行く。

4　守備陣の決断を悩ます恐怖感

攻撃陣にサネほどのスピードを持った選手がいることのメリットの一つは、やはり相手に恐怖感を

【図84】

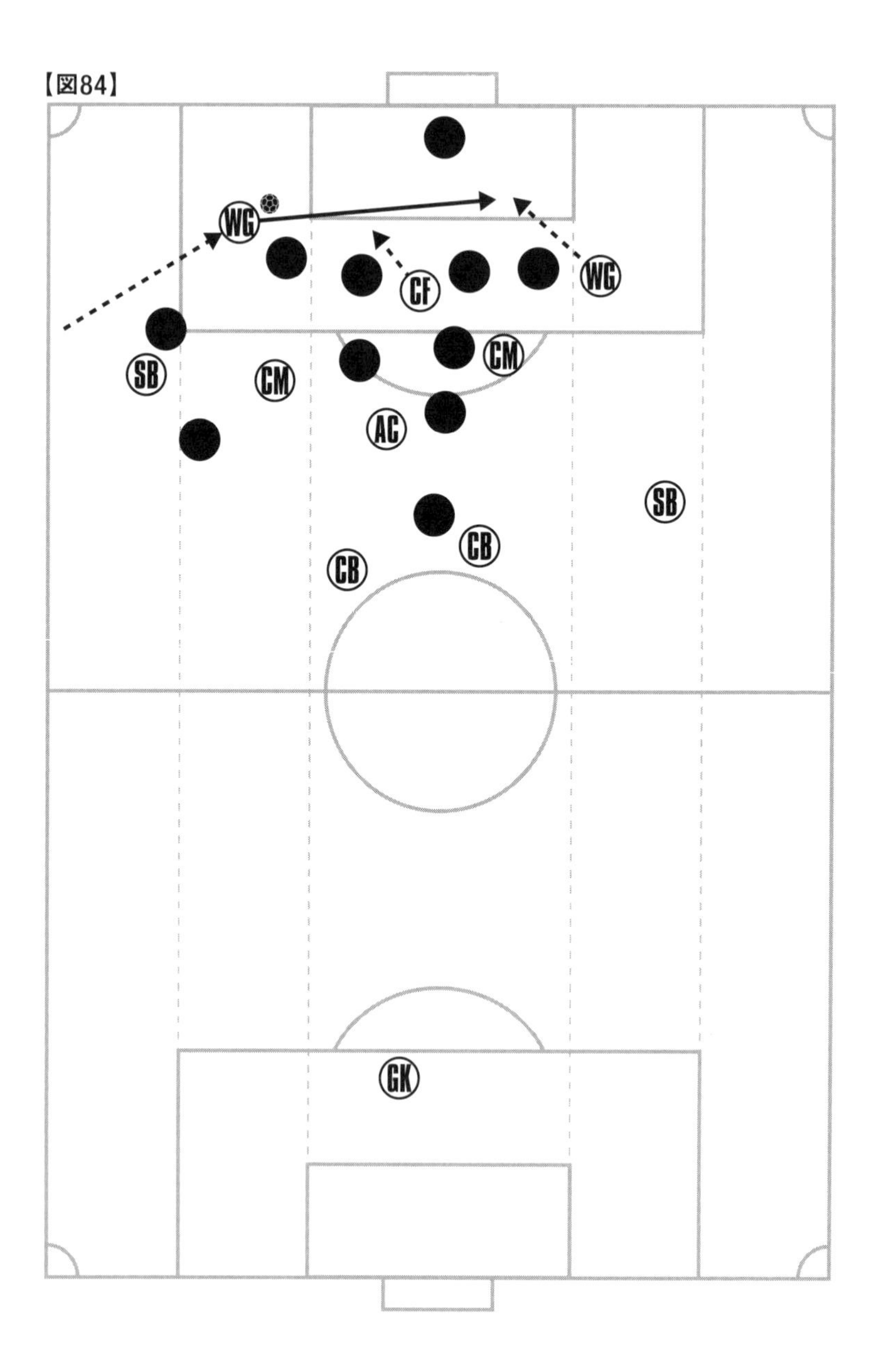

与えられることだ。すでに論じてきたように、サイドのエリアで発揮されるスピードによって相手は深いDFラインを維持することを強いられ、中央にシティが利用できるスペースを空けてしまうことになる。同じ理屈は、サネがファイナルサードのDFライン手前でボールを持っている形でも当てはまる。

前章でも解説した通り、デ・ブルイネに目を向けると、相手守備陣はいつ厳しくプレスをかけに行くべきなのか、いつ下がるべきなのかを決断するのが難しい。同様の不安はサネがボールを持っている際にも生じる。距離を詰めてプレスをかけに行くと、ドリブルで抜かれてしまったり、素早いパスとコンビネーションで突破されてしまったりするリスクを冒すことになる。だからといってガチガチに引いて守るというのも、サネが鋭いパスを供給できる能力を大いに過小評価する対応となってしまう。

例えば**図85**では、サネがペナルティーエリア手前でボールを持っている。相手守備陣が引いて守り、低いDFラインを維持しようとすると、彼はボールを浮かせてライン裏のスペースへ送り込むことができる。そこにはスターリングがファーサイドから走り込んでくる。

予想が的中しなければ恥をかくことになるとはわかっているが、今後サネが本当にシティを離れることになるとは考えにくい。パワーとスピードを兼ね備え、鋭いラストパスも供給することができるサネは、グアルディオラが率いるシティにとって間違いなく完璧に適した選手であるように思えるからだ。

ボールを持っていない時も含めて、彼が相手に対して与えられるインパクトは非常に大きいものと

【図85】

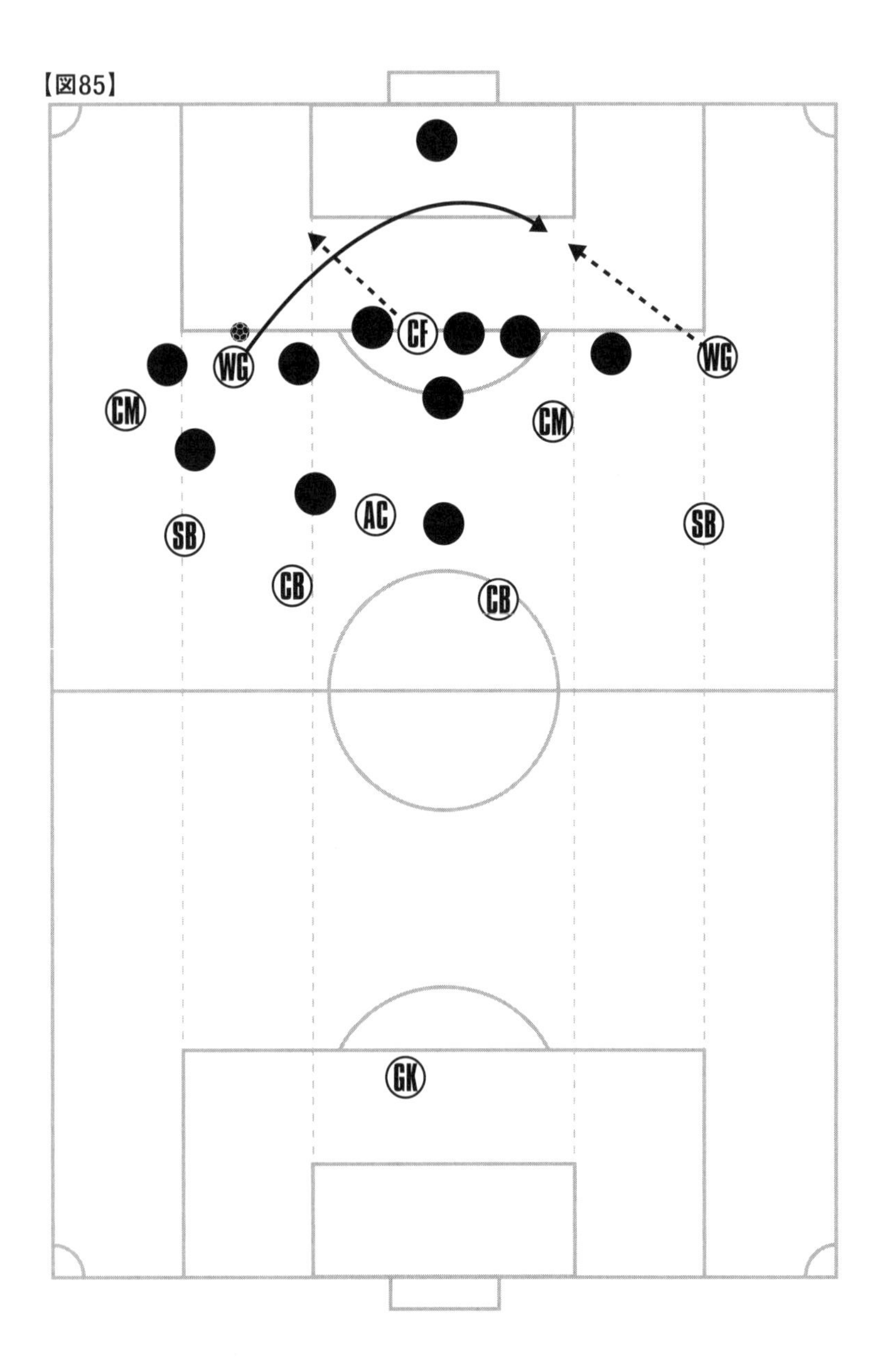

なりえる。それがファイナルサード全体でチームメートにスペースを作り出し、シティはそういったスペースを容赦なく突いていくことができる。このことだけでも、サネをチームに引き留めることは、シティの今後にとって最重要課題の一つだと言えるだろう。

SCRIPTURE OF POSITIONAL FOOTBALL

14

ベルナルド・シウヴァ

全盛期のイニエスタのプレーを彷彿

グアルディオラが2008年にバルセロナの指揮を引き継いだ時、前線のリオネル・メッシだけでなく中盤のシャヴィもアンドレス・イニエスタも前任者から受け継ぐことができたのは大きな幸運だったと論じられることは多い。だが、この点について私としては、彼らが選手として成長していった過程の少なくとも一部は、グアルディオラによる指導に直接の理由があったのではないかと反論したい。補足すれば、指導者からの影響がなければメッシやイニエスタのような選手がワールドクラスの存在にまで上り詰めることがなかったとまで言うつもりは微塵もない。一方でシャヴィについては、彼がサッカー界最高のMFになったのは、ある程度はグアルディオラがバルセロナ在任中に導入した戦術システムのおかげでもあった。だが、3人がいずれも2008年から2012年までの期間に受けた指導や助言をさらに上回る選手になったことは間違いない。

2016年にバルセロナを訪れた私は、カンプ・ノウでチャンピオンズリーグの試合を観戦する機会に恵まれた。グアルディオラとシャヴィはもうクラブを去っていたが、イニエスタとメッシのプレーを目にすることができた。当然ながら私の視線はメッシに引きつけられ、彼がボールを持って相手に勝負をかける場面を心待ちにしていた（この時の対戦相手はアトレティコ・マドリー）。だが、残念ながら私が訪れたのは、メッシにしては珍しく低調な試合だった。その一方で幸運だったのは、イニエスタが試合を支配し、アトレティコの守備ブロックを何度も圧倒するプレーを目撃できたことだった。何より印象的だったのは、パスを受けたイニエスタがボールをコントロール下に置きつつ、一見したところスローな動きで相手を抜き去っていく姿だった。あれほど高度なスペースへの理解力を持ち、そのスペースを最高の形で利用できる選手を見たことはなかった。イニエスタはまさにピッチ上のすべての選手と別のレベルでプレーしているかのようだった。

だが、驚いたのはその次のシーズンにチャンピオンズリーグの試合を観ていた時のことだ。残念ながらテレビ観戦だったが、一人の若いポルトガル人がイニエスタと似ていると感じられた。それがモナコでプレーしていたベルナルド・シウヴァだった。ここで説明を加えておくと、ある選手が別の選手に似ているというのは、両者を直接比較しているわけではなく、2人の選手がまったく同じようにプレーしているということでもない。むしろプレーに間接的な意味での共通点があるということだ。

今回の場合は、B・シウヴァが相手の守備ブロックの空きスペースにポジションを取り、そこでボールを受けることで高い位置の起点から攻撃を仕掛けられるプレーに目が留まった。まさにイニエスタが全盛期にバルセロナとスペイン代表で見せていたプレーを彷彿とさせるものだった。2016-17シーズンを終えて迎えた夏の移籍市場の早い段階で、B・シウヴァが推定4300万ポンドの移籍金でシティと契約を交わしたことが発表されても、私はまったく驚きはしなかった。このシーズンのモナコはチャンピオンズリーグで準決勝に進出し、キリアン・エムバペやファビーニョ、トマ・レマルなどが特に称賛を集めていた。だが、B・シウヴァはこのチームに静かに適応し、ポルトガル人指揮官レオナルド・ジャルディムの採用した攻撃的なゲームモデルの中で重要な存在となっていた。

グアルディオラがシティを率いた初年度の2016-17シーズンは、結果的には残念な1年間となった。プレミアリーグでは3位に終わり、チャンピオンズリーグでは準々決勝でB・シウヴァのいるモナコに敗れた。シティの補強部門は、B・シウヴァがモナコ躍進の触媒であったことを見極め、シティの指揮官が好むゲームモデルの中にもほぼ完璧に適合する選手であると認識することになった。

B・シウヴァが過去2シーズンのシティで成功を収めてきたことは、ある意味では当然だったとも言えるだろう。育成に定評のあるベンフィカの下部組織で育った彼は、2014年にモナコに見出され、まずは1年間のレンタルの形で引き抜かれた。この頃の欧州サッカー界では、若手選手を見る目にかけてモナコ以上のクラブはなかった。若い選手のポテンシャルを見抜き、彼らの戦術システム内で成長させることで、多くの選手をトップチームでも起用できるまでになっていた。この時期のモナコは巨額の補強費用を持つパリSGを抑えてリーグアンのタイトルを勝ち取り、チャンピオンズリーグでも準決勝まで進んでユヴェントスと決勝進出を争ったほどだった。

どのポジションでも攻撃の軸として機能する右WG&CM

B・シウヴァは重要な戦力としてモナコの成功に寄与していた。シティの戦術構造の中においても、多彩なポジションを務められる能力を発揮し、グアルディオラにとって欠かせない存在となった。右WGに起用されても、CMである2人の「8番」の右側として起用されてもまったく変わらないクオリティを発揮できることは非常に大きい。2018-19シーズンにB・シウヴァが残した数字も多くを物語っている。このシーズンに彼は公式戦合計16得点、14アシストを記録したが、得点数とアシスト数はプレーの一面を表すものでしかない。ドリブル成功率も全公式戦で79・7％を記録。そしておそらくそれ以上に意味を持つのは、ファイナルサードへのパスの成功率が79・5％、ペナルティーエリア内へのパスの成功率が64・6％という数字だろう。彼はどの位置でプレーしたとしても攻撃を繰り出す上での軸として機能することができる。ペナルティーエリア内やその周辺でボールを呼び込んでプレーを連結させる能力にかけて彼を上回る選手はほとんどいない。特に興味深いのは、同じポジションでプレーしていてもチームメートとはその演じ方が異なっている点だ。B・シウヴァが右サイドに入った場合と、スターリングが同じサイドでプレーする場合を比較すれば、シティはまったく別のチームであるかのように見える。どちらでもクオリティが低下することはないが、シティの攻撃の全体的な印象はまったく変わってくる。

【ベルナルド・シウヴァの取扱説明書】

1　小さなポジションチェンジ

B・シウヴァが右サイドでプレーする場合、タッチライン際のポジションを取り続ける可能性は低く、内側に流れてハーフスペースに入り込む形が多い。以前の章で詳細に論じたオーバーロードとアイソレートのコンセプトをシティが用いようとする時、この小さなポジションチェンジはチームに明らかな影響を及ぼす。一方でシティは、逆サイドのWGがタッチライン際に残って相手の守備ブロックを横に引き伸ばしている形から、右サイドで素早いコンビネーションを用いて守備陣を突破しようとする場合もある。

図86ではその例を示している。B・シウヴァはハーフスペース内でボールを受けたあと、チームメートとのコンビネーションを使ってペナルティーエリア内へ侵入していく。このコンセプトはシンプルなものだ。ボールを受けた時点でD・シルヴァと、その隣の「8番」としてプレーするギュンドアンとの間で、相手の守備選手一人が孤立している。シティが孤立させた守備選手を回避し、突破するためにこのような角度を用いることはすでに見てきた通りだ。今回もやはり、そのコンビネーションを実行する上での精度とスピードが重要な意味を持つことになる。

2　内外へ突破できるバランス感覚

B・シウヴァが右WGとしてプレーする時に内側のハーフスペースへ入り込む傾向があることは、シティの攻撃フェーズにある種のバランス感覚をもたらしている。完全な両利きでもある彼はサッカーを学ぶ小さな子どもたちにとってもお手本となる存在だ。この結果として、B・シウヴァがDF一人と相対してアイソレートされた形でボールを受けた時、左右どちら側から相手選手に対して仕掛けていくのかを正確に読むことはできない。

図87ではB・シウヴァがサイドのエリアでボールを持った形を示している。彼にはここから相手DFの内側にも外側にも突破を仕掛けることができるバランス感覚と能力がある。結局、相手は迫ってくるB・シウヴァと相対しても動くことができなくなってしまう。

【図86】

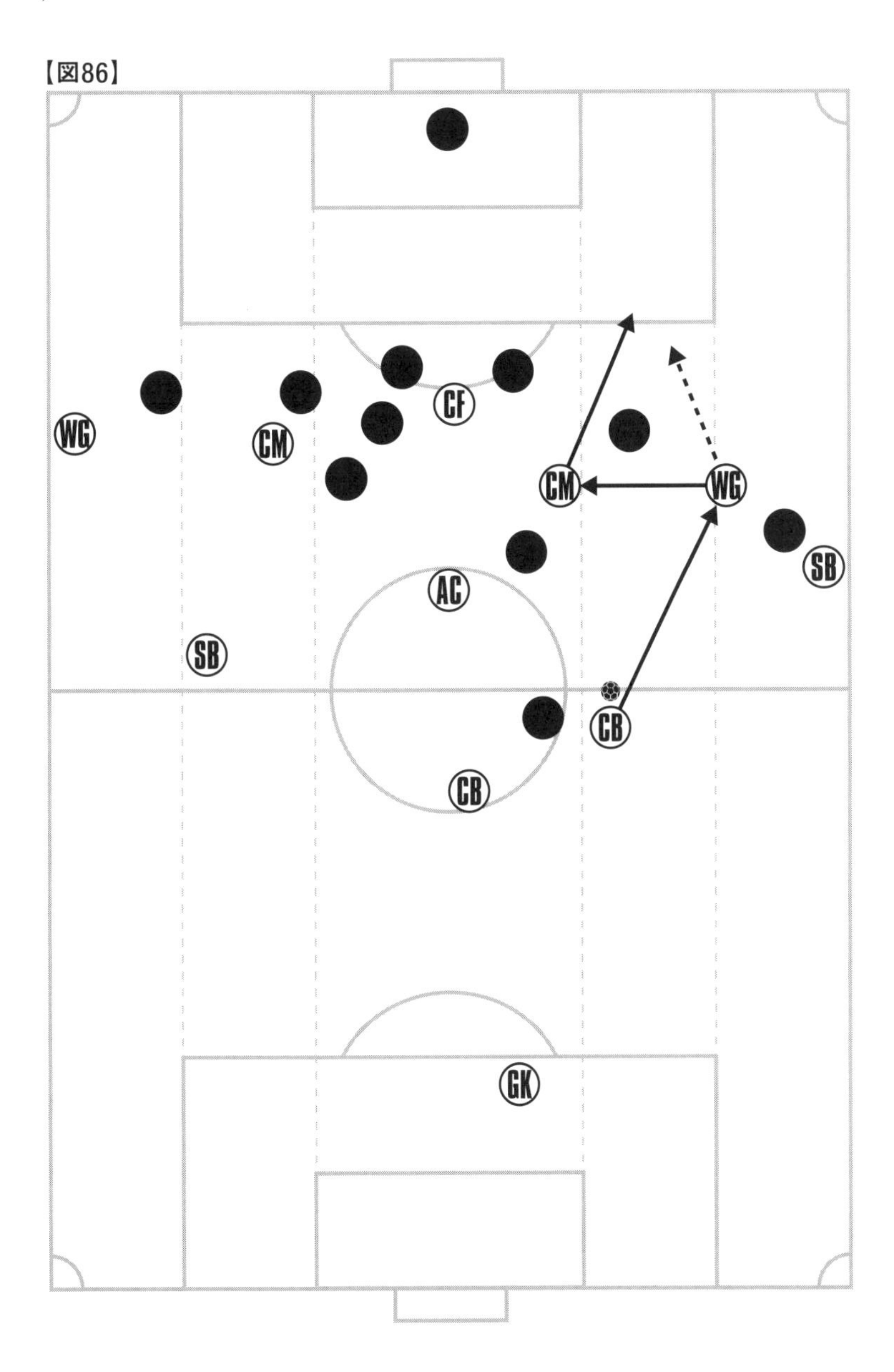

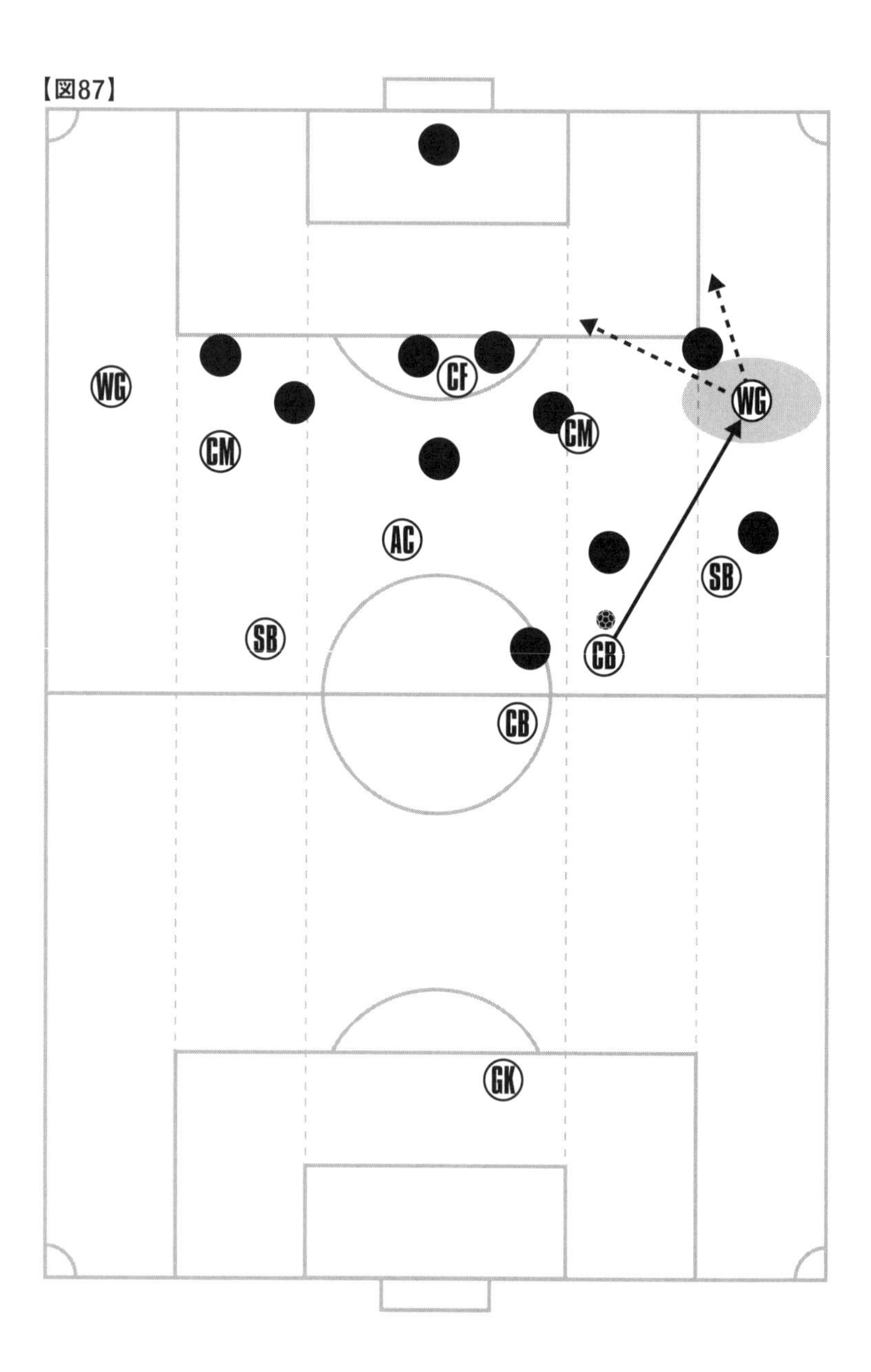
【図87】
WG
CF
WG
CM
CM
AC
SB
SB
CB
CB
GK

3　ハーフスペースでの異なる役割

B・シウヴァがタッチライン際のエリアに開いてプレーする際の役割の演じ方はシティのメンバー内でもある程度独特だが、内側で2枚の「8番」の一人としてプレーする時にはまったく事情が異なる。このエリアでの彼のプレーは、D・シルヴァとかなりの部分が似通っている。高い位置にポジションを取り、攻撃構造全体を結びつける軸としての機能を果たす。

図88はB・シウヴァがハーフスペースにポジションを取った例を示している。2人の相手選手の間の空きスペースでボールを持った彼には、プレーを前進させるために利用できる可能性のあるパスコースとして4つの選択肢があることが見て取れる。それぞれのパスは相手の守備構造に対して少しずつ異なる位置でプレッシャーをかける形を作り出すことになる。

B・シウヴァなどがこういった形で周囲にパスを散らすことができる能力は、シティが広範なエリアでオーバーロードを作り出す上で重要なものであり、相手の守備ブロックを突破する助けとなる。

4　チームメートにスペースを創出

ボールを持っていない選手の動きが、ボールを持っている時の動きと同じくらい重要になる場合もある。こういったプレーはまさにB・シウヴァが得意とする分野だ。彼はスペースを占めることの重要性を理解しているが、他の選手にチャンスを作り出すためにスペースを空ける必要性も理解してい

【図88】

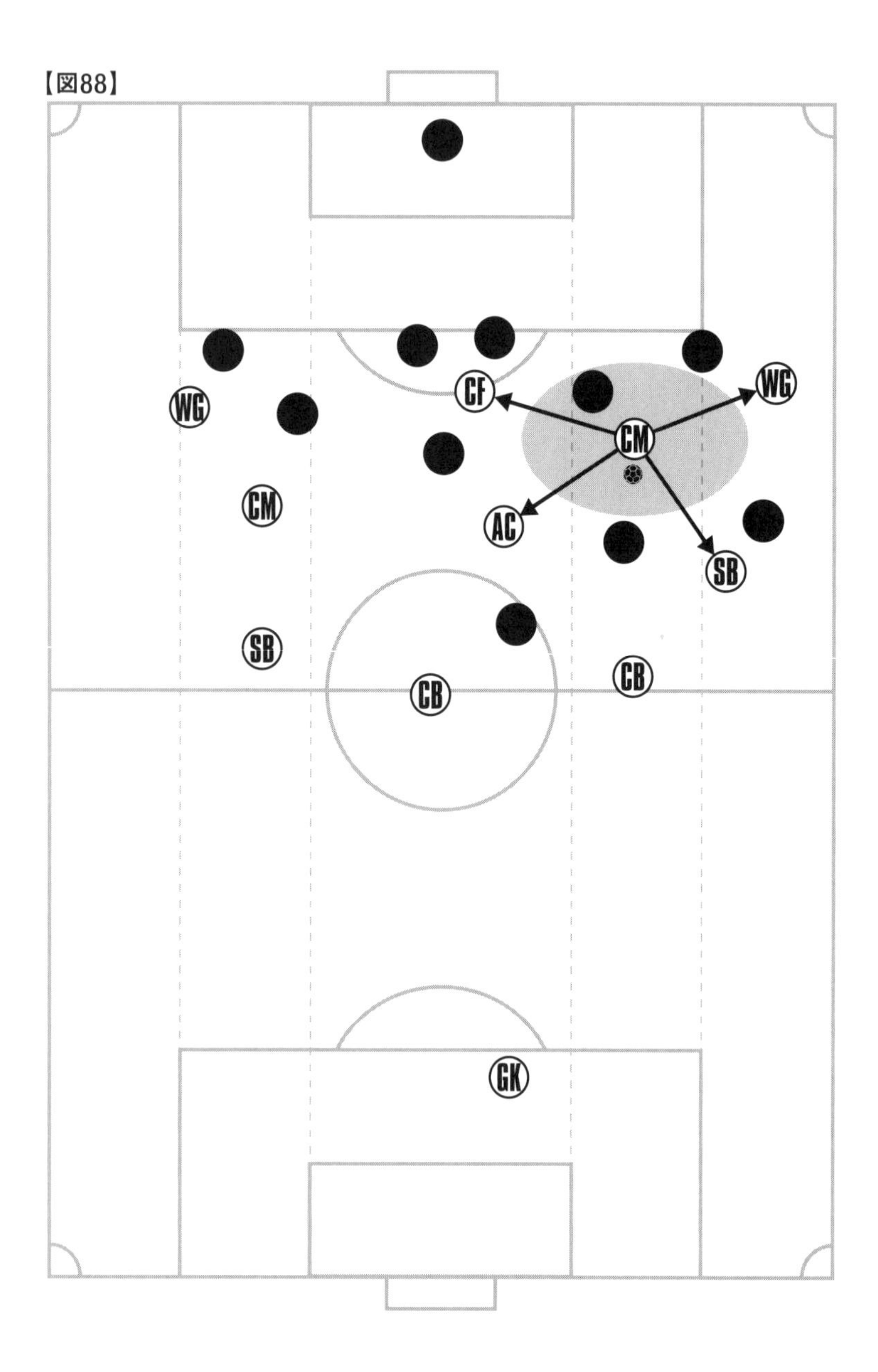

る。これは単純に深い位置から前方のポジションへ移動することである場合もあり、サイドのエリアから中央への動き、あるいはその逆という場合もある。こういった動きによってスペースが空けられると、他の選手がポジションチェンジを行ってそこを埋めることが可能となる。

図89ではこの動きの一例を示しており、B・シウヴァがサイドのスペースから中央のエリアへと横方向に移動している。ボールを持たない彼のこの動きは相手の守備選手を引きつけてハーフスペースにスペースを作り出し、右SBのポジションからウォーカーが前進してそこへ入り込むことができる。この動きによって、まずB・シウヴァにパスを入れ、そこから右サイドのウォーカーへ繋ぐという形でボールを前へ進めることが可能となる。

5 サイドから中央への横移動

相手を苦しめる手段を無数に有している現在のシティを食い止めるのは、ほぼ不可能な仕事ではないかと感じられることもある。守備側の選手としては、B・シウヴァのような選手がこういった動きを取るのを見過ごしてポジションを維持するわけにはいかない。相手はB・シウヴァを追いかけることになるが、もちろんその場合は元にいた場所にスペースを空けてしまい、シティの選手にそこを利用される結果となる。

図90ではB・シウヴァがサイドのエリアから中央へと、相手選手の前を横切る形で移動する状況を示している。ボールはまずハーフスペースのレーンで前方へと進められ、そこから外へ開くパスが出

【図89】

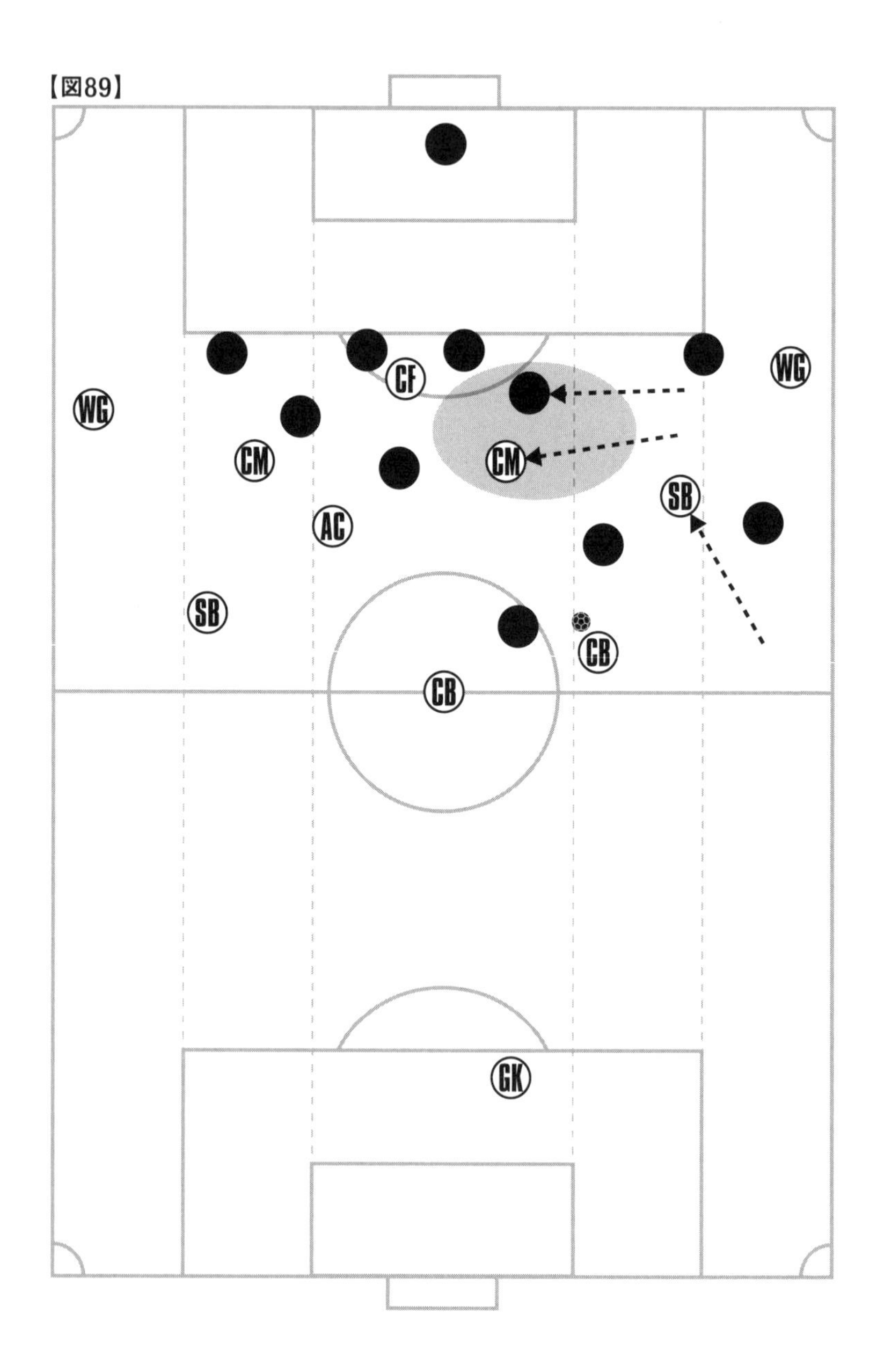

【図90】

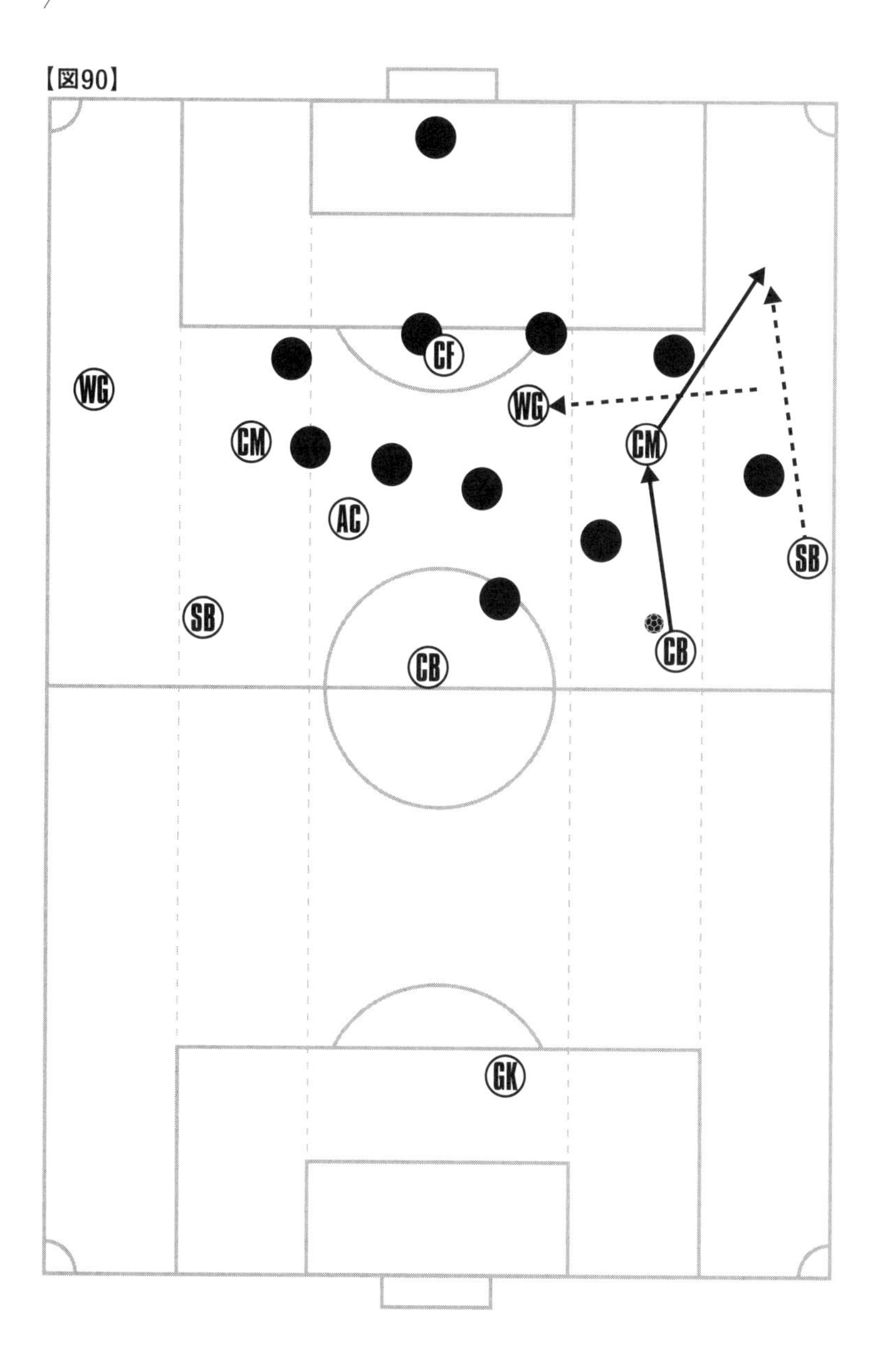

される。B・シウヴァの動きによって、サイドのレーンにはスペースが空けられている。この結果としてウォーカーはサイドのエリアの高いラインへと前進し、ハーフスペースの選手からのパスを受けることが可能となる。

ボールを持っていない選手のこういった動きは、特にビッグゲームにおいては見過ごされがちなものだ。だが、ラインを下げてコンパクトな守備ブロックを築く相手をシティが突き崩そうとする時、この動きこそが重要な一手となる場合も多い。

トップスピードで走りながらパスを出すことができる視野の広さと技術力を持ったB・シウヴァは、相手にとって守備の対応がきわめて困難な選手である。**図91**では、ボールを持った彼が最初に位置していたサイドのスペースからピッチを横切り、中央へと向かう形を示している。

B・シウヴァはスピードに乗ってこの動きを行いながらも、相手の守備ブロックの中にスペースを見つけ出せるだけの視野と能力を持っている。水平方向へと移動しつつ、DFラインの間を抜くパスを通すことができる。前線左サイドのジェズスはこのパスを受けて抜け出し、ノーマークでペナルティーエリアへと侵入していく。

相手チームがこういった動きを予測するのはきわめて難しい。ボールを横へ運ぶB・シウヴァに対してチェックに行くため、選手がDFラインから飛び出したとすれば、B・シウヴァはその選手が空けたギャップを利用し、ラインの裏へのスルーパスを通すことができる。相手がコンパクトな陣形を保ち、シティが左サイドへスルーパスを通すスペースを消したとしても、B・シウヴァは自分の空けたスペースにボールを戻せばいい。そのスペースには深い位置にいたチームメートが遅れて上がって

【図91】

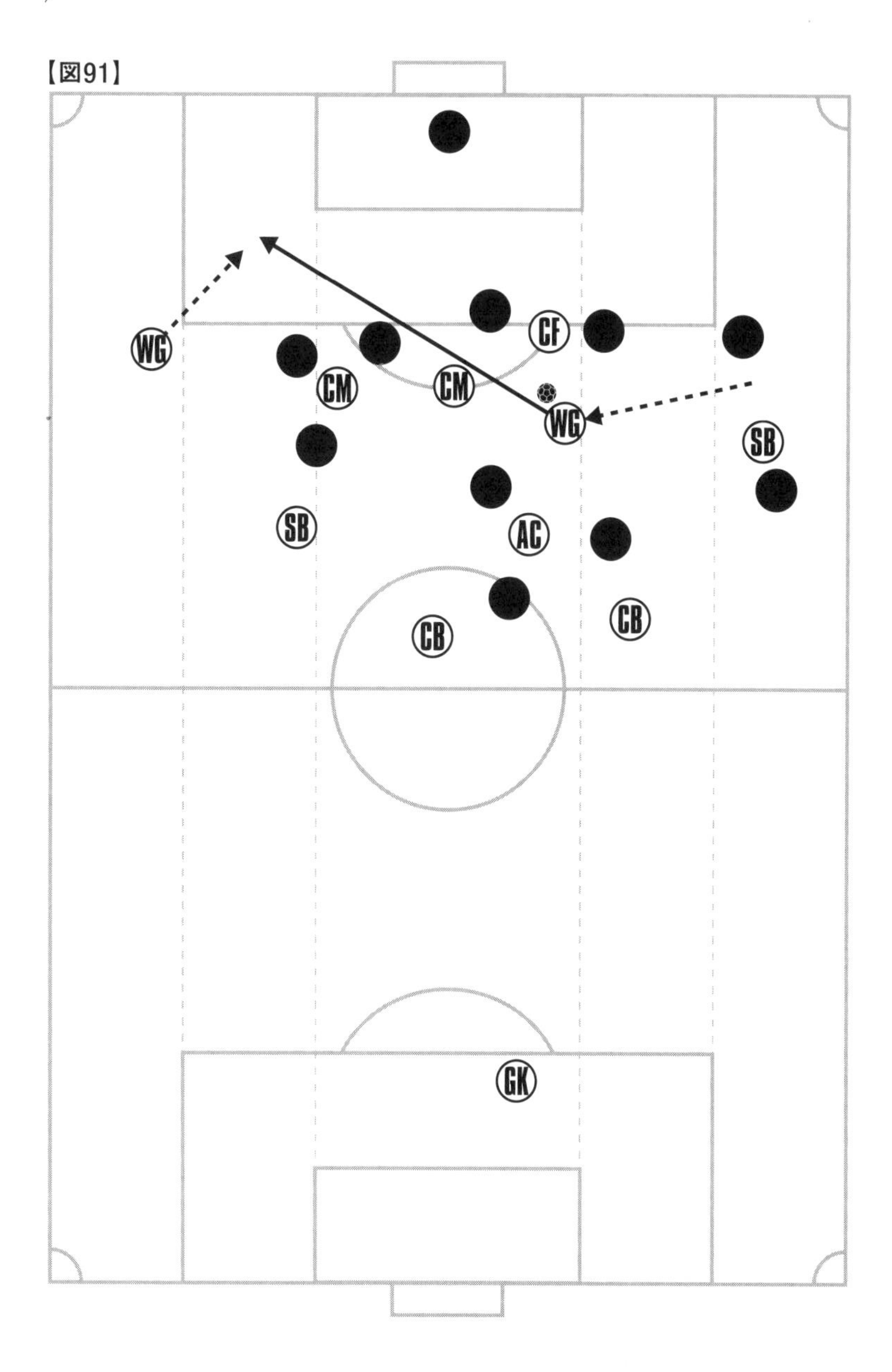

くる。結局、相手チームは、すべての可能性に対抗することはできない。ここでもやはりシティのシステムの真髄は、そのシンプルさと、シンプルなプレーを効果的に実行できる選手の能力にある。

6 クロスを匂わせた上でマイナスパス

B・シウヴァの位置するポジションと動き方についての最後の例は、スペースと時間のある状況で相手ペナルティーエリアに侵入した際の彼のインテリジェンスを示すものだ。**図92**では、B・シウヴァは右サイドのタッチライン際からペナルティーエリアへと侵入している。「8番」のポジションのギュンドアンからパスが通され、B・シウヴァがペナルティーエリア内でボールを受けると、そこからファーポストに向けてゴール前を横切るボールが出されると予測される。だが、賢いB・シウヴァはそう予測されることもわかっている。相手がクロスに対して守るためゴール方向へとラインを下げると、B・シウヴァはフェイクを入れてクロスを匂わせた上で、守備陣が下がったことで空いたスペースへとマイナスのボールを折り返す。

こういったインテリジェンスを感じさせるプレーは、昨シーズンのシティにおいてB・シウヴァがキープレーヤーの一人となった理由を明確に示している。彼がモナコから加入して以来、グアルディオラの用いるゲームモデルに対する理解力と、そのモデルの中で自身の役割を演じる力は、シティにとって大きな力となった。サイドのエリアでも、「8番」の一人としてハーフスペースでもプレーできる彼の能力はチームに多様性とバランスをもたらし、グアルディオラが各試合に向けた準備を行う

【図92】

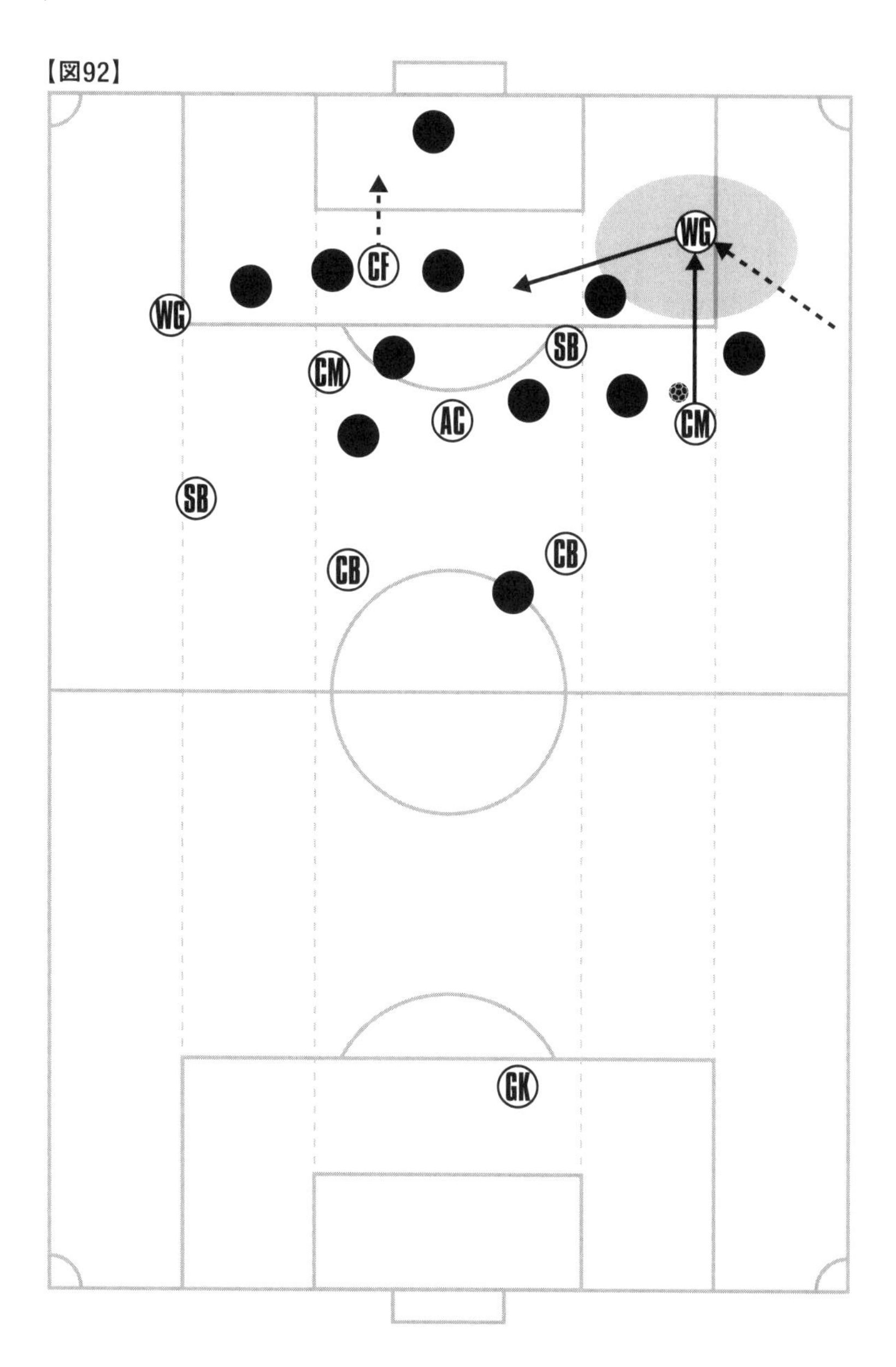

中で様々なメンバーを選択することを可能としている。B・シウヴァという選手個人としては、イニエスタのようなサッカー界のレジェンドと本格的に肩を並べるまでの道のりはまだ長いとしても、彼が正しい方向へ進んでいることに疑いはない。

SCRIPTURE OF POSITIONAL FOOTBALL

15

ラヒーム・スターリング

フィニッシュワークへの疑問符が消えなかったリヴァプール時代

ラヒーム・スターリングが歩んできたキャリアはもちろんまだ短いものではあるが、ある意味で彼はいつも二面性を持った存在だった。ピッチ上に立てば紛れもないポテンシャルの高さを示してきたが、ピッチ外での彼は、メディアの一部からは扱いにくいタイプとして描写されてきた。もともとクイーンズ・パーク・レンジャーズに所属していた10代の彼をリヴァプールが獲得したやり方も物議を醸すものとなった。

スターリングの才能はユース時代から広く知られていた。複数のビッグクラブが成長を追い続けていた彼は、ロンドンの主要クラブのどこかと契約を交わすことになるだろうというのが大方の予想だった。だが、リヴァプールはスターリングとその家族に対してマージーサイドに家を提供するという形で彼を北へ連れてくることに成功した。この時スターリングの母親は、有害な影響となりえる環境から彼を遠ざけたがっていたのではないかという見方があった。イングランド北西部への移籍は、より本格的なプロフェッショナルの道へとスターリングを導くためのものだった。

リヴァプールでスターリングは、ルイス・スアレスやフィリペ・コウチーニョなどの選手とともに、トップレベルのサッカーでの第一歩を踏み出す。レッズの充実した戦力の中でも見劣りすることがなかったのはスターリングの能力の証しだった。対面の相手に対して単独で1対1を仕掛けるプレーにはいつも自信が感じられた。アンフィールドで過ごしたキャリアを通して、スターリングの積極的なスタイルはリヴァプールのファンに好評だった。

一方で、最後のフィニッシュワークに対しての疑問符が消えることはなかった。若く勢いのあるスターリングは非常に有利なポジションへ侵入することができる能力を持っていたが、自ら作り出したチャンスを無駄にしてしまう場面が目立っていた。だが、フィニッシュの面にやや問題を抱えながらも、ハイレベルなプレーを見せ続けたスターリングは、2013－14シーズンと2014－15シーズンのPFA年間最優秀若手選手賞にもノミネートされた。

しかし、その2014－15シーズンには、スターリングとリヴァプールの関係が壊れ始める。新たな契約締結の合意に向けて、彼はクラブトップレベルの報酬額を要求しているという報道が国内各メディアで伝えられていた。ここでシティが割って入り、2015年7月に、最大で推定4900万ポンドに達するという移籍金でスターリングを獲得することに成功した。

シティでのキャリア初期の段階では、リヴァプールにいた頃と変わらない問題がスターリングを悩ませた。ゴール前の絶好のポジションにいながらも、最後のキックで精度を欠いてしまうことが多く、簡単に見えるチャンスの場面でのフィニッシュに苦戦する状況が続いた。だが、2016年にグアルディオラが監督に就任すると、この若きアタッカーはついに真のポテンシャルを発揮する姿を見せ始めた。

例えば、2016－17シーズンのプレミアリーグでスターリングはシティで7得点、6アシストを記録。2017－18シーズンにはこの数字を18得点、11アシストにまで伸ばし、2018－19シーズンにも17得点、10アシストを記録した。この数字の向上は、スターリングがグアルディオラから受けた個人指導や、シティの戦術構造の中で彼が果たす役割と直接的に関連していると考えられる。

ポジショニングを学び成熟したWG&CFに

以前のスターリングがフィニッシュに関して抱えていた問題の一因は、シュートコースの角度を考えることなくシュートを打ちたがる癖にあった。ゴールから離れた位置でボールを持った彼が狭い角度からシュートを狙いに行く場面がたびたび見られた。今のスターリングはより成長し、シュートを打つ際のポジショニングに関して非常に具体的な指導を受けた結果として、角度のない位置からはパスを狙いに行くことが多くなっている。

スターリングはまた、ボールがピッチ上の反対サイドにある状況から、ペナルティーエリア中央のスペースに入り込む動きにも優れている。サネやD・シルヴァなどがゴール前を横切るボールを折り返す時、ゴールの正面に入る選手がスターリングとなる場面が昨シーズンは何度も何度も見られた。2018-19シーズンを通してグアルディオラがスターリングを信頼し、攻撃システム内でより中心的な役割を任せる様子が見て取れたのは興味深いことだった。以前の彼は、右サイドでのプレーを最も得意とする純粋なWG的選手だと見なされていた。だが、現在では中央のポジションでCFとして、あるいはCFのすぐ後ろの位置で定期的に起用されるようになっている。こういった形で起用の幅が広がったことは、グアルディオラが自身の攻撃システムの中でスターリングを欠かせないピースだと見なしていることを示唆している。彼には前線を動き回り、相手の守備選手に対して有利なマッチアップを作り出すことができる力がある。

過去2シーズンを通して所属クラブでより大きな責任を負うようになったことは、イングランド代表でプレーするスターリングの国際舞台での起用法にも反映され、彼はガレス・サウスゲート監督にとって重要なメンバーの一人となった。クラブと代表の両方でそれまで以上の成功を収めると同時に、スターリングはピッチ外での振る舞いにも大きな成長の跡を見せてきた。若い頃の彼の周辺には未熟な言動に関する噂が絶えなかったが、2018-19シーズン中には人種差別問題について知性と熟慮が感じられる形で発言するスターリングの姿も見られた。こういった社会問題への関心の強まりは以前のスターリングには見られなかった一面であり、彼が今後さらにピッチ内外の両面でリーダーとしての役割を担っていくことを予感させる。

【ラヒーム・スターリングの取扱説明書】

1 瞬時の方向転換

現在のスターリングは以前より成熟しながらも、予測不可能な爆発力も変わらず持ち続けており、相手にとっては対戦するのが非常に困難な選手となっている。

サイドのエリアでのB・シウヴァのプレーについて論じた際に見てきた部分と同様に、スターリングにも予測不可能な性質があり、彼に対する守備は非常に難しいものとなる。ボールを持っている時の彼のスタイルはかなり本能的なもので、並外れたバランス感覚を活かして素早く方向を転換し、様々な角度から相手に攻撃を仕掛けることができる。こういった能力を持つスターリングは、ペナルティーエリア周辺でボールを持つと、一瞬で進行方向を切り替えたあとスピードに乗って2人の守備選手の間に割って入っていくプレーがよく見られる。ドリブルの重心が非常に低いことにより、この方向転換が相手との接触に繋がることも多く、倒されればＰＫやＦＫを獲得できる可能性もある。そのため守備側の選手は引いて対応しがちとなり、彼がペナルティーエリアに侵入するのを許してしまう。

図93では、スターリングが右サイドのタッチライン際でボールを持っている。以前の彼であればこういったポジションからは、ほぼ毎回のように、利き足である右足側の右サイドから仕掛けようとしていた。スターリングの放っていたシュートの多くが角度のない位置からのものとなり、相手が比較的容易に対応できていた理由も、ここからある程度説明することができる。だが、過去２シーズンのスターリングは、プレーの技術面の向上に加えて、ボールを保持した局面でいつどのように動くべきであるかについての戦術的理解も深めている姿を見せてきた。

２　内側への切り込み

スターリングがサイドのエリアでボールを持つと、相手としては外側から抜き去られてしまう脅威が常に存在する。だが、今の彼はスピードに乗って内側に切り込んでいく可能性の方が高い。このインサイドへの動きは、次の二つのうちどちらかの結果に繋がる場合が多い。一つはスターリングが自らペナルティーエリア内へ侵入したり、エリア内へ侵入可能なチームメートを使ったりすること。もう一つはサイドのスペースでの脅威に対処するため２人目のＤＦが引きつけられてしまうこと。本書を通してすでに見てきたように、シティが相手ＤＦをこういった形で本来のポジションから引き出す

【図93】

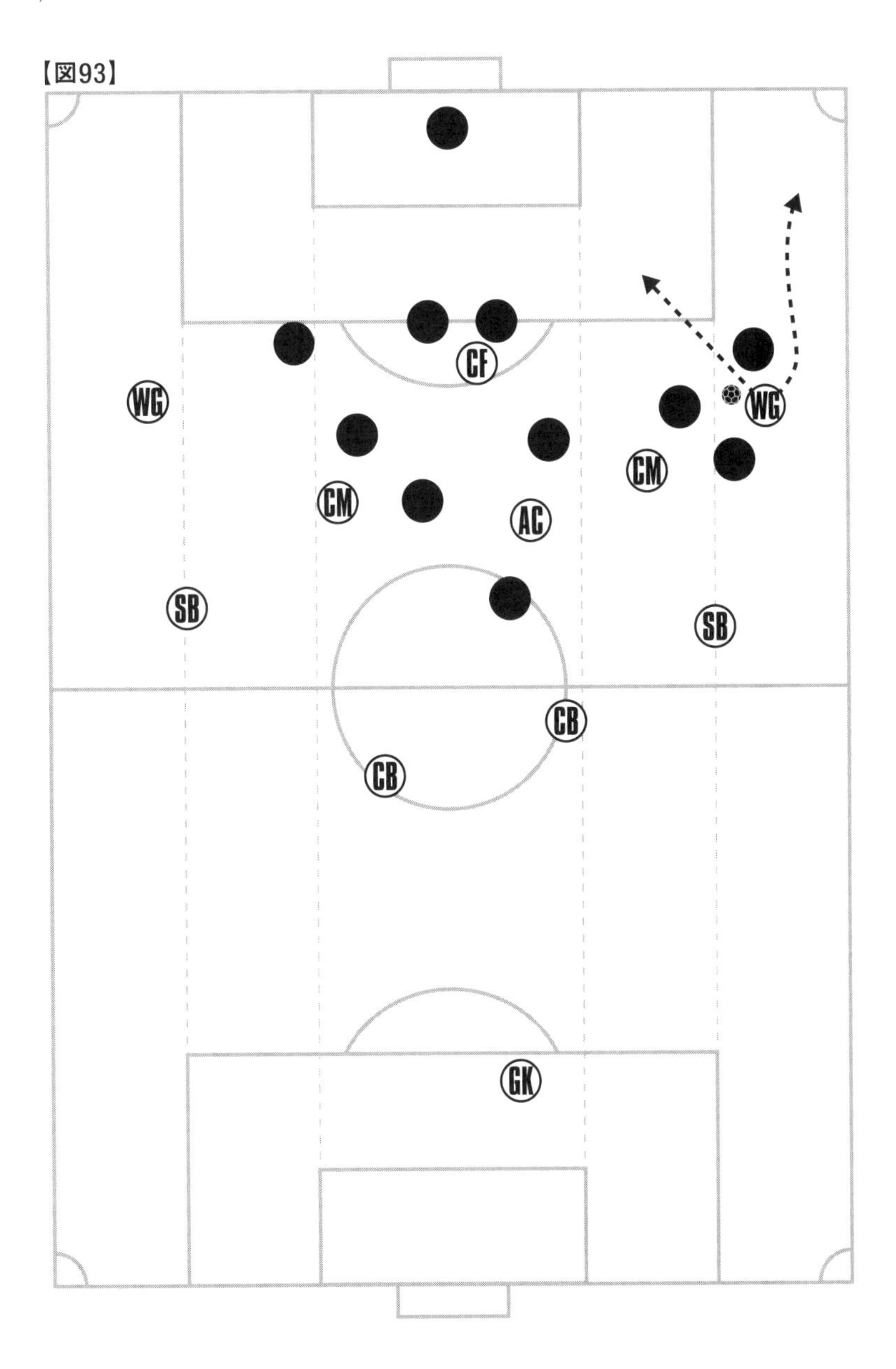

と、守備ブロックの他の場所にシティが利用可能なスペースが生まれることになる。

こういった動きが素早い方向転換を伴う場合の形を**図94**において示している。ボールを持って内側に切り込んだスターリングは、DFラインの間にギャップを見つけ、そのスペースに割って入り、ペナルティーエリアへ侵入していく。このエリアへと入り込む彼は非常に危険な角度から相手に攻撃を仕掛けていることがわかる。

3 「xG」に基づくプレー選択

ピッチ上のこのエリアに侵入してペナルティーエリアに入ったスターリングの角度は、GKの前を横切るシュートを放てばゴールを決められる可能性がはるかに高いものとなっている。DFの内側から仕掛けることで、スターリングはゴールマウスを捉えられるチャンスが大きく高まる。DFの外側から仕掛けていたとすれば角度はより厳しく、より決めにくいゴールチャンスになっていただろう。トップレベルのサッカーではこういった小さなディテールが違いを生み出すことになる。

このような角度の生み出す違いはさらに詳しく見ていく価値がある。近年のサッカー界において特に顕著に見られるトレンドの一つとして、「エクスペクテッド・ゴールズ」(xG)という用語の普及度と使用頻度の高まりがある。これは専門的なデータの一つであり、1本1本の枠内シュートに対し、そのシュートが得点に繋がる可能性の高さに基づいた数値的価値を付与するものだ。xGを算出するにあたって考慮に入れられる多様な要素の中には、シュートが放たれる角度や、シュートを放つ選手

【図94】

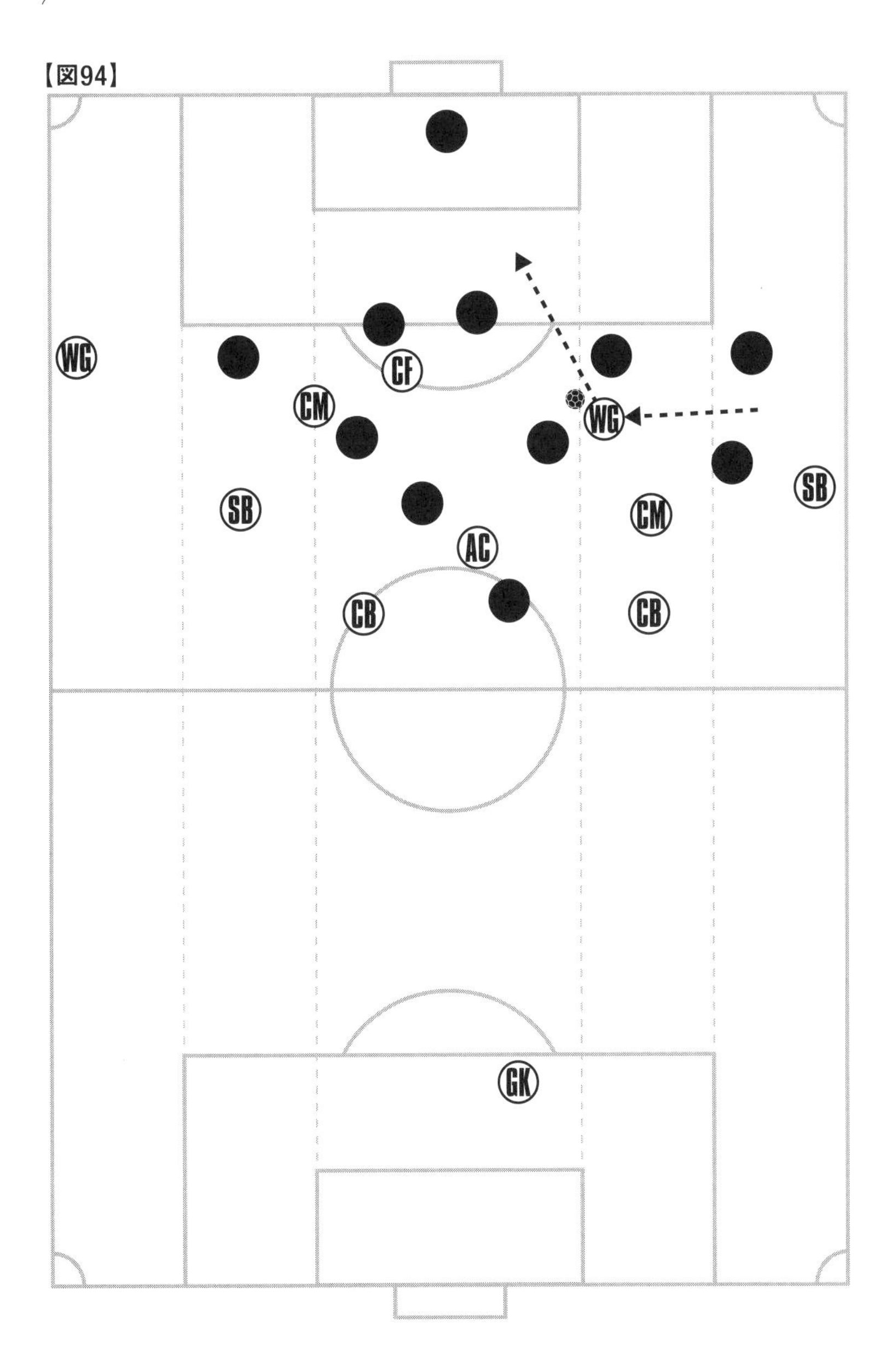

とゴールとの間に守備選手がいるかどうか、といった点も含まれる。このデータはサッカーに関連する様々な分野で用いられ、英国の有名サッカー番組『Match of the Day』の中にも毎回のように登場している。同一人物が経営する2クラブ間での選手や監督人事のための情報源としても用いられてきた。例えばブレントフォードとミッティラン（デンマーク）両クラブのオーナーであるマシュー・ベンハムがその例だ。

図95では、スターリングのキャリア初期によく見られた彼のポジションおよび角度を示している。選手の位置とゴールに対する角度を見てみれば、GKはニアポスト側にポジション取りをしており、カバーできる範囲は広い。この位置からでは、FWが狙わなければならないコースはごく狭いものとなる。また、スターリングがゴール前を横切るボールを送ろうとしても、サポートの位置に入ることができるような攻撃側の選手は誰も存在しない。ただ、彼がこういったエリアからゴールを決められることもなかったわけではなく、キャリアの初期に残したゴール数も年齢を考えれば十分に印象的な数字ではあった。とはいえ、現在ほどではなかったのも事実だ。

次は現在のスターリングに見られるポジション取りを**図96**に示す。まずアウトサイドからハーフスペースへ、続いてペナルティーエリア内へと移動してきた彼は、以前よりはるかに有利なポジションにいる。このポジションからシュートを放つ場合のxGは、**図95**の例と比較すればはるかに高いものとなる。

私としては、スターリングのメンタリティと動きが過去2年間を通してこういった形で少しずつ変化してきたことは、間違いなくグアルディオラから受けてきた指導による直接的な結果であると考え

【図95】

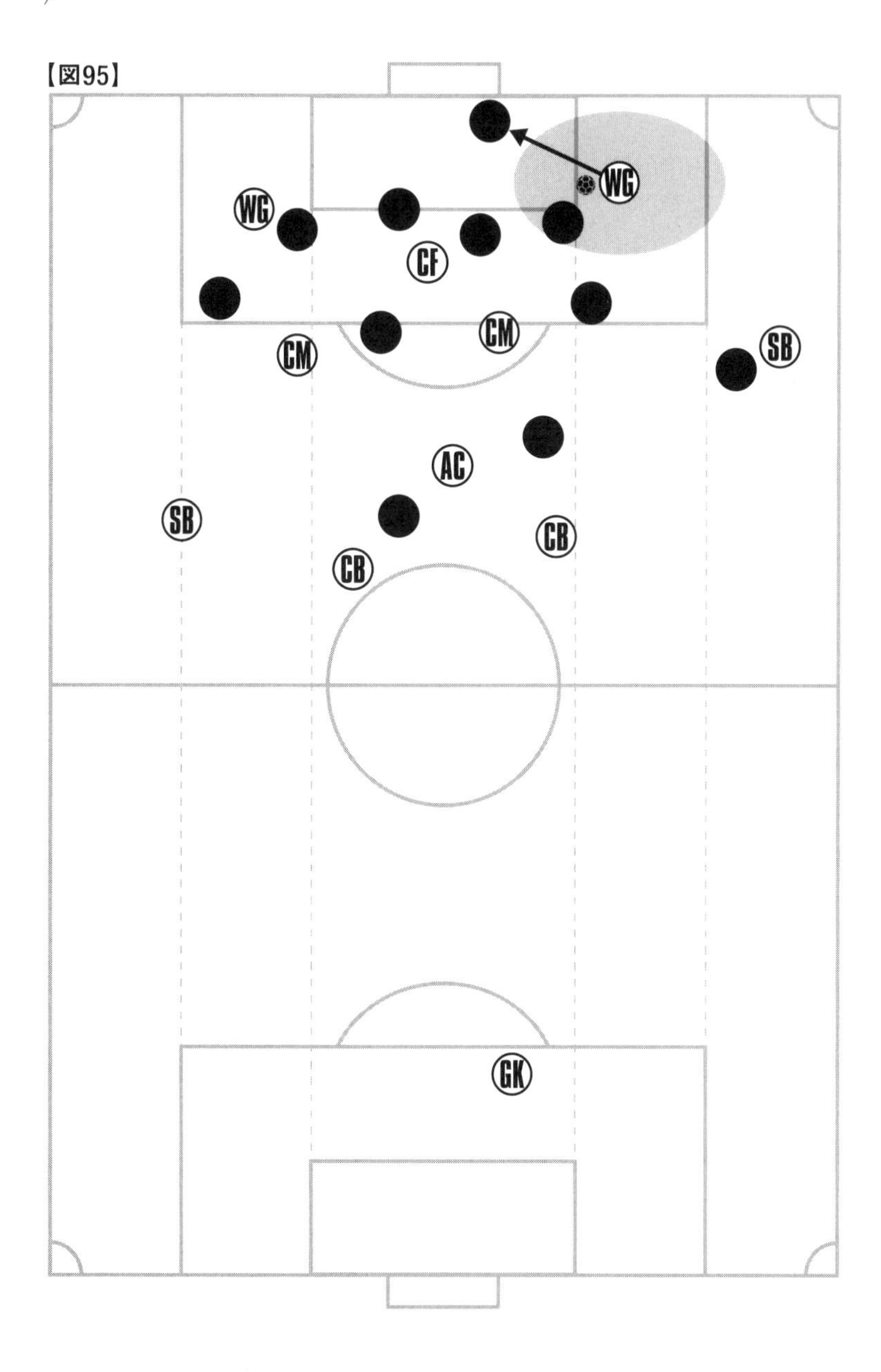

【図96】

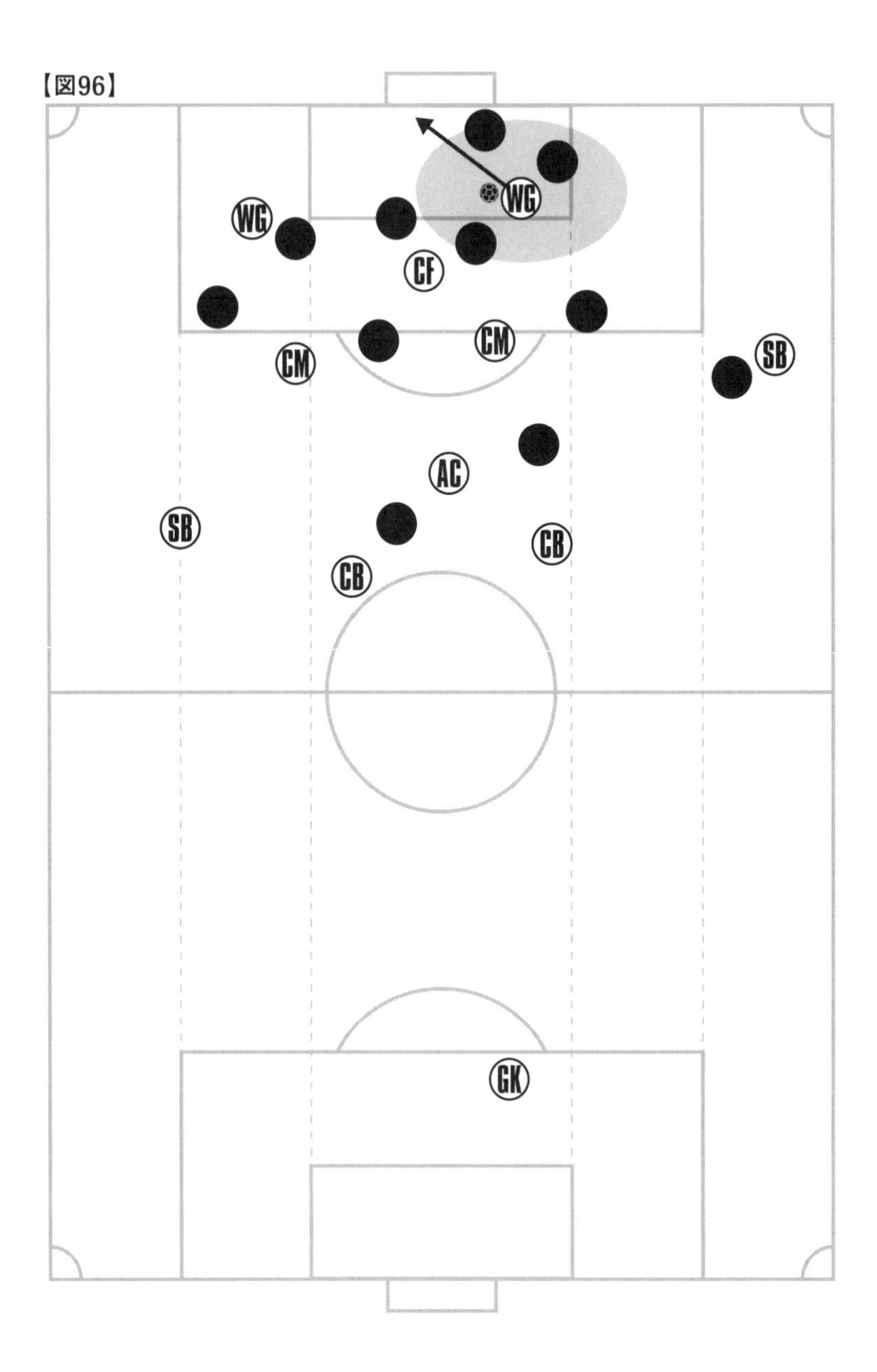

ている。重点が置かれているのは、より大きな結果を生む場所からシュートを打つことだ。スターリングがより有利なポジションへ入り込んでいくようなこういったタイプの動きは、グアルディオラがバルセロナを指揮していた時にもたびたび見られたものだった。ペドロやヴィジャ、アンリといった選手はいずれもペナルティーエリア内のスペースに向けて斜めに走り込む動きを得意としており、そこから最大限の結果を生み出すことが可能となっていた。

4 平均的選手では出せない角度のパス

過去2シーズンにスターリングは劇的な変化を遂げてきた。才能を秘めながらも少々無駄の多かった若手アタッカーはもうそこにはいない。今の彼は決定力の高い成熟したフィニッシャーであり、ペナルティーエリアに侵入すれば相手にとって大きな脅威となる。

シティがファイナルサードに到達した際にスターリングがもたらす脅威は、以前より高まったゴール前での得点能力だけに限定されるわけではない。スペースへの理解力と把握力、いつパスを出していつドリブルをするかという判断の部分でも彼は成長を遂げてきた。スターリングが見せてきたこういった面での改善もやはり、以前より経験を積み成熟してきた結果だと考えられるだろう。彼はグアルディオラが率いる現在のシティの始動時から在籍していることもあり、ファイナルサードでのチームメートの動きや、その動きが作り出すスペースに関しての理解度も非常に高い。

図97では、スターリングが左側のハーフスペースでボールを持っている状況を示している。相手チー

ムはラインを下げてコンパクトなブロックを形成しており、彼がペナルティーエリアに入り込むことができるようなスペースはあまり空いていないように見える。もう一度思いだしてみれば、こういったエリアでシティの選手全員が優先しているのは、ゴールに向けて綺麗な形でシュートを打てる道筋を見つけ出すこと、あるいはチームメートがゴールに向けて綺麗な形でシュートを打てるようなパスを出すことだ。以前のシーズンであればスターリングはここから相手のコンパクトなブロックに対して突破を仕掛けてボールを失うか、一旦ボールを後方へ戻すことになっていた。

このエリアからボールを戻してやり直すのも悪いことではない。だが、現在であればスターリングやD・シルヴァ、B・シウヴァ、デ・ブルイネといった選手が、平均的なパサーであれば見つけられないような角度へとパスを通してくる。スターリングも今や、チームメートが抜け出してゴールチャンスを迎えられるような角度と強さでDFラインの間を通すパスを出すことができる。

5　狭いエリアでのパス&ゴー

サネやB・シウヴァなどの章でも見てきたように、サイドの位置でプレーするシティのWG陣には狭いエリアで素早いコンビネーションを用いる力があり、それが相手DFラインの裏へ入り込むチャンスを作り出している。

こういったエリアで彼らが、ほぼオートマティックに機能するようなコンビネーションを用いてプレーできることの重要性を軽視してはならない。このような動きとパスこそが、グアルディオラの導

【図97】

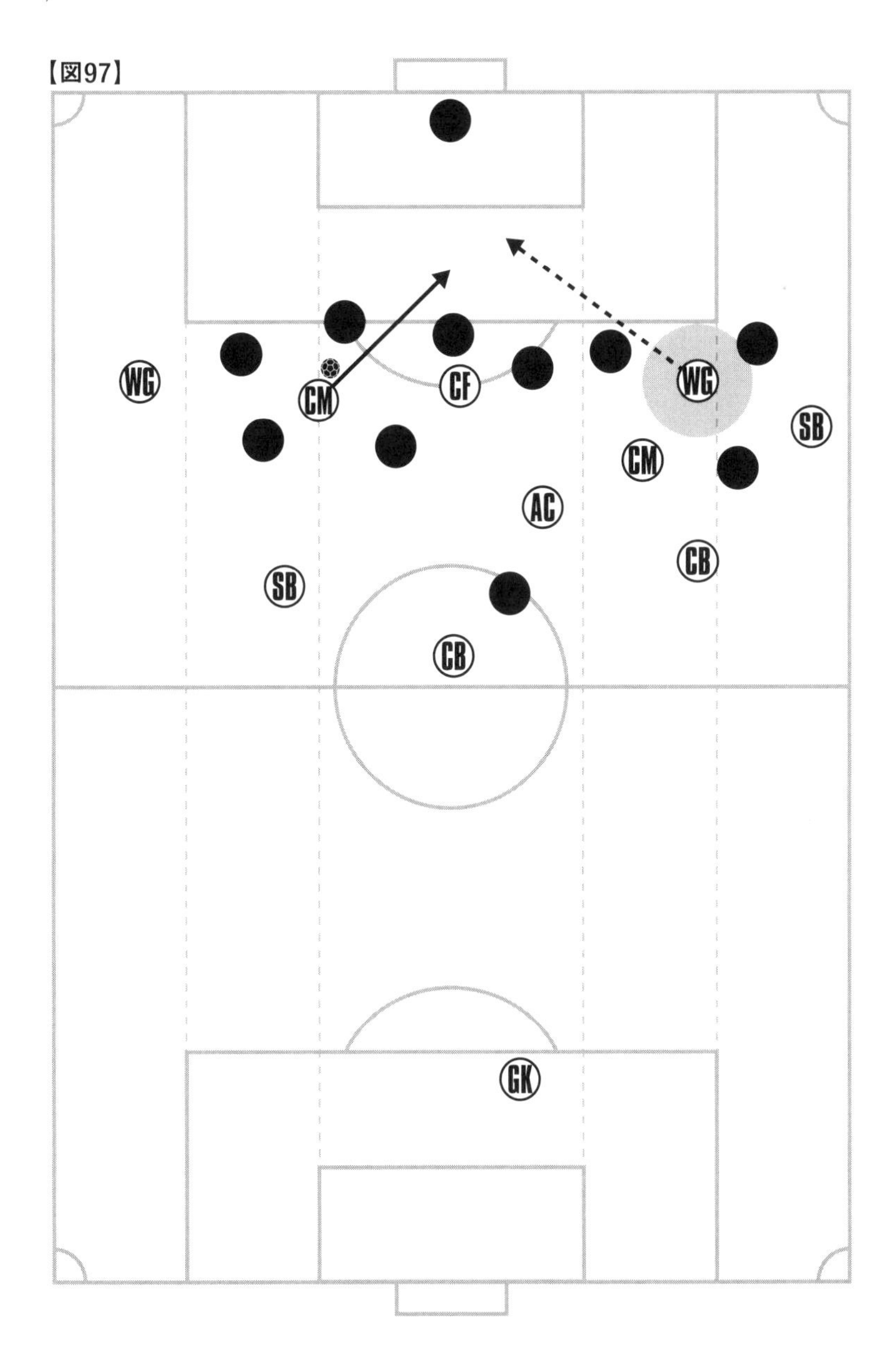

入したゲームモデルの攻撃面でのカギを握る部分である。

図98においては、このタイプのコンビネーションが実行される例をもう一つ示す。右側の「8番」であるギュンドアンがボールを持ち、スターリングはそのすぐ前に位置している。前方のエリアにWGが利用できそうなスペースが空いていることを考えれば、これは一見したところ最適なポジショニングではないように見える。

だが、ここでパスを受けたスターリングは、素早くCFのアグエロにボールを預ける。続いてスターリングはスピードに乗った動きで相手DFの外側へとターンし、ペナルティーエリア付近へと向かっていく。ここでアグエロから出されるリターンパスを相手の守備ユニットのラインの裏側で受けることができる。

純粋にポテンシャルという点では、現在のシティのメンバーでもスターリングほど高い到達点を持つ選手はほとんどいない。フォーデンにはその可能性があるかもしれないが、彼がスターリングの域に達するまでの道のりはまだ長い。25歳のスターリングも全盛期を迎えるのはまだこれからだ。以前には持っていないと考えられていた能力を身につけてプレーの幅を広げてきたことは本当に素晴らしい。ファイナルサードのどこにスペースを見つけ、どのようにそこを突いていくかという理解度を高めたことで、彼はサッカー界でも最もインパクトの強いアタッカーの一人となった。なぜスターリングがこのチームのキープレーヤーとなっているのか、なぜグアルディオラがあれほど彼を頼りにしているのか、今なら誰もが理解することができるだろう。

【図98】

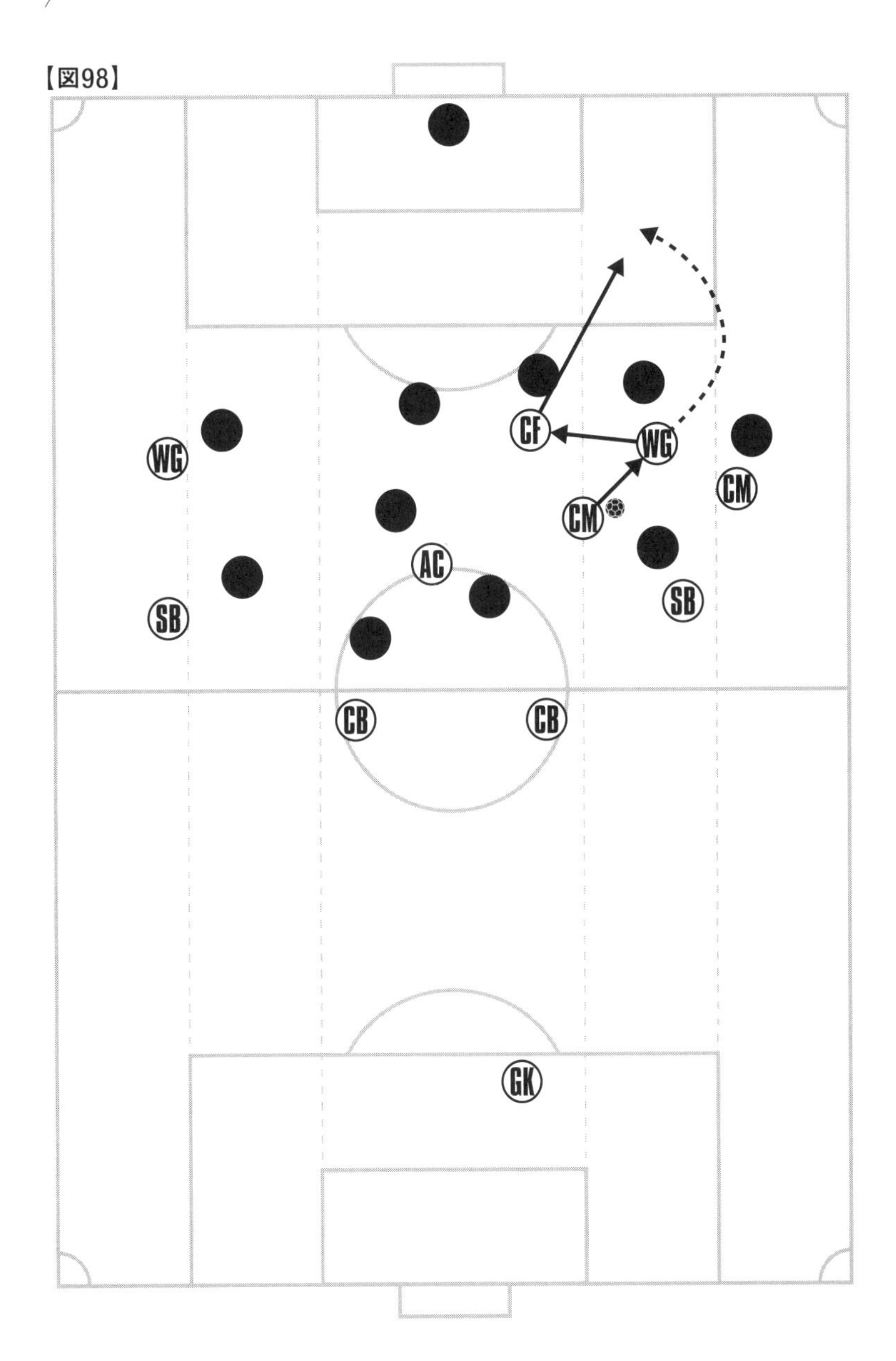

SCRIPTURE OF
POSITIONAL
FOOTBALL

16

ゴールの解剖学

シティの戦術コンセプトが凝縮された10のゴール

最終章を残すのみとなった本書ではここまでに、グアルディオラとシティが過去2シーズンに成功を収める上で不可欠だった戦術コンセプトについて解説を行ってきた。また、そのコンセプトの中で重要となる数人の個別選手をピックアップし、彼らが果たす機能についても見てきた。そのすべてを総括する上で、シティがこの期間中に記録した得点の中から10ゴールを選んで紹介してみよう。各ゴールには本書を通して論じてきたコンセプトが表現されており、そのコンセプトが相手チームを打ち破る上でいかに効果的であるかが示されている。

だが、明確にしておかなければならないのは、この10ゴールが必ずしも同期間中にシティが記録したベスト10ゴールだとは限らないという点だ。また、ゴールをランク付けすることも一切しない。シティに関する多くの事象に共通することだが、こういったゴールも、また彼らの攻撃的プレー全般も、単純に楽しめばいいのであって、ランキングや評価の対象とする必要はない。

【ゴール1＝ベルナルド・シウヴァ】
2019年4月24日　マンチェスター・シティ対マンチェスター・ユナイテッド

このゴールが生まれたのはマンチェスター・ユナイテッドが不調に喘いでいる時期だった。だが、試合に向けてユナイテッドは同じ街のライバルチームから少なくとも勝ち点1を獲得できるかもしれないというムードがあった。この時点での優勝争いの構図は、リヴァプールがシティと並ぶペースで勝ち点を重ねており、引き分けに終わればシティのタイトル防衛に向けて致命的になりかねない状況だった。

だが、結局はシティはユナイテッドを比較的楽に退けることができた。試合とボールを支配し、ユナイテッドに何もやらせようとはしなかった。右側の「8番」としてプレーしていたB・シウヴァのこのゴールは、彼の章だけでなくスターリングの章でも詳しく見てきたような、インテリジェンスある動き方とポジション取りが表現されたものだった。

図99では、シティがゴールチャンスを作り出すため、突破を図った場面を示している。まずは右サイドのスターリングがボールを持っており、そこからハーフスペースに絞っているウォーカーへと戻す。続いてスターリングは内側へ走って囮となることで、サイドのエリアにスペースを空ける。B・シウヴァはインサイドからアウトへ走ってこのスペースでボールを受け、そこからペナルティーエリアへと侵入してシュートを放った。

【図99】

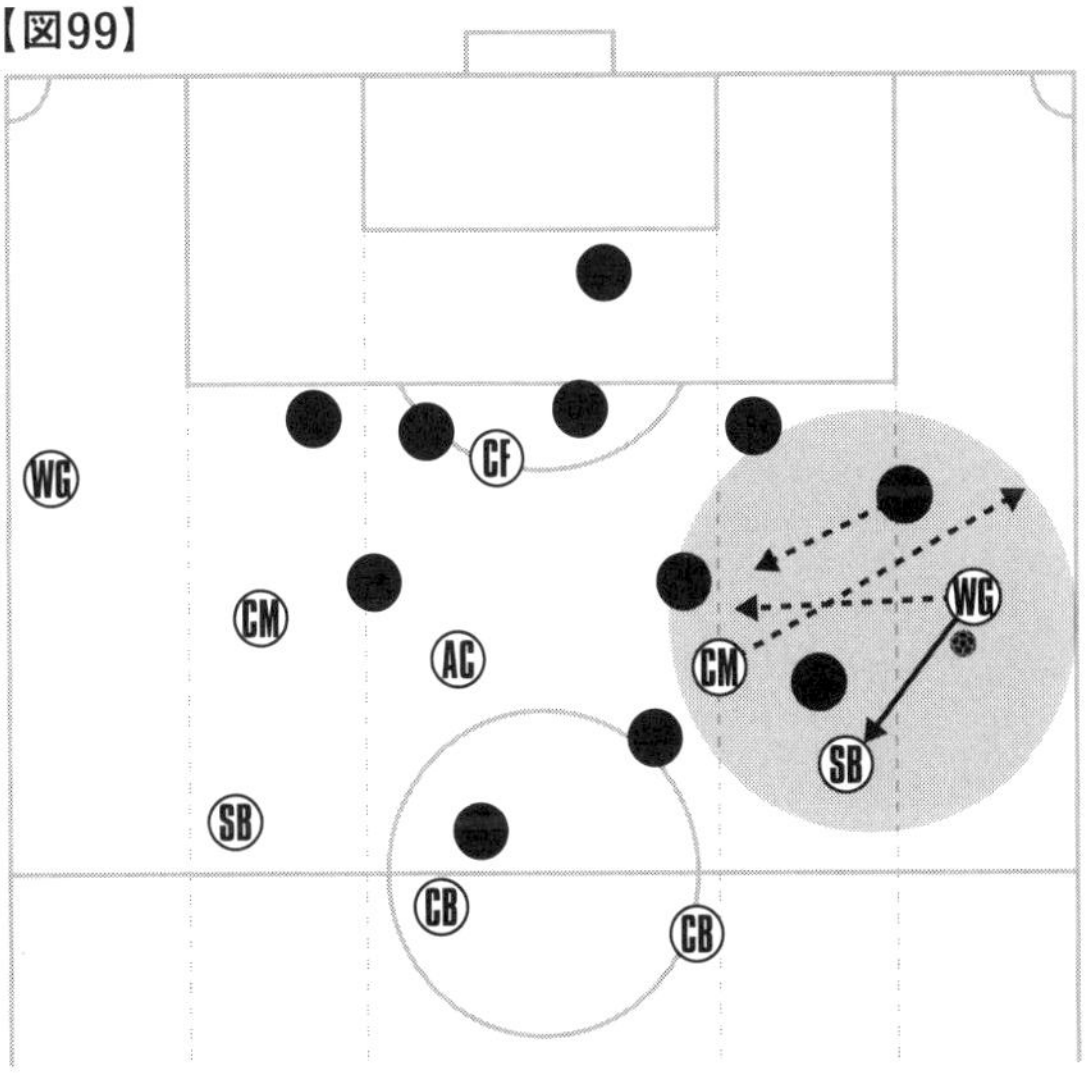

【ゴール2＝レロイ・サネ】
2019年4月24日　マンチェスター・シティ対マンチェスター・ユナイテッド

本章の最初に、同じ試合で記録された2ゴール、しかもシティが最大のライバルと対戦した試合でのゴールを取り上げること自体は、何も意図的な選択ではない。この2つのゴールが、シティが相手チームを突き崩そうとするために用いる戦術コンセプトを明確に表現していた結果によるものだ。

図100は、シティのペナルティーエリア付近に向けて前進を試みようとしていたユナイテッドから、シティがボールを奪い返すことに成功した瞬間を表している。ユナイテッドが利用できるスペースを消すため、ラインを下げてしっかりと守備の形を作っていたシティは、コンパクトな守備陣形となっていることがわかる。この守備ブロックの中で、2人のWGである右側のスターリングと左側のサネの位置を強調表示している。ユナイテッドの選手が出した質の低いパスをコンパニがインターセプトし、シティはそこから素早く攻撃へと転じていく。

続いてシティが攻撃に転じたプレーの展開を見ていこう（**図101**）。シティがボールを奪い返して攻撃をスタートさせるとすぐに、左サイドのサネがスペースへと加速していく。ボールは素早くスターリングへとフィードされ、振り向いたスターリングは相手ペナルティーエリアに向けてボールを運ぶ。相手チームが急いで後退し、両チームの陣形全体が崩れていく中で、スターリングは冷静に中央のエリアへと侵入していく。スターリングは絶妙なタイミングで前進を止め、守備側の選手をボールの後ろまで下がらせた上でサネへとパスを通し、最後はそのサネがフィニッシュに持ち込んだ。

【図100】

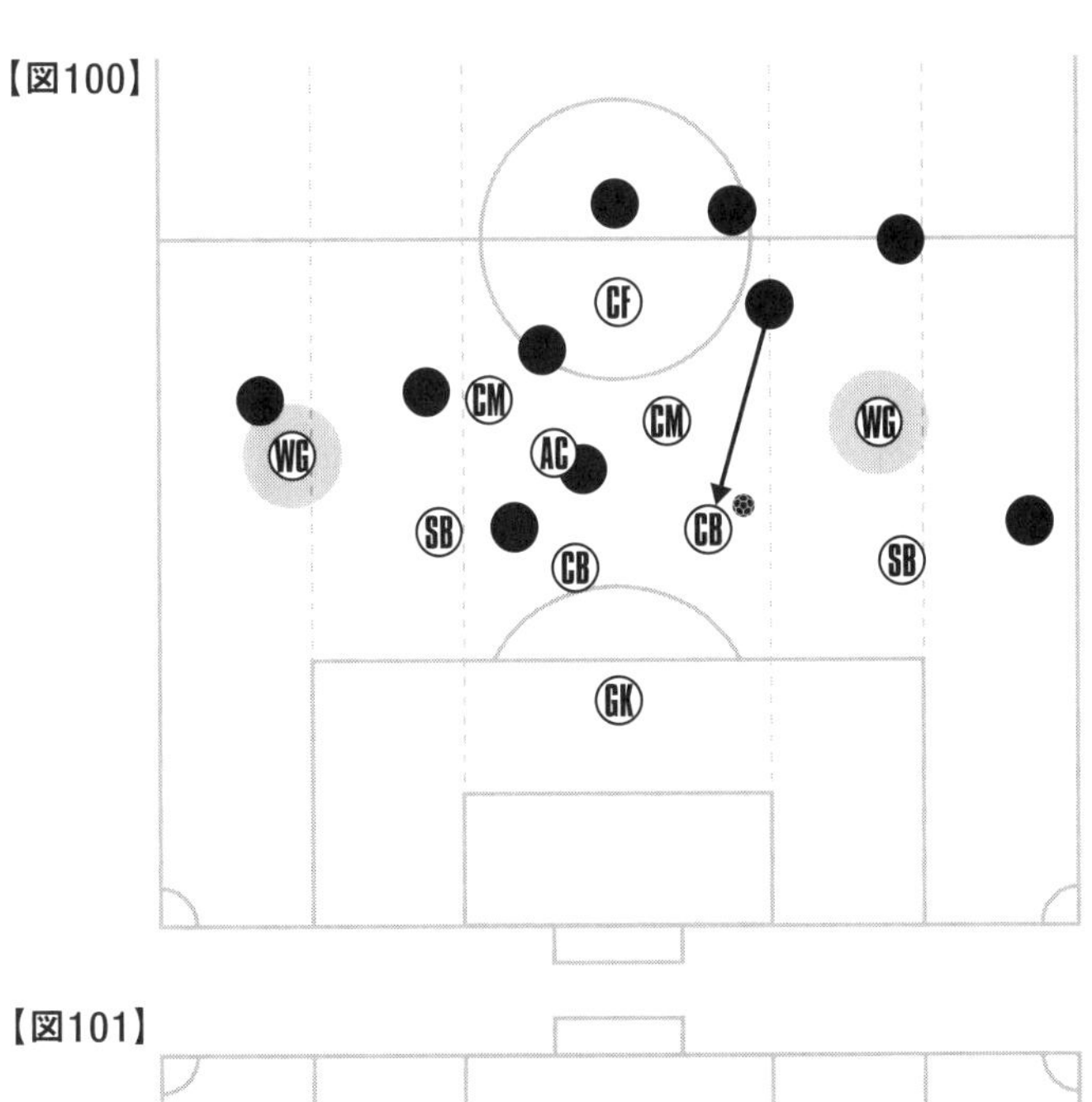

【図101】

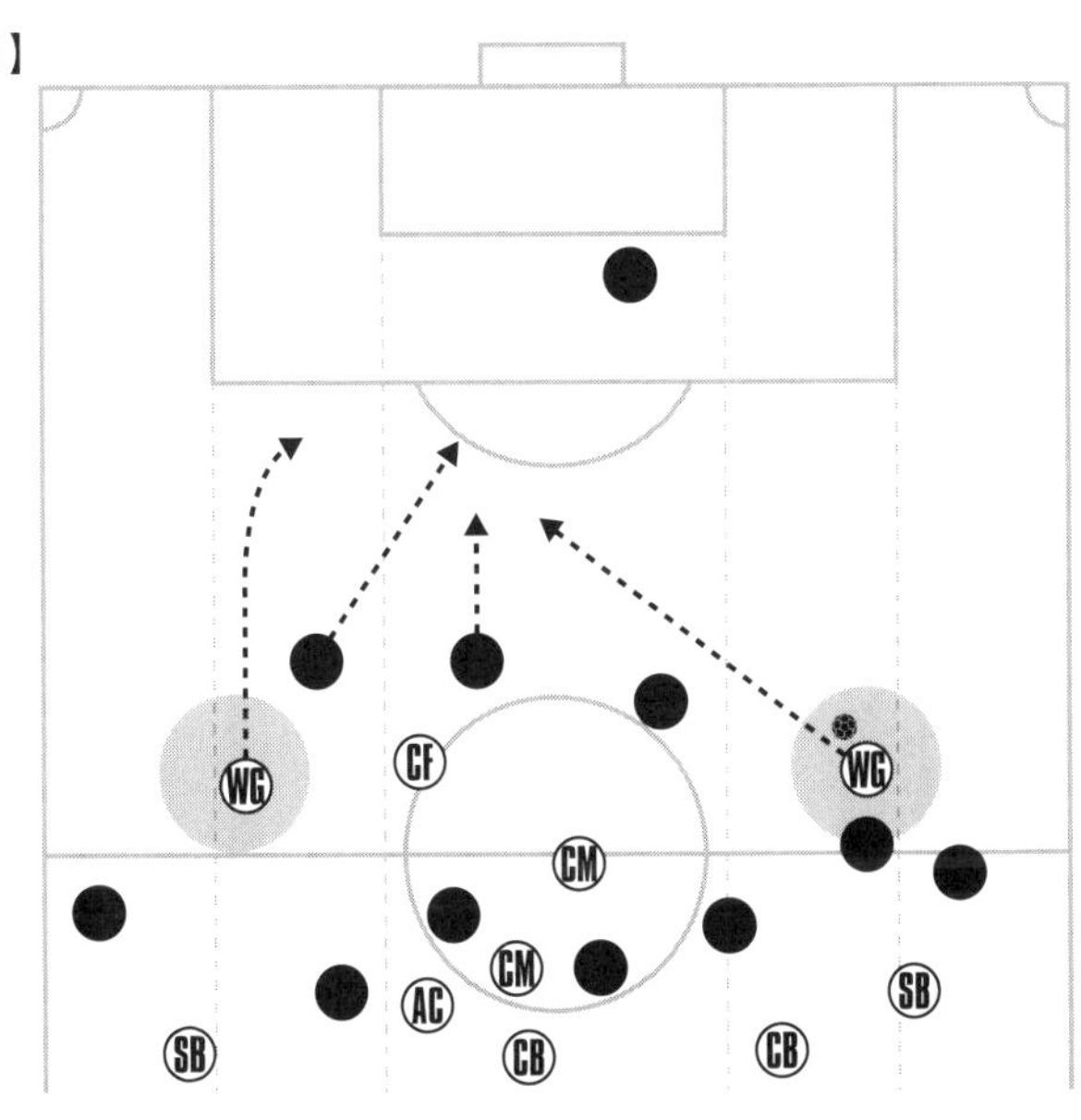

【ゴール3＝ベルナルド・シウヴァ】
2019年3月30日　マンチェスター・シティ対フラム

このゴールは、GKを起点としたビルドアップの場面で相手チームのポジショニングがよくなかった状況で、シティの選手が意欲的に前線からプレスをかけてボールを追いかけた結果として生まれたものだった。

ボールはまずフラムのGKセルヒオ・リコから右サイドへと進められる（**図102**）。例のごとくシティはフラムが前へ向かうことができるようなパスコースを切るポジション取りをしていた。そのため、右サイドでボールを受けた選手は一旦内側へ繋ごうとせざるをえない。だが、このパスがルーズになったところをデ・ブルイネが先読みし、危険なエリアで素早くボールを奪い返すことに成功した。

続いてそのエリアからプレーが進められ、ボールは中央ポジションのペナルティーエリア手前にいるアグエロへと送られる（**図103**）。シュートを打ったりペナルティーエリアに侵入したりするのに必要なスペースはなく、アグエロはシティの右サイドのB・シウヴァへとボールを繋ぐ。このポルトガル人アタッカーについて論じた章で見てきたように、彼はボールを持ったままスピードに乗って中央へ切り込むプレーを好んでいる。ここでもそのプレーを見せ、スペースが空いたところでボールをゴールへと送り込んだ。

【図102】

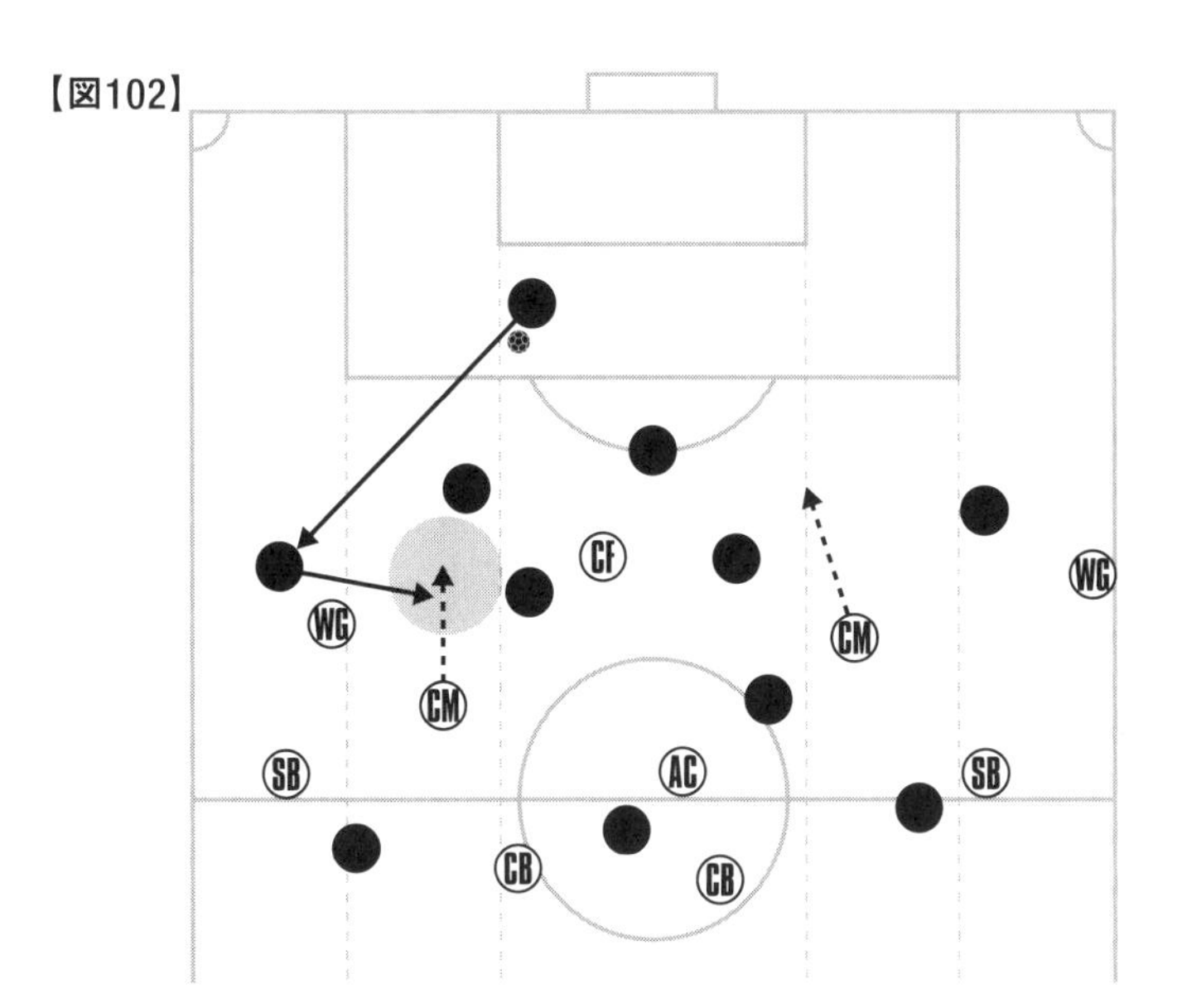

【図103】

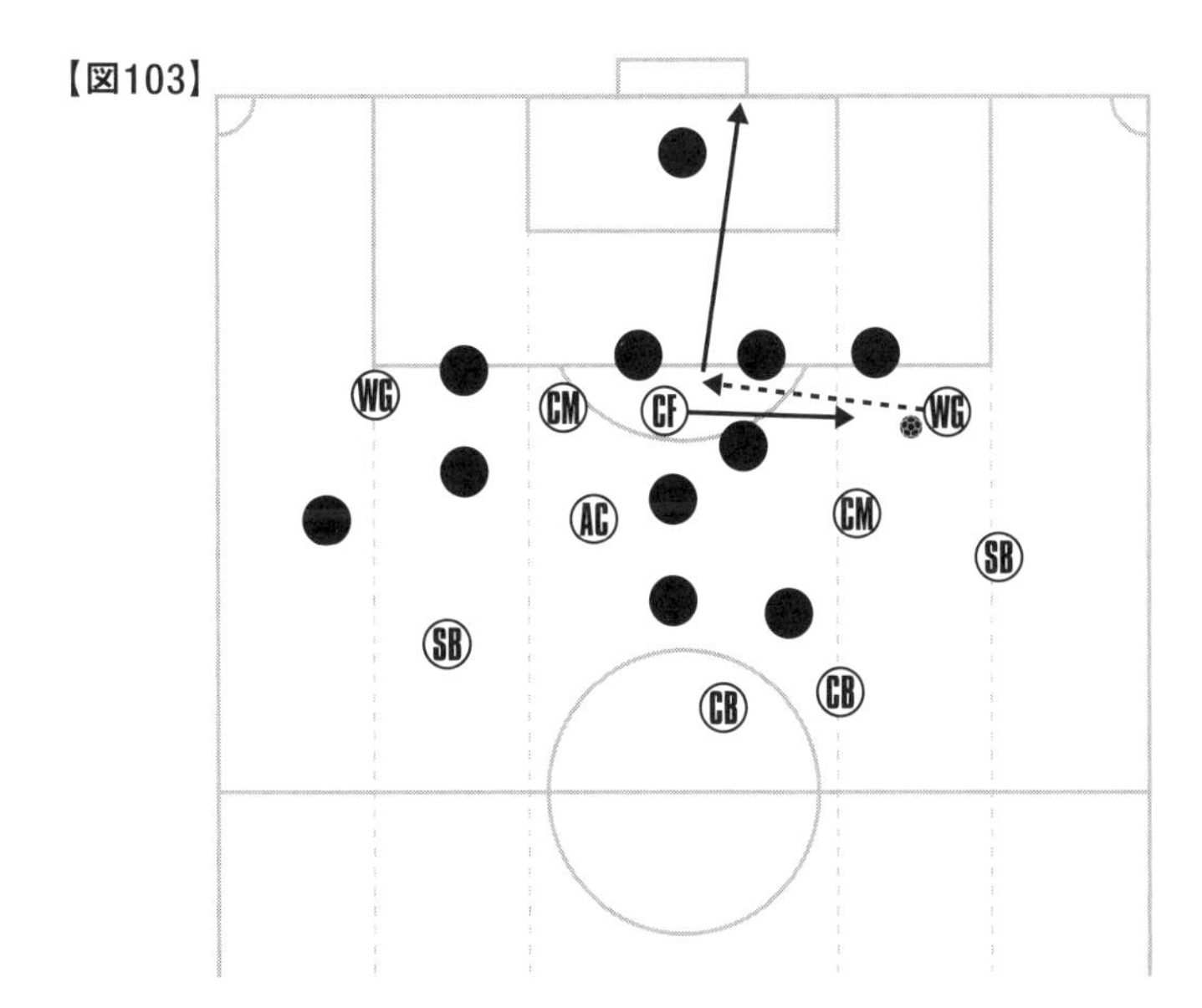

【ゴール4＝ラヒーム・スターリング】

2019年2月10日　マンチェスター・シティ対チェルシー

このゴールは右側のハーフスペースでシティが獲得したFKから生まれた。デ・ブルイネがボールの位置にいる状況で、チェルシーは守備の形を整えようとしつつ、明らかに集中力を途切れさせてしまっている。B・シウヴァとスターリングどちらも極端にワイドで高いポジション取りをしているが、チェルシーの守備構造はこの両者の厄介なWGの位置を適切にカバーすることがもはやできていない。

図104に示すように、B・シウヴァが早い段階で斜め方向へ走り込んでいく。デ・ブルイネはB・シウヴァの動きを見て、守備陣の選手の間を通すボールをペナルティーエリア内へと送り込む。このいたってシンプルな動きとパスだけでシティはゴールチャンスを作り出すことができる。相手にとってはたまったものではない。

このエリアからプレーが進められていき、**図105**のようにB・シウヴァがペナルティーエリア角の非常に危険なエリアへと入り込んでいる。すると今度はCFのアグエロがニアポストに飛び込み、左サイドからスペースに侵入していたスターリングはファーポストを狙いに行く。ポルトガル人のアタッカーからゴール前を横切るボールが簡単に通され、スターリングが難なくゴールを決めることができる。

【図104】

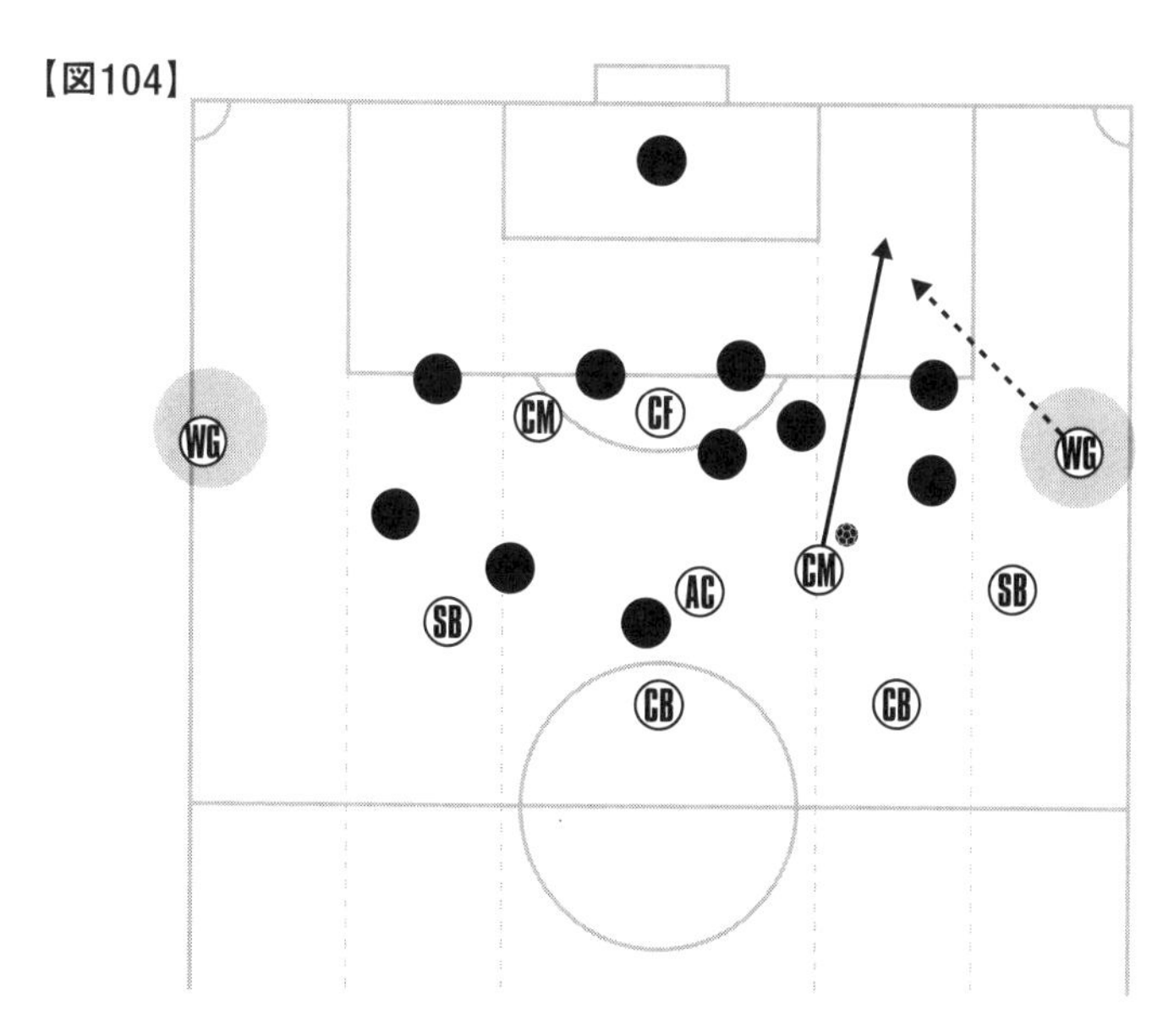

【図105】

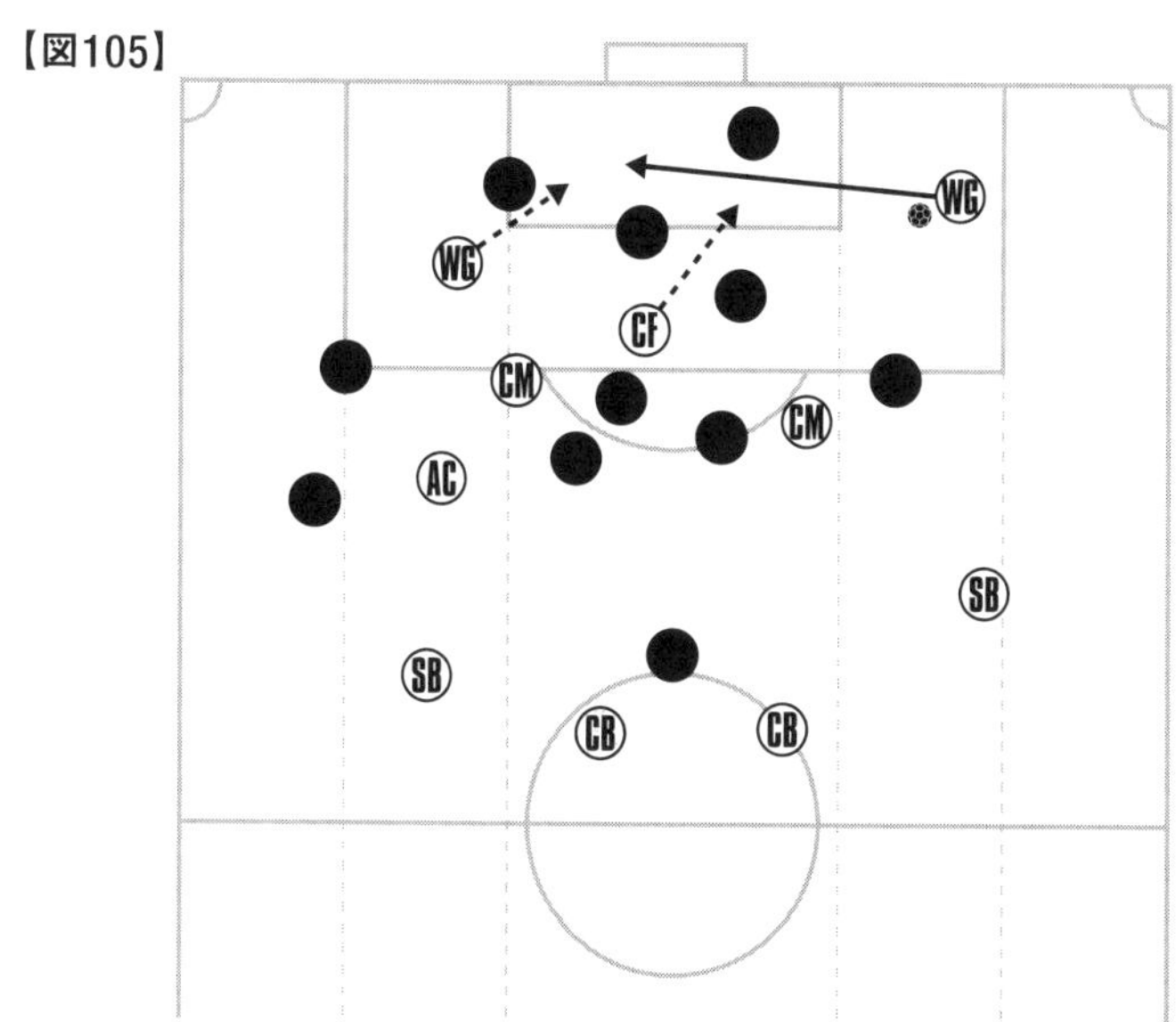

【ゴール5＝セルヒオ・アグエロ】
2019年2月3日
マンチェスター・シティ対アーセナル

アーセナルがコンパクトなブロックを築いていた状況で生み出されたゴールだ。シティはピッチ上の右サイドでオーバーロードを作り出し、スターリングが左サイドでアイソレートされた状態となっているのがわかる。**図106**に示すように、アイソレートされたサイドへとボールが大きく展開され、そこでボールを受けたスターリングはペナルティーエリアの角へと仕掛けていくことができる。スターリングはこのポジションから低い位置にいるチームメートとの素早いコンビネーションを用いて、守備ブロックの裏側へと侵入する。そこからシンプルにゴール前を横切るボールを送り、あとはアグエロが押し込むだけだ。

【図106】

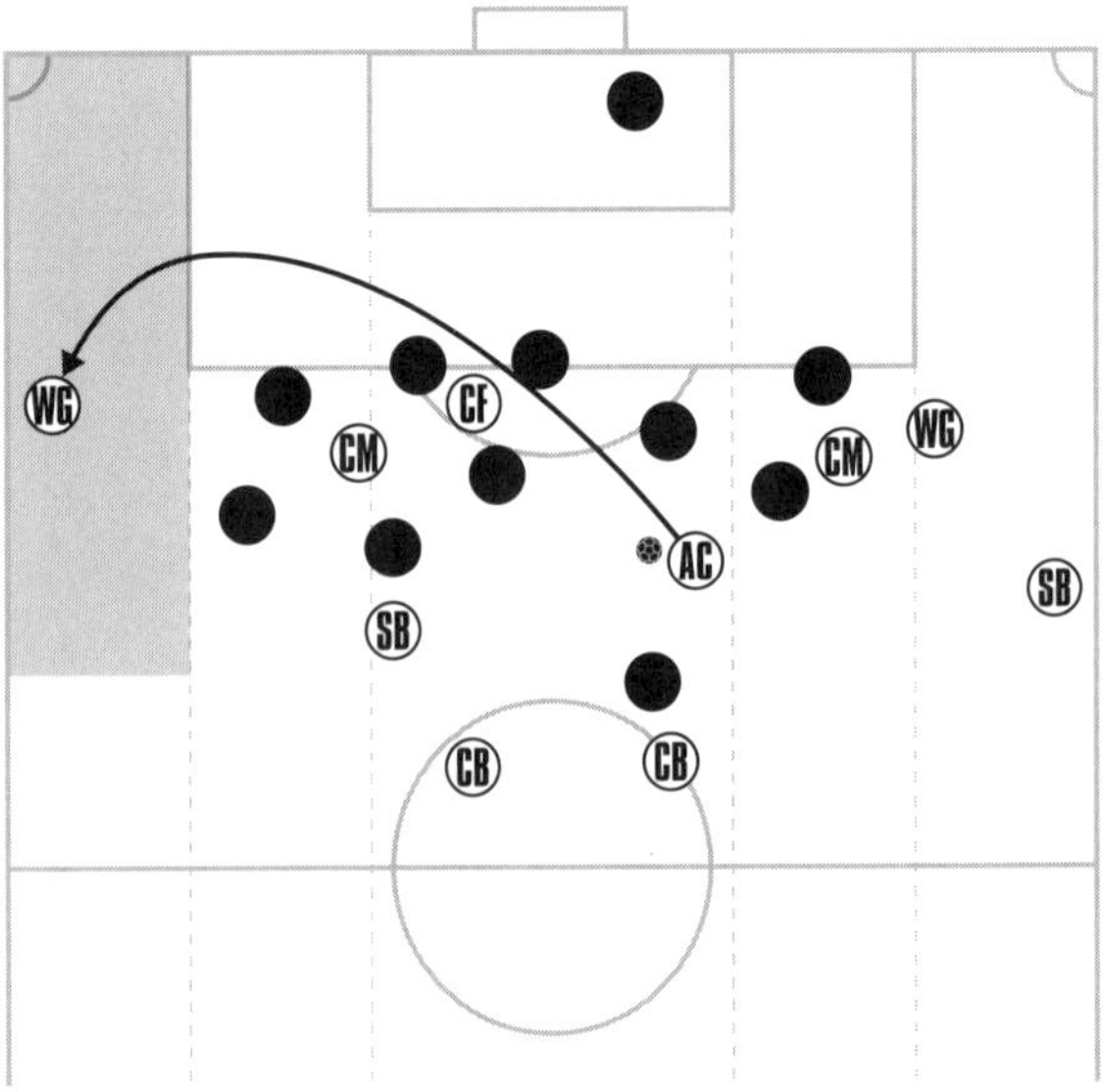

【ゴール6＝ガブリエウ・ジェズス】
2019年1月14日　マンチェスター・シティ対ウォルヴァーハンプトン・ワンダラーズ

シティの攻撃の重要な中心軸となるのは、もちろん、前線3人の頂点に位置するCFだ。アグエロは文句なしにファーストチョイスではあるが、ブラジル人のジェズスもアグエロと同じような動きや特徴を見せ、素晴らしいパフォーマンスを披露してきた。

図107ではまず、シティが攻撃を構築していく上でのベースとなる部分を示している。2人のSBと、CBコンビのうち一人が「4番」と同じライン上に位置し、ピッチの横幅全体に幅広いポジション取りをしている。このラインを用いることでシティはボールをピッチ上で幅広く展開し、ボールを前に進めるために利用できるスペースや隙間を探ることができる。ここでは左SBがボールを持った時、ボールを前へ進められるパスコースが開いている。

ボールを相手のSBとCBの間に通すことで、起点を作り出し、そこから攻撃を繰り出すことが可能となる。ペナルティーエリアまでボールを進めると、ゴール前を横切るボールを通し、ジェズスが難なくフィニッシュすることができる。

【図107】

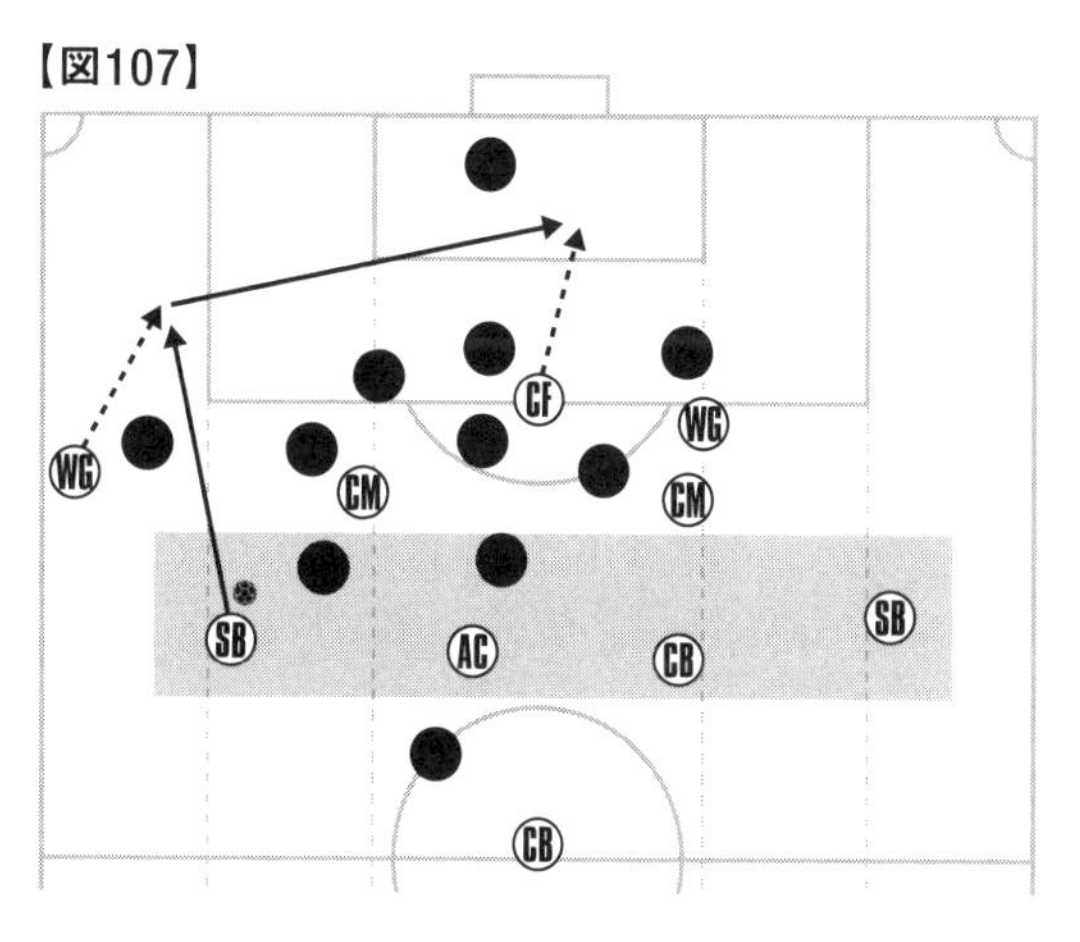

【ゴール7＝ダヴィド・シルヴァ】

2018年11月24日　マンチェスター・シティ対ウェスト・ハム・ユナイテッド

このゴールのカギとなったのは、右SBの位置から右のハーフスペースへと移動したウォーカーの動きだ。図108にその動きを示す。ウォーカーがボールを持っており、右サイドにはタッチライン際に一人選手がいる。相手のプレッシャーを受けていないウォーカーは、ボールを単純に前へ送ることも、よりスペースの狭いアウトサイドへ走っていこうとすることもなく、インテリジェンスを感じさせる動きをしてみせた。

ウォーカーが内側のハーフスペースへと移動することで、ボールとタッチライン際の選手の間で、相手の守備選手一人だけが孤立する形となった。

プレーが進められていくと、その結果は図109のようになる。孤立させられてしまったウェスト・ハム・ユナイテッド側の選手は、ウォーカーとボールをチェックするため内側へ動かざるをえない。ハマーズのDFがその動きを選択するとみるや、ウォーカーは単純にボールをアウトサイドへ送り、これを受けたフリーの右WGが相手DFのいないペナルティーエリア内へと当たり前のように侵入していく。

こういった動きが行われる一方で、中央に位置するD・シルヴァは前進を続けており、相手の守備選手の向こう側へ飛び込むタイミングを窺っている。中央へのクロスが入ればそこでボールに合わせることができる。

【図108】

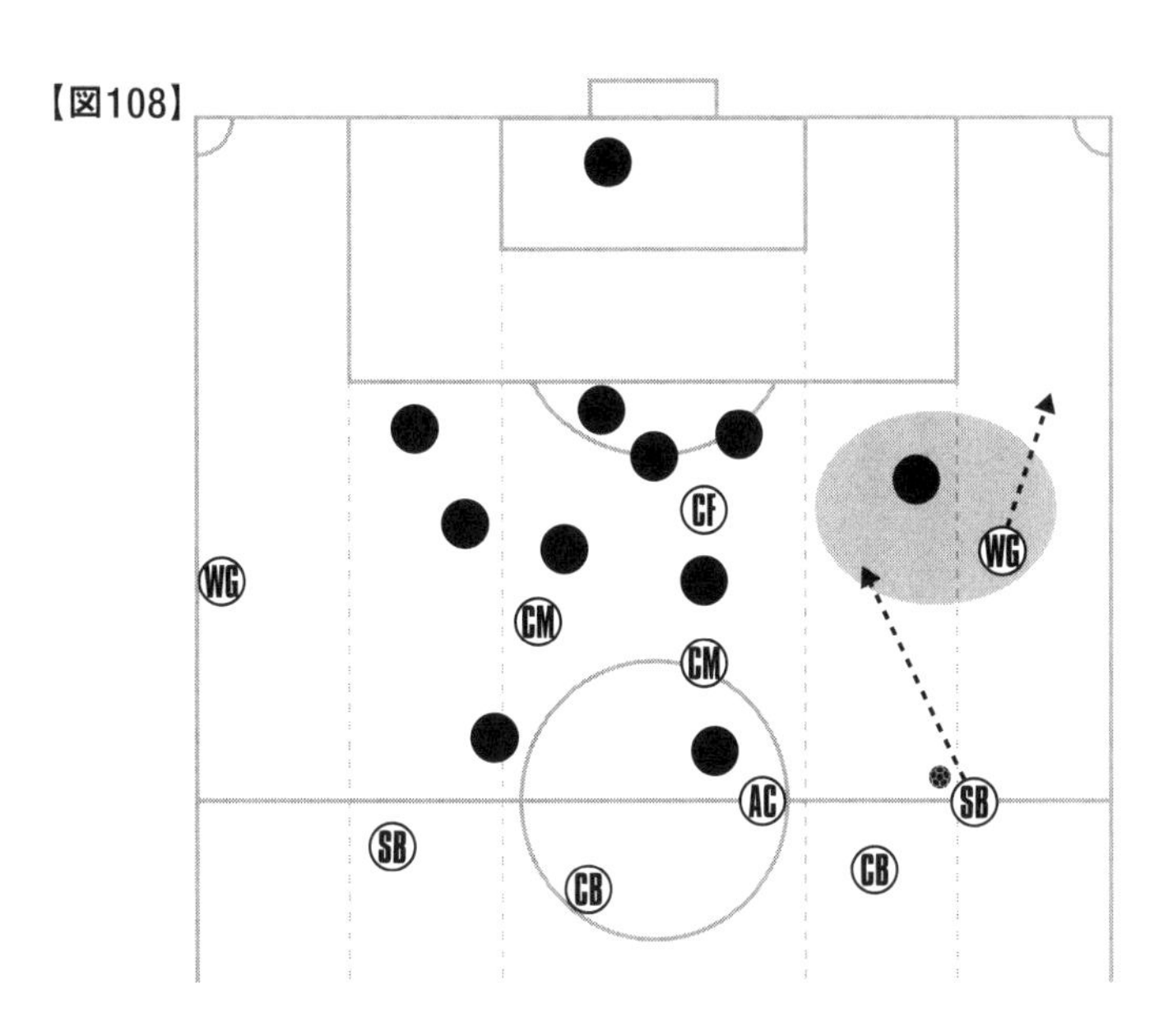

【図109】

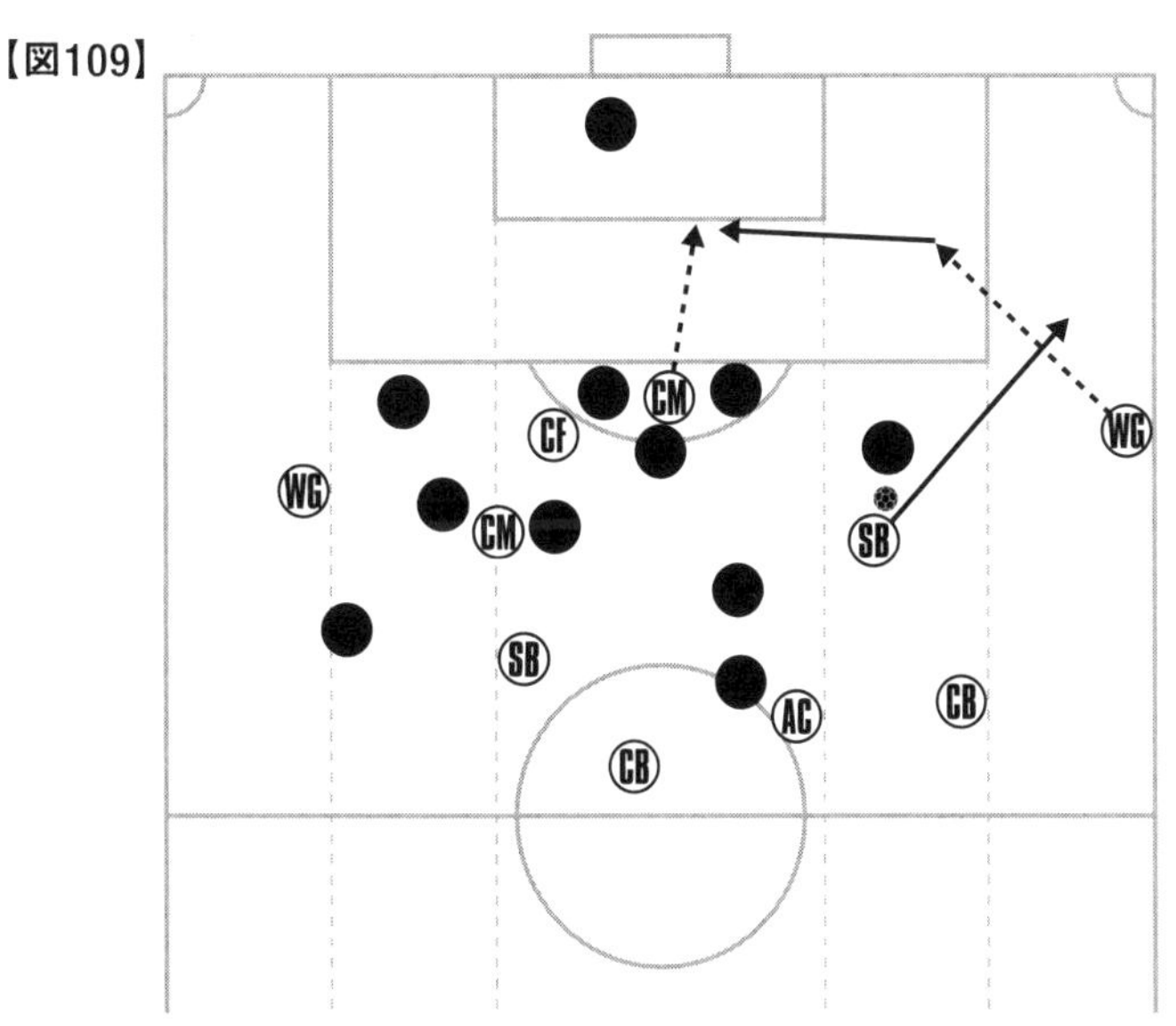

【ゴール8＝セルヒオ・アグエロ】
2018年10月20日　マンチェスター・シティ対バーンリー

図110のスタート時点では、左SBの位置から前進したラポルテが左のハーフスペース内でボールを持っている。両サイドのWGと、ラポルテと同じレーンの前方で「8番」としてプレーするD・シルヴァのポジションも同様に強調表示している。ボールはまず左タッチライン際のWGへと進められ、そこでラポルテからスターリングがパスを受ける。バーンリーの選手がボールへのチェックのために体を寄せてくると、スターリングは素早く内側にポジションを取っていたD・シルヴァにパスを繋ぐ。

この図に示すシティの選手3人のポジショニングは完璧であり、相手の守備構造の隙間を通してボールを前進させることを可能としている。

このエリアから、**図111**に示すように、プレーは素早く展開されていく。D・シルヴァにはこういったスペース内でもボールを扱える能力があり、最後のDFを振り切ってゴール横のスペースへと侵入することができる。

本章でも何度も繰り返し見てきたように、D・シルヴァはこのスペースから冷静かつ正確にゴール前を横切るボールを送ることができる。あとはそこに入り込んだアグエロが最後の仕上げをするだけである。

【図110】

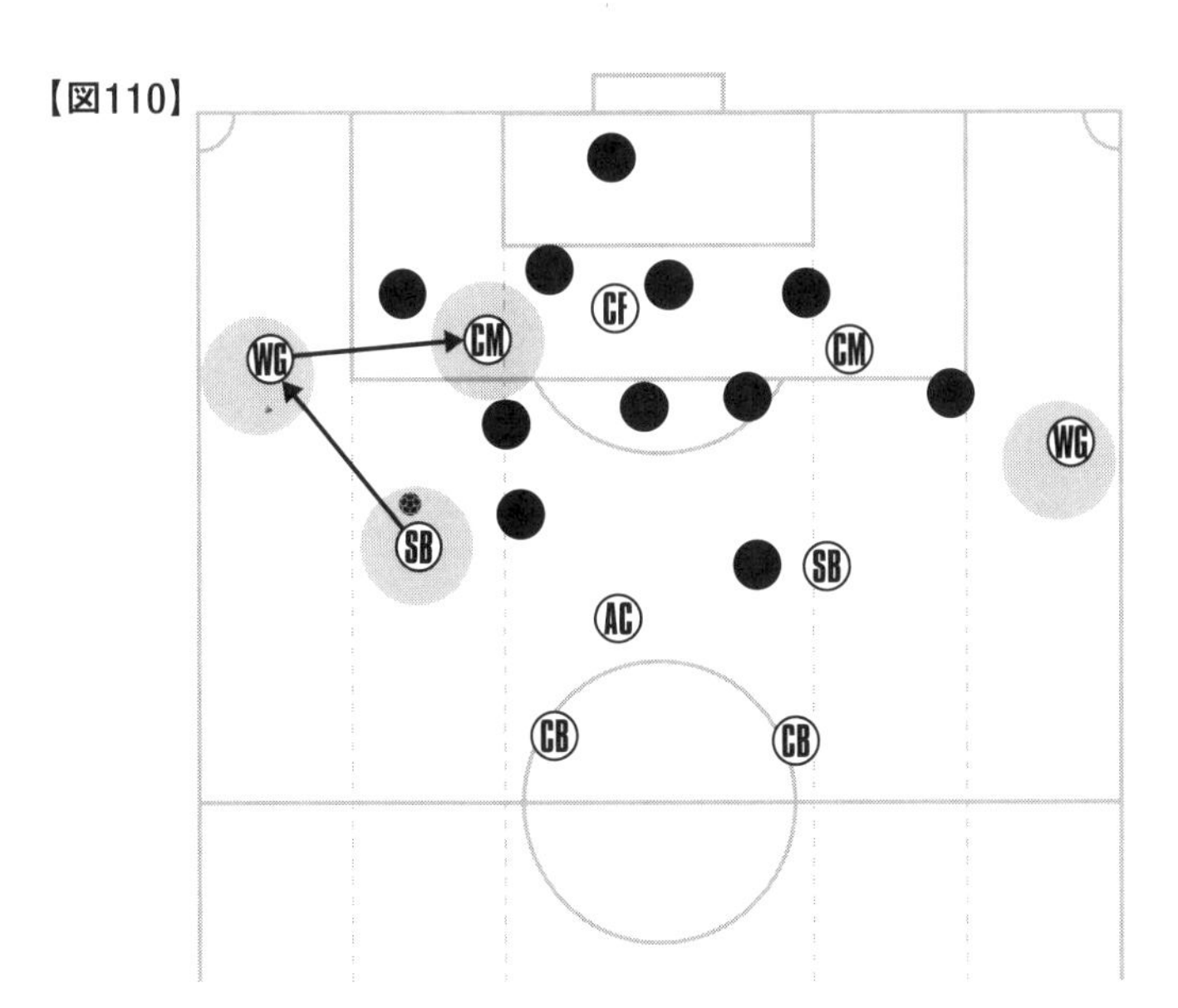

【図111】

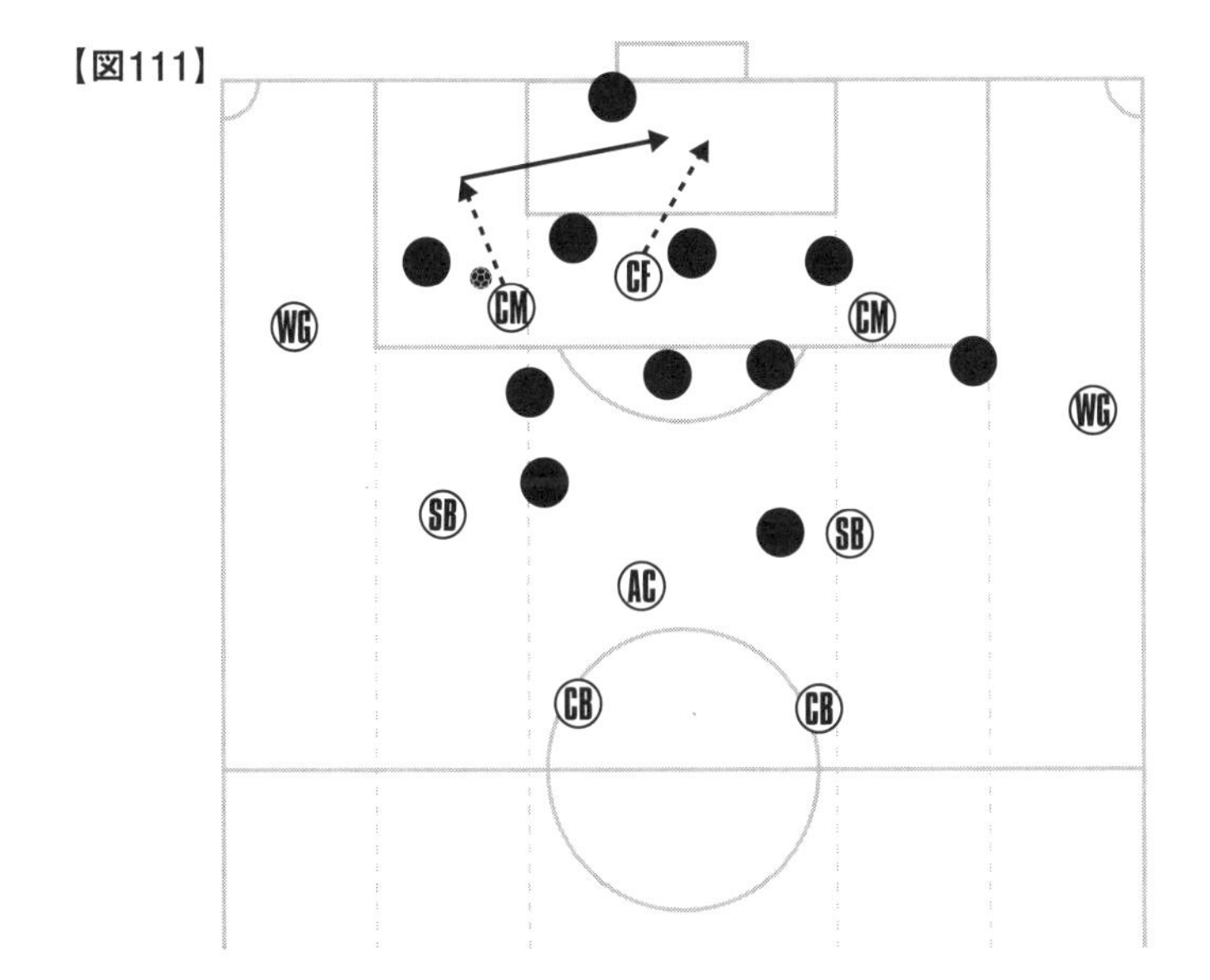

【ゴール9＝セルヒオ・アグエロ】
2018年9月22日　マンチェスター・シティ対カーディフ・シティ

9番目に紹介するゴールは、今回もまた、シティが相手のペナルティーエリアに攻撃を仕掛けようとする上でハーフスペースを占拠してプレーすることの重要性を示すものだ。図112に示す形では、ハーフスペース内の深い位置にいるウォーカーから、同じレーンのより高いラインに位置するB・シウヴァへとパスが出される。このシンプルなパスによってシティは、相手のディフェンシブサードを脅かすことができるエリアへとボールを進められる。

続いてボールは2人の守備選手の間に空いたスペースへと素早く通される。B・シウヴァがボールを持つとすぐに、スターリングはペナルティーエリアに向けて斜めに走り込む動きを開始している。ペナルティーエリア内でスターリングがボールを受けた時、アグエロはすでに中央のスペースへ走り込み、DF陣の前に入ろうとしている。この結果、今回も横パスからの簡単なフィニッシュを決めることができる。

【図112】

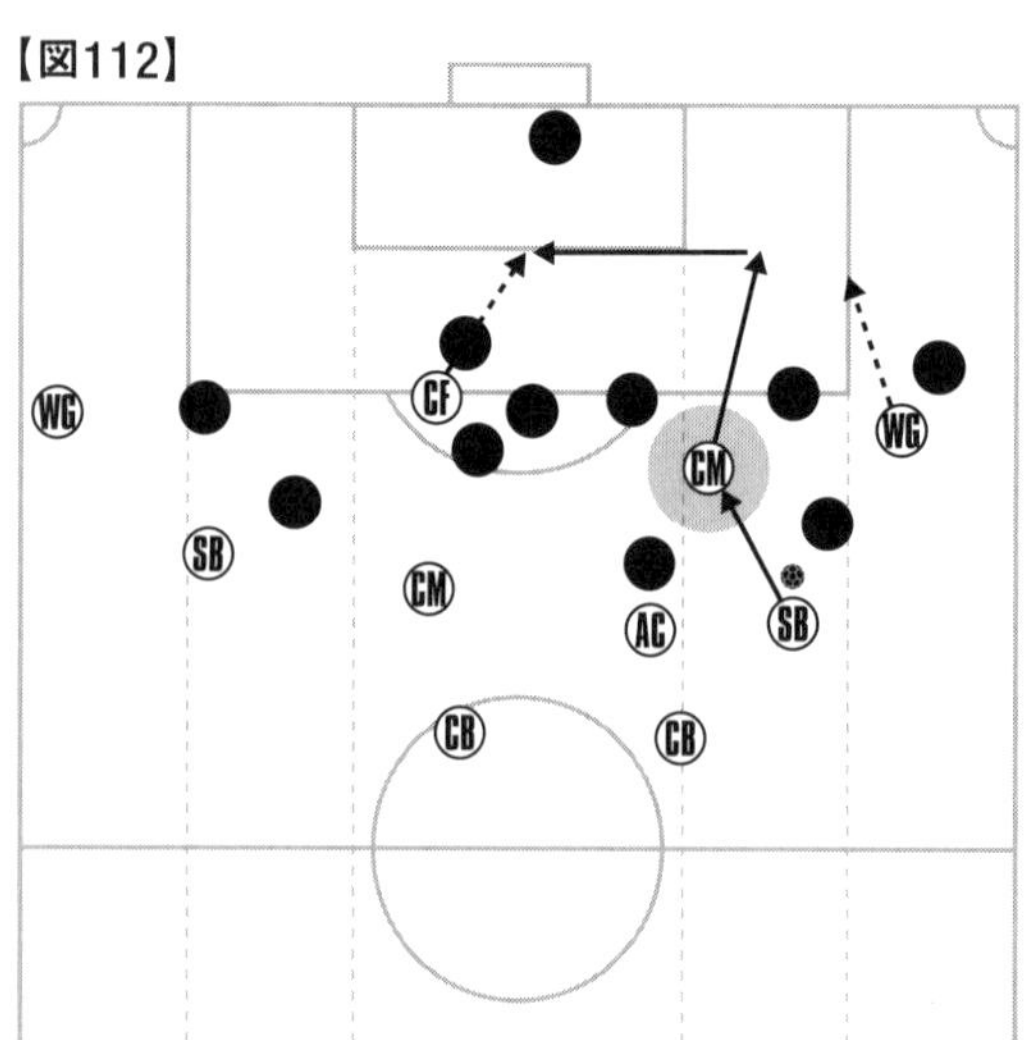

【ゴール10＝レロイ・サネ】
2018年9月15日　マンチェスター・シティ対フラム

最後に紹介するゴールは、これも相手がボールを持っていた状況から生まれた。図113に示す状況で、フラムは最終ラインから組み立てを開始しようとしている。

ポイントとなるのは、ボールを受ける選手から最も近い2人の相手選手へのパスの選択肢が、シティの密着したマンマークにより消されていることだ。このことはパスコースの切り方に関する章で論じてきた。その結果としてフラムの選手は、ボールを無理に中央のエリアへ送ろうとする。だが、これはシティが意図的に空けていたパスコースであり、このエリアにボールが出されると、デ・ブルイネが距離を詰めていき、ボールを奪うことに成功する。

そこからサネが斜め方向へと素早く走り込むことで、デ・ブルイネはそこへパスを通し、ゴールに向けて抜け出したサネは難なくフィニッシュに持ち込むことができる。

本書を通して解説してきたコンセプトが表現された10ゴールは以上となる。やはり、コンセプトはシンプルだが、効果的に実行に移されており、相手が守るのは容易ではない。

【図113】

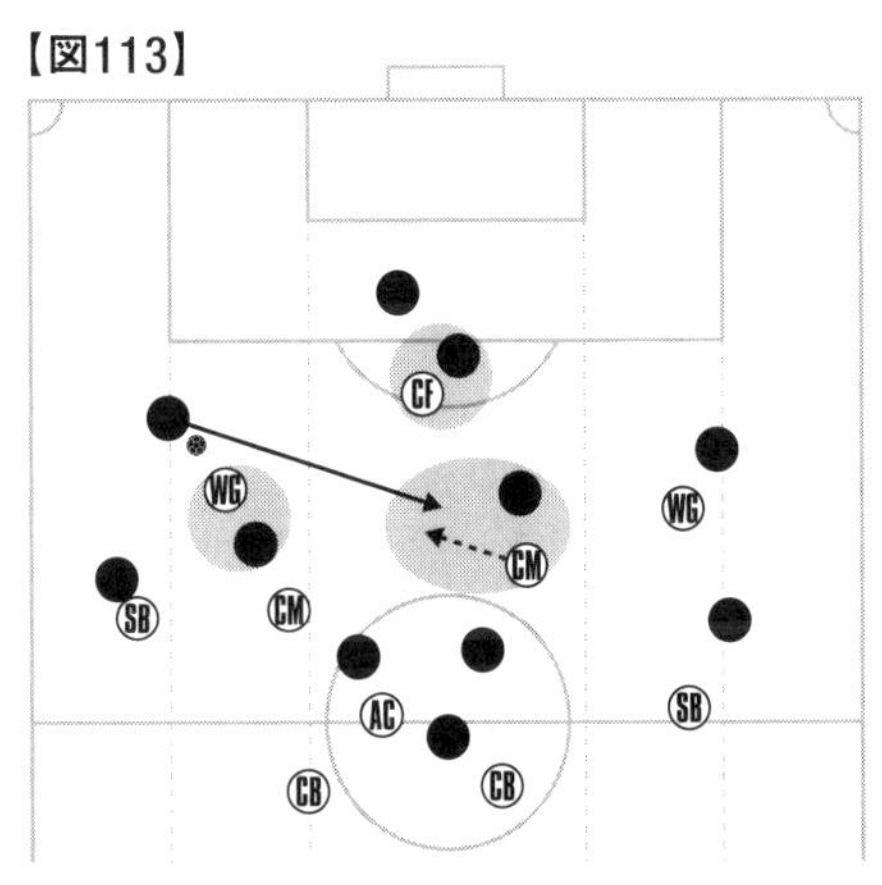

SCRIPTURE OF POSITIONAL FOOTBALL

Special

結城康平 ×龍岡歩

（『欧州サッカーの新解釈。ポジショナルプレーのすべて』著者）

（おこしやす京都AC戦術兼分析官）

「何かしらの発明というよりは混ぜこぜな思考を体系化した」

結城　本書の表紙を見た瞬間、ペップ・グアルディオラがスティーブ・ジョブズに見えました（笑）

龍岡　確かにビジネス本のコーナーに置かれてしまうのではないか、という心配が……。

結城　龍岡さんは日本トップレベルのペップ狂です。ポジショナルフットボールの概念をどう捉えていますか？

龍岡　ペップは常々、自分が考える理想的なフットボールは「相手を見て、立ち位置とプレーを決断するフットボール」と言っています。ポジショナルフットボールはこれを具現化したものだと考えています。『欧州サッカーの新解釈。ポジショナルプレーのすべて』（ソル・メディア）を上梓された結城さんはいかがでしょう？

結城　僕の解釈は微妙に違っていて、相手と味方とボールの位置に応じて選手の立ち位置が決まるのかな、と。味方とボールの位置関係をベースに三角形を作って、パスコースを増やしていく「相手に依存しない」位置関係も存在しているのかな、と考えています。

龍岡　では、ペップはなぜこのような思考になっていったと思われます？　僕はヨハン・クライフ監督のバルセロナ時代にペップが培った概念が、いま「ポジショナル」というトレンドワードを元に話題になっていったという考えを持っています。

結城　確かに何かしらの発明というよりは、リカルド・ラ・ヴォルペ、マルセロ・ビエルサ、ファン・マヌエル・リージョの思考が混ぜこぜになっていますよね。そもそもＡＣが２ＣＢの間に降りるサリーダ・デ・バロンはラ・ヴォルペのスタイルですから。クライフの思考をベースに数的優位、位置的優位を解釈していったんだと思います。だから、ロナルト・クーマン、ミカエル・ラウドルップのようにクライフ直下の監督と、同じようなサッカーをしているわけではない。ペップが体系化したのは事実ですが、いろいろな要素が混ざり合っている。

龍岡　体系化の話で言うと、過去の名選手は別に体系化されていなくても自らのプレー経験で、プレー中にポジショナルプレー的な感覚、思考、判断は持っていたと思うんですよね。それが体系化されたことで、平均レベルの選手でも実践できるようになり、ある程度は選手個々の能力差を補いながら、スター選手の好不調に左右されることなく、チーム全体のパフォーマンスの下ブレを抑えることができるんじゃないか、と。

結城　基本的には同意見ですが、唯一「平均レベルの選手でも実践できる」という点については、異なる認識です。現に、平均レベルの選手が多いクラブを率いていたリージョは成功できませんでした。現在のマンチェスター・シティを見ても、ラポルテ、フェルナンジーニョ、D・シルヴァ、デ・ブルイネへの依存度が高い。それこそトップレベルの「4番」「8番」がいないと、ポジショナルフットボールは成り立たないという考えです。

龍岡　ポジショナルフットボール＝ペップというイメージが強いですけど、これはあくまで頂点の話ですからね。最高の選手を集めないと実現できないなら汎用なシステムとは言えません。「弱者によるポジショナルフットボール」も同時に注目していくべきだと思います。ブレンダン・ロジャーズが率いていたスウォンジー、キケ・セティエン時代のベティス、片野坂知宏監督の大分トリニータ、さらに昨年のアジアカップで日本を破って優勝したカタール代表。彼らは「持たざる者」でありながら、時間をかけて作り上げてきたポジショナルフットボールの有用性を示しています。だからこそ、ポジショナルフットボールはフットボールにおける一つの攻略本だとも思っているんです。

結城 攻略本ですか。これはいかにも龍岡さんっぽい感覚ですね。もちろんポジショナルの要素はリヴァプールも取り入れているように、現代の主流とは感じています。とはいえ、攻略本というまでに昇華させられる監督は希少かもしれません。現状の浸透度だけで考えれば「むしろゾーンディフェンスのほうが攻略本なのでは?」と思ったり。ゲーム機のスペックが高くないと成り立たない概念とも感じています。

「『弱者に有効な攻略本』に言い換えられる」

龍岡 では、「弱者に有効な攻略本」に言い換えればどうです？ ポジショナルの有効性は選手個々に明確な立ち位置と、ボールを受けた時、「どこを見て、どう判断するか」を予め準備できる点にあります。平均的な選手にプレーごとに立ち位置を決めて、自分以外の21人の動きを「見ろ」と言ったらそれこそパンクしてしまいます。これではプレーごとに勝率の悪いサイコロを振らせているようなものですよ。立ち位置と判断を明確にすることで「捨てるエリアと判断」が生まれるので、認知、判断、ポジショニングのミスを格段に減らすことができます。これが攻略本と考えるゆえんです。ポジショナルを貫くクラブの平均的な選手が「うまく見える」ことでビッグクラブに移籍するも、攻略本

を持たないクラブでは元の平均的な選手に戻ってしまうという劣化現象は枚挙に暇がありません(笑)

結城 当然、選手の思考リソースの節約に寄与するのは間違いない概念だとは思います。僕はあの本を出しておきながら言うのもあれですが、もともと戦術的な志向はヴァレリー・ロバノフスキ寄りなんです。ゾーンディフェンスはもちろん、科学的なアプローチが好み、とでもいいますか。

龍岡 なるほど。ゾーンディフェンスは実際のピッチ上にはない区域、網目を選手がプレーしながら共有する戦術ですよね。これを破るためにゾーンの区域をトレーニング場のピッチにラインを引いて可視化した、いわゆる5レーンピッチでトレーニングする考え方は、きわめて合理的だと思いません?

結城 欧州の方々がよく言うのは、ゾーンディフェンスは、選手の脳内でフィールドを区切っているということです。実際、フィールドに区切りなどありません。位置的な情報をベースに使うべきスペースを定めてしまうと、例えばアトレティコ・マドリーのようなチームに逆利用されてしまいます。4バックを閉めてしまえば、5レーンでいう3つのラインを4人で守れてしまうことになります。可視化する概念に捉われすぎても厳しくなってしまいます。ハーフスペースも同様です。4バックを3バックにしてハーフスペースを閉鎖してしまえ、というのは比較的シンプルなアプローチです。チェルシーであればアスピリクエタをCBに置けば、シティの速い選手をカバーできてしまいます。手法的な対応も生まれてしまうので、ハーフスペースは常に使えるものといえばそうでもない。だからこそ(ゾーンディフェンスのような)曖昧がゆえに応用の余地がある戦術が残り続けるのかな、と。

龍岡 将来的な話をさせてもらうと、ピッチ上にゾーンの区域がリアルタイムに可視化されるテクノロジーのもと、ポジショナルなトレーニングを行う未来もそう遠くはないと思っているんです。すでにTV中継では4－4－2などの各ラインの選手を横にラインで繋いで各ユニットの繋がりを可視化する試みが行われています。戦術を理解する上で言語化よりも可視化はきわめてスピーディーにシンプルな理解を促せる、と。

結城 逆に、相手を映すバーチャルリアリティはどうでしょう？　ギャップが色で見えるような。ただ、そうなってしまうと、トレーニングで負荷がかからなくなってしまうジレンマも出てきます。

龍岡 アトレティコの話に戻すと、彼らの対応策はポジショナルの「攻略本の攻略本」です。

結城 また出ました、攻略本（笑）

「圧倒的に強かった時はプログラミングに近い考えが統一されていた」

龍岡 結城さんが先程仰っていたのは、守備側のシステムを変えて4レーン守備からサイドを捨てて中央3レーンの幅を守ることで、同レーンの密度を上げるということですよね。確かにポジショナル側の位置的優位と数的優位を削ろうという考え方は、有効的ではあります。しかし、これはこれで引いた格下相手に勝ち点を落とす脆さも抱えています。一方で、ポジショナルフットボールは特化した相手をピンポイントに攻略するというよりは、年間の勝率を最大化させる戦術です。

結城 だからこそ、グアルディオラであってもチャンピオンズリーグの制覇は難しい。仰るとおり、ポジショナルフットボールは相手の裏をかくような読み合いの概念ではないですからね。僕は年間のリーグ戦よりも長いスパンで浸透していくものとみています。事実、ペップは就任2シーズン目で必ず結果を残すじゃないですか。

龍岡 そうなんですよね。一発勝負ではアトレティコに負けることはあっても、年間を通した勝ち点の安定感がペップのチームの特徴です。

結城 これは誰もが知りたい部分だと思うんですが、シティの不調はどう分析していますか？

龍岡 圧倒的な強さを発揮していた時は、ピッチでプレーする11人が相手ゾーンのつながりと切れ目を脳内で可視化しながらプレーする集団だったからと考えています。このエリアに立った時、まずどこを見て、その結果がⒶならこのプレー、Ⓑならこのプレーというプログラミングに近い考えが統一されていました。それこそ本書でも触れられていますが、例えば相手が2トップ→ACが下りて「＋1」を作りCBが受ける→Ⓐ相手SHがプレスに出てくるorⒷ相手SHが出てこずに後退→Ⓐなら空いたハーフスペースに打ち込む、Ⓑならそのまま運ぶ、という感じです。

結城 イメージですが、ポジショナルフットボールは3つの選択肢を選手に与えると考えています。しかし、トップレベルでは4つ目の選択が求められてしまうことも少なくない。デ・ブルイネだからこそ、最後のところを打開できるという事実もある。メッシがいるのといないのとでは、当然同じポジショナルフットボールだとしても同じレベルにはありません。

龍岡 最高の選手を集めればさらに強くなることは言うまでもありません。しかし、何度も言うようですが、最高傑作ではなくとも平均×平均から平均以上のフットボールを生み出せる可能性こそが、ポジショナルフットボールの有用性、汎用性ですから。

結城 「攻略本を携える」おこしやす京都ACで真のポジショナルフットボールを見たいですね。

エピローグ

２０１７－18シーズンと２０１８－19シーズンのマンチェスター・シティは今後、サッカー界の歴史上屈指の2チームとして語り継がれていくことになるだろう。総勝ち点数や得点数、アシスト数といった数字もそうだが、より大きな視点で捉えれば、すべての基礎となっているのはこのチームの戦い方そのものだ。何の困難もないかのように守備ブロックを回避したり、素早いコンビネーションからアイソレーションを作り出して相手ＤＦを抜き去っていったりする様は、単純に息を呑むような素晴らしさだ。

だが、明確にしておかなければならない部分もある。ある程度は幸運にも恵まれたという事実だ。２０１８－19シーズンが残り2試合となったところで、ホームのレスター・シティ戦に１－０の勝利を収めることができなければ、シティのリーグタイトル防衛は実現しなかっただろう。その1得点は滅多にない形で生まれたゴールだった。ボールを持ってＤＦラインから駆け上がってきたＣＢの主将コンパニが遠距離から突き刺したものだ。

こういったタイプの得点は、サッカーの持つもう一つの側面を示している。一定のゲームモデルに沿った戦術コンセプトをチームに植え付けることも大事だが、その一方で、状況の要請に応じてスタイルを変えられるだけの柔軟性も必要になるということだ。試合後にインタビューを受けたスターリングやグアルディオラは、「コンパニがシュートを打とうとしたところで何を考えていたか？」と尋ねられた。両者の答えはほぼ同じ。「ヴィニー、ダメだ、打つな！」というものだった。

シティの用いるゲームモデルの中で、このエリアでプレーする選手は、自らシュートを放つ以上に成功率の高いゴールチャンスを作り出すため、ペナルティーエリアに向けてボールを進めていこうとするものだ。コンパニがこのシュートを放っただけでなく決めてしまったという事実は、サッカーの総体的なプレーの中で戦術というものが一部分でしかないことを我々に示している。本書を通してサッカーの戦術コンセプトについて論じてきた最後にこう述べるのは奇妙に感じられるかもしれないが、サッカーの戦術面を本当の意味で理解するためには、他の側面も同様に理解できなければならない。

私がサッカーを愛してやまない理由の大きな部分は、このスポーツが非常に主観的であるという点だ。誰かと隣同士に座って同じ試合を観ていたとしても、スコアという客観的真実を除けば、試合中に起こったことについて大きく異なる受け止め方をするかもしれない。それは必ずしもどちらかが間違っているということでなく、単純にそれぞれ異なる視点を持っているだけだ。

みなさんがこの美しいゲームを理解し楽しむ上で、本書が興味深く有用なものであったことを願いたい。すでにサッカーの戦術面に関心を持っていた方々の場合には、本書がその関心への上積みとなり、自分自身でもプレーを分析して何か書いてみたいという意欲が湧いてきたのであれば嬉しく思う。私にできるなら、誰にでもできるはずだ。

戦術に関する著述にはあまりにも「専門用語」が多く、複雑すぎると感じていた方々にとっては、本書がそういった通念を払拭し、戦術への関心を強める助けとなれたのであれば幸いだ。

そのどちらのタイプにもあまり当てはまらない方であれば、単純に本書を楽しんでいただけたことを願いたい。私が楽しく書くことができたのと同じくらいに。

訳者あとがき

サッカー界の時の移り変わりは早い。戦術のトレンドも、チーム間の力関係も、クラブを取り巻く状況も短いサイクルで目まぐるしく変化していく。そしてごく一部の例外を除けば、選手も監督も数年以上同じクラブにとどまるケースは多くはない。サッカーファンもメディアも同じ時の流れを過ごしており、海外サッカー中継網やインターネットメディアの発達した今日においては、ほんの数時間前に地球の裏側で開催された試合のプレーや選手の移籍、監督人事について盛んに議論が交わされている。

その慌ただしいサッカー界の中で、本書をお届けできるタイミングがリアルタイムとは程遠いものとなることは否めない。一つのチームが2年間に見せてきた戦いぶりを振り返るという内容であること、書籍という印刷メディアであること、そして翻訳書であるということ等の理由により、どうしても小さからぬタイムラグが生じてしまっている。

本書が論じた２０１７－18シーズンと２０１８－19シーズンを終えた時、マンチェスター・シティはプレミアリーグ2連覇とイングランド史上初の国内3冠を成し遂げ、まさに栄華の絶頂を極めていた。だが本稿執筆時点では、その栄光ももはや過去のものとなりつつある。

プレミアリーグの主役の座はユルゲン・クロップ監督率いるリヴァプールに移った。圧倒的な戦いぶりでシティを大きく引き離して２０１９－20シーズンの首位を独走し、イングランドの盟主の座を奪い取ろうとしている。

さらにシティに追い撃ちをかけたのが、ファイナンシャル・フェアプレー違反をめぐる問題だ。UEFAはシティが過去に重大な違反を犯したことが確認されたとして、今後2年間のチャンピオンズリーグやヨーロッパリーグへの出場を禁じる処分を言い渡した。違反はなかったと主張するシティはスポーツ仲裁裁判所への上訴を行っており、今後どのような結論に至るかはまだ不透明ではあるが、処分が確定すればクラブへの大打撃は必至だろう。これまでの成功を担ってきた中心選手たちの流出や、ペップ・グアルディオラ監督の退任を含む様々な連鎖反応により、シティが築き上げてきた一つの時代が終焉を迎えることになるとの予想もある。

だが、これからシティとグアルディオラ監督がどのような運命を辿ることになろうとも、本書で論じられた2年間の戦いの分析が意味を失うことはないだろう。グアルディオラのチームを知ることはそのまま現代サッカーを知ることに繋がるからだ。

2008年にバルセロナの監督に就任して以来、グアルディオラは自身の指揮するチームに無数の勝利とタイトルをもたらすとともに、サッカー界の新たな戦術トレンドを生み出す存在として時代の先頭を走り続けてきた。ポゼッションサッカーが主流となる大きな流れを生み出したのは紛れもなくグアルディオラのバルセロナであったし、偽9番や偽SBなど様々な概念も多くのチームに採り入れられてきた。2010年ワールドカップを制したスペイン代表も、2014年ワールドカップを制したドイツ代表もグアルディオラの影響下にあったと考えられる。昨年15年ぶりのJ1制覇を成し遂げた横浜F・マリノスもまた、高い位置でリベロ的にビルドアップに参加するGKや偽SBなど、グアルディオラのチームを彷彿とさせる部分を持つ戦術を採用している。直接的、間接的を含めた影響力の広がりは計り知れない。
一方で、グアルディオラの戦術は革新的でありながらも大筋としてはもちろん現代サッカーの大きな潮流の中に位置している。三角形を作る動きも、相手を引きつけて空いたスペースを使うことも、ボールロスト時の速やかなプレスも、一つひとつは現代サッカーにおいて当然のように求められ、実践されていることだ。シティとグアルディオラの戦術も噛み砕いてみればごくシンプルな動きや考え方の連続で成り立っていることが本書では示される。その動機付けとなるのも、相手ゴールへ向かう、チャンスを生み出す、そして得点を奪うというサッカーにおいて基本中の基本となる目的に他ならない。

そしてもう一つ、グアルディオラがいかに優れた戦術家であろうとも、プレーの主体となるのはあくまでピッチ上の選手たちであり、その戦いは11人の選手たちの個性と個人能力に規定される。偽9番や偽SBがリオネル・メッシやフィリップ・ラームの存在なくしてはあれほどのレベルで成立しえなかったのと同様に、シティの戦いもまた個々の選手の個性に応じて構築されてきたものであり、試合ごとに起用される選手によってその姿を変えるものでもある。シンプルであるはずの戦術を相手チームが阻止できない理由の一つも、その戦術が個人能力の高い選手たちによってハイレベルに遂行されている点にある。現代サッカーがいかに高度に戦術化しようとも、やはり主役となるのは実際にピッチ上を駆けボールを動かす選手たちである。

稀代の戦術家と超一流の選手たちの融合が革新的な戦術を生み、またその戦術が選手たちを活かし力を引き出す。不足するピースがあればそれを補えるだけのサポートをクラブが提供できる。そのすべての循環と相乗効果が完璧に噛み合ったからこそシティや、グアルディオラの過去に率いてきたクラブの隆盛があったのだろう。また、シティ加入当初のジョン・ストーンズへの対応などにも見られるように、ピッチ内だけにとどまらないグアルディオラの優れたマンマネジメント力も見逃すことはできない。

伝説のサー・アレックス・ファーガソン監督に率いられ黄金時代を築き上げたマンチェスター・ユナイテッド、また無敗優勝の偉業を達成したアーセン・ヴェンゲル監督のアーセナルなどと並んで、グアルディオラ監督のシティもプレミアリーグの歴史に残る偉大なチームの一つとして語り継がれていくことになるのだろう。その戦いぶりを楽しむことができた幸運を噛み締めるとともに、シティとグアルディオラの今後の行く末を興味深く見守っていきたいと思う。

高野鉄平

ブックデザイン
松坂 健（TwoThree）

DTP
TwoThree

帯写真
AFLO

編集協力
片山実紀

編集
石沢鉄平（カンゼン）

ポジショナルフットボール教典
ペップ・グアルディオラが実践する支配的ゲームモデル

発行日　2020年4月30日　初版
　　　　2021年6月16日　第3刷　発行

著　者　リー・スコット
監　修　龍岡 歩
翻　訳　高野鉄平
発行人　坪井義哉
発行所　株式会社カンゼン
　　　　〒101-0021
　　　　東京都千代田区外神田2-7-1 開花ビル
　　　　TEL 03(5295)7723
　　　　FAX 03(5295)7725
　　　　http://www.kanzen.jp/
　　　　郵便為替 00150-7-130339
印刷・製本　株式会社シナノ

ISBN 978-4-86255-552-6
Printed in Japan
定価はカバーに表示してあります。

ご意見、ご感想に関しましては、kanso@kanzen.jpまでEメールにてお寄せ下さい。お待ちしております。